KB247386

20년간 2만명의 인생을 바꾼

진로를 디자인하라

20년간 2만명의 인생을 바꾼

진로를 디자인하라

초판 1쇄 발행 2013년 11월 21일
초판 16쇄 발행 2025년 1월 23일

지은이 김진
펴낸이 김선식

부사장 김은영
콘텐츠사업2본부장 박현미
콘텐츠사업7팀장 김민정 **콘텐츠사업7팀** 김단비, 이한결, 남슬기
마케팅1팀 박태준, 권오권, 오서영, 문서희
미디어홍보본부장 정명찬 **브랜드홍보팀** 오수미, 서가을, 김은지, 이소영, 박장미, 박주현
채널홍보팀 김민정, 정세림, 고나연, 변승주, 홍수경 **영상홍보팀** 이수인, 염아라, 석찬미, 김혜원, 이지연
편집관리팀 조세현, 김호주, 백설희 **저작권팀** 성민경, 이슬, 윤제희
재무관리팀 하미선, 임혜정, 이슬기, 김주영, 오지수
인사총무팀 강미숙, 이정환, 김혜진, 황종원
제작관리팀 이소현, 김소영, 김진경, 최완규, 이지우
물류관리팀 김형기, 김선진, 주정훈, 양문현, 채원석, 박재연, 이준희, 이민운

펴낸곳 다산북스 **출판등록** 2005년 12월 23일 제313-2005-00277호
주소 경기도 파주시 회동길 490 다산북스 파주사옥
전화 02-704-1724 **팩스** 02-703-2219 **이메일** dasanbooks@dasanbooks.com
홈페이지 www.dasanbooks.com **블로그** blog.naver.com/dasan_books
용지 IPP **출력인쇄** 북토리
ⓒ 2013, 김진

ISBN 979-11-306-0077-2 (13370)

• 책값은 뒤표지에 있습니다.
• 파본은 구입하신 서점에서 교환해드립니다.
• 이 책은 저작권법에 의하여 보호를 받는 저작물이므로 무단 전재와 복제를 금합니다.
• 이 도서의 국립중앙도서관 출판시도서목록(CIP)은 서지정보유통지원시스템 홈페이지(http://seoji.nl.go.kr)와
  국가자료공동목록시스템(http://www.nl.go.kr/kolisnet)에서 이용하실 수 있습니다. (CIP제어번호 : CIP2013026018)

다산북스(DASANBOOKS)는 독자 여러분의 책에 관한 아이디어와 원고 투고를 기쁜 마음으로 기다리고 있습니다.
책 출간을 원하는 아이디어가 있으신 분은 다산북스 홈페이지 '투고원고'란으로 간단한 개요와 취지, 연락처 등을 보내주세요.
머뭇거리지 말고 문을 두드리세요.

진로를 디자인하라

김진 지음

요즘 우리 아이들은 공부는 하고 있지만, 정작 '꿈'을 물어보면 "몰라요", "자주 바뀌어서요"라고 시큰둥하게 대답하는 경우가 많다. 하지만 정말 자신에게 맞고 좋아하는 일을 찾기만 한다면, 아이들은 달라진다. 시키지 않아도 공부를 하고 진지하게 고민이라는 걸 시작한다. 그 모습을 보면서 우리 부모님도 달라진다.

필자 또한 학창 시절 많은 방황을 경험했다. '그 질풍노도의 시기에 누군가 한 사람이라도 내 고민을 들어 주는 사람이 있었더라면 시행착오를 훨씬 줄일 수 있었을 텐데' 하는 생각이 늘 아쉬움으로 남았다.

대학에서 교육학을 전공하고 미국계 교육컨설팅 회사인 포럼(FORUM)사에서 선진국의 교육컨설팅 시스템과 노하우를 익히면서, 필자는 우리나라 교육에도 이 시스템을 도입해야겠다는 생각을 해 왔다. 그렇게 개인의 성향에 맞춘 진로진학 교육컨설팅을 시작하게 되었다.

당시는 그저 성적 배치표를 보고 점수에 맞춰 대학에 가던 시절이었다. 그렇다 보니 누구나 가지고 태어나는 고유한 잠재력이나 성향에 맞춘 진로와 진학 전략은 찾아보기 힘들었고, 무엇보다 교육컨설팅이라는 개념 자체가 생소했다.

또한 한국의 교육 현장에 맞지 않는 외국의 적성검사를 단순히 번역하여 검사하는 현실이 안타까웠다. 그리고 인생에서 가장 중요한 시기에 진로를 잘못 정해 대학에 가서도 진로방황을 계속하고 취직도 하지 못한 채 자퇴와 편입을 반복하는 학생들을 보면서, 교육자로서 뭔가 하지 않으면 안 된다는 사명감과 책임감을 느끼기도 했다. 그렇게 지금까지 20년간 초중고생, 대학생, 성인에 이르기까지 2만 명을 대상으로 1:1로 자신만의 진로진학 성공 전략에 대한 컨설팅을 해왔다.

비록 힘들고 어려운 여건이었지만, 우리나라는 물론 중국, 홍콩, 일본, 인도네시아, 미국, 캐나다, 호주 등 해외에서 찾아온 수많은 학생과 학부모들에게 자신의 적성유형을 구체적이고 정확하게 파악해내는 '옥타그노시스 검사'를 통한 진로교육컨설팅을 실시해 왔으며, 그들이 성공할 수 있는 길을 찾는 데 길잡이가 되고자 노력해 왔다.

이 책에 실린 'OCTAGNOSIS(옥타그노시스)검사'는 8(OCTA)가지 사고력 진단(GNOSIS)을 토대로, 15가지 성향유형을 분석하는 프로그램이다. 필자가 20년간 교육학 이론연구와 1:1 대면컨설팅을 하면서 얻은 실증 데이터들과 직관력, 임상연구들을 종합적으로 결합하여 만든 '답을 얻는 한국형 진로검사'이다. 이 검사는 사고력을 바탕으로 개발되었기 때문에 자신만의 성향, 그 성향에 적합한 학습법과 교육 가이드를 비롯하여 학과, 진로와 직업, 롤모델까지 알아낼 수 있다.

자신만의 성공성향, 잠재가능성과 재능을 발견하는 것이 성공적인 진로진학의 방향을 잡는 데 핵심적 요인이기에 이 책의 제목을 『진로를 디자인하라』로 이름 짓게 되었다.

공부를 잘한다고 인생에서 성공하는 것도, 공부를 못한다고 해서 실패하는 것도 아니다. 공부를 잘하든지 못하든지 누구에게나 타고난 성향과 재능이 있다. 타고난 강점인 성향과 재능을 미리 발견만 하면 진학과 학습, 더 나아가 인생에서도 모두 성공하고 행복할 수 있다.

자녀의 성향을 알고 자녀에게 맞는 진로를 찾아주려는 학부모, 학습동기를 찾고 싶고, 내가 무엇을 좋아하고, 잘하는지 알고 싶은 학생, 실질적인 진로진학전략을 고심하는 선생님께 이 책이 좋은 조언자가 되리라 믿는다. 특히 책을 읽기 전 298쪽에 수록된 OCTAGNOSIS검사를 먼저 실시해 자신에게 맞는 성향유형을 찾아낸 뒤 읽는다면 더욱 도움이 될 것이다.

마지막으로 이 책을 통해서 우리의 자녀와 학부모, 선생님이 더 이상 실패나 시행착오 없이 함께 행복하게 공부하고 가르치며 당당한 미래를 설계할 수 있기를 소망한다.

김진

차례

PART I 진로진학 성공을 위한 합격DNA

PART II 찾았다, 나만의 합격DNA

TYPE 1 소통형

하루 종일 스마트폰으로 수다를 떠는 아이, 말로 대학 가라 · 31

:: 멘토링 스토리 4등급 은지, in 서울 대학에 합격하다 · 32

탁월한 언어 감각과 놀라운 친화력의 소유자, 진정한 커뮤니케이터 ｜ 표현력을 극대화시킬 수 있는 '토론식 공부법'과 '방해요소제거 학습계획표'를 짜라 ｜ 소수 정예 수업이나 토론식 그룹 수업이 좋다 ｜ 자기표현력을 살린 면접과 외국어 ｜ 국제관계학과, 커뮤니케이션학과, 쇼호스트학과를 눈여겨 보라 ｜ 설(舌)로 푸는 직업을 가져야 성공한다 ｜ 겸손과 유쾌함의 아이콘이자 우리 시대 최고의 국민 MC, 유재석

TYPE 14 관찰형

눈으로 봐야만 궁금증이 해결되는 아이, 호기심을 자극하라 · 261

TYPE 15 진취형

아이들을 잘 리드하는 아이, 리더십을 살려라 · 277

PART Ⅲ OCTAGNOSIS검사로 나만의 합격DNA 찾기

"가출하고 싶어요! 죽고 싶어요!"

윤서의 첫마디는 그랬다. 이제 겨우 열다섯 살. 무척 귀여운 얼굴이었다. 하지만 아이는 고개를 푹 숙인 채, 마치 내일이라도 지구가 멸망할 것처럼 땅이 꺼져라 한숨을 쉬었다. 무엇이 어디서부터 잘못된 건지, 덩달아 부모님도 할 말을 잃은 모습이었다.

그렇게 나를 만난 아이는 연예인이 되고 싶어 했다. 그러나 요즘 아이들이라면 누구나 연예인을 선망한다고 생각했던 부모님은 윤서가 과연 연예인에 소질이 있는지도 잘 모르겠고, 연예인처럼 겉으로만 화려한 직업은 불안하다며 단호히 반대하셨다. 부모님과 갈등이 심해질수록 아이는 점점 더 상처를 입고 튕겨져 나갔다.

"연예인을 시키십시오!"

　내 말에 부모님은 경악하는 표정이었다. 재주와 끼가 많은 윤서의 성향은 영락없는 연예인이었다. 예술적 감각은 풍부한데 지구력이 떨어지고 감정이 자주 바뀌며 불안해 보이지만 재주가 많은 아이였다. 나는 다시 윤서와 눈을 맞추며 말했다.

　"요즘은 연예인도 공부를 잘해야 알아주더라, 기획사 쫓아다니면서 오디션만 본다고 다 되는 건 아니야. 뭔가 제대로 하려면 기초부터 배워야지. 안 그래?"

　"하지만 꼭 대학을 안 가도 스타가 될 수 있잖아요!"

　"물론 그럴 수 있지. 그런데 그렇게 스타가 된 사람들도 자기 분야는 누구보다 열심히 공부하고 배운 걸로 아는데? "

　"진짜요?"

　"언젠가 유명 연예 기획사 대표가 하는 말을 우연히 TV에서 들었는데, 연습생들에게 항상 열심히 공부해라, 반드시 대학에 가서 안목을 더 높이라고 조언한대. "

　"아……."

　"대학이 모든 것을 보장해 주는 건 아니지만, 그래도 자기가 원하는 분야에 대해서 훨씬 많은 경험을 쌓다 보면 꿈을 펼칠 기회가 오지 않을까?"

　결국 부모님과 윤서는 딜(deal)을 했다. 윤서가 마음을 잡고 공부하는 대신 연기 학원에 보내 준다는 조건이었다. 그 후로 아이는 완전히 태도가 달라졌고, 이웃들도 놀랄 정도로 밝은 얼굴이 되었으며, 학교 생활도 열심히 했다. 물론 윤서는 원하는 학교에 합격했다.

아이들은 누구나 자기 안에 스스로를 빛나게 할 가능성의 별을 가지고 태어난다. 자신만의 성공성향과 잠재가능성인 '합격DNA', 가능성의 별을 찾는다면 우리 아이들은 꿈을 이룰 수 있다.

진로진학 성공을 위한 합격DNA

내신, 수능, 논술, 면접, 스펙 쌓기, 각종 대회 참가하기……. 대한민국에서 학생으로 살아간다는 것은 결코 만만한 일이 아니다. 하지만 학부모들도 학생만큼 고되고 힘들기는 마찬가지이다.

아이를 위해 균형 잡힌 식단을 차려 주는 영양사, 아이의 기분을 틈틈이 체크하고 맞춰 주는 엔터테이너, 요즘 뜨는 교육 정보를 찾고 아이의 교육을 관리하는 매니저, 늦은 밤 수업을 마친 아이들을 실어 나르는 운전기사……. 대한민국 부모들의 또 다른 직업들이다.

하지만 정작 부모들은 잘 모른다. '내 아이는 객관적으로 어떠한 성향과 적성을 지닌 아이인지', '무엇을 좋아하며 싫어하는지', '지금 하고 있는 고민은 무엇이며 앞으로 하고 싶은 것은 무엇인지', '어떻게 하면 원하는 대학에 갈 수 있는지', '무엇을 해야 행복한지'를 말이다.

대개 아이는 선천적으로 부모에게서 집안의 특징적 내력과 유전적

성향을 물려받는다. 그리고 자라면서 후천적인 환경, 즉 부모의 가치관과 직업, 경제적 상황을 비롯하여 집안 분위기와 학습 분위기 등에 영향을 받고 최종적으로는 아이 스스로의 관심 분야와 부모와의 관계로 인해 각 개인의 성향과 진로가 결정된다.

따라서 개인의 성향 속에는 키워야 할 강점, 보완해야 할 약점, 잘하는 분야의 적성이나 잠재가능성이 모두 들어 있다. 진로진학에서 성공하려면, 누구나 가지고 태어나는 자신만의 잠재가능성과 성공성향을 먼저 찾는 것이 필요하다. 이렇듯 나에게 내재된 강력한 성공성향과 잠재가능성을 '합격DNA'라 한다.

합격DNA는 왜 찾아야 할까?

시나 소설 등 문학 작품을 많이 읽고 자기표현력도 좋아서 글짓기 대회에 나가면 언제나 상을 타 오는 아이가 있다. 부모님은 아이의 재능을 생각해서 미리부터 논술로 대학을 보내기로 결정했다. 과연 이 아이는 논술로 대학을 갈 수 있을까? 결론부터 얘기하자면 아니다.

만약 이 아이가 감수성이 풍부한 문학적 성향을 가졌다면 시, 소설 등 문학적 글쓰기는 잘하겠지만, 논술은 힘들다. 논술은 논리적이고 추론적 사고력이 높은 비문학적 성향의 아이에게 더 맞는 전형이기 때문이다.

또 다른 사례를 보자. 이 아이는 전반적으로 학습력이 떨어지고 산만하며 성적이 낮다. 부모님은 야단도 치고 달래도 보고 심지어 심리

치료까지 받게 했지만 도통 나아질 기미를 보이지 않아 절망에 빠졌다. 과연 이 아이는 대학에 갈 수 없을까? 합격DNA만 잘 찾는다면 갈 수 있다.

비록 아이가 공부에는 흥미가 없고 집중력은 떨어지지만, 손재주가 있고 미적 감각이 있는 것은 아닌지, 의외로 다방면에서 소질이 많은데 뭘 해야 할지를 몰라서 주저하는 것은 아닌지, 아이의 성향을 파악하면 반드시 방법이 있다.

아이가 못하는 것이 아니라, 아이의 성향 속에 내재된 잠재가능성과 성공성향, 즉 합격DNA를 발견하지 못했기 때문이다. 따라서 아이의 숨은 합격DNA를 정확하게 찾아낸다면 아이의 꿈과 가능성을 키우는 진로 전략은 무엇인지, 단점을 보완하는 공부 전략은 어떻게 짜야 하는지 등의 구체적인 진로 계획과 성공적인 진학 전략을 세울 수 있다.

또한 이것은 성장 과정 속에서 생길 수 있는 아이의 고민이나 문제점을 해결하는 데 도움이 되며, 부모와의 갈등도 해소하는 계기가 될 수 있다. 나아가 진로방황으로 아이가 인생을 낭비하는 걸 막아 진정으로 원하는 인생을 찾아 행복하게 살 수 있도록 도와주는 길이다.

합격DNA는 어떻게 찾아야 할까?

사람은 누구나 선천적으로 부모로부터 물려받은 본질적 성향과 후천적 환경에 따라 8가지 사고력을 가지게 되는데, 이때 자신의 성향을 결정하는 중심사고력과 성향을 보완해 주는 주변사고력이 형성된다. 결국 중심사고력과 주변사고력이 모여 자신의 최종 성향유형이 만들어지는 것이다.

8가지 사고력은 사실적 사고력, 추론적 사고력, 고정적 사고력, 창의적 사고력, 분석적 사고력, 융합적 사고력, 수직적 사고력, 수평적 사고력으로 나뉘며, 이를 기반으로 15가지 성향유형으로 구분할 수 있다.

15가지 성향유형은 소통형, 창조형, 규범형, 실용형, 추리형, 운동형, 원리형, 제작형, 분석형, 봉사형, 생명형, 교육형, 복합형, 관찰형, 진취형으로 분류된다.

즉, 어떤 상황을 파악하고 문제를 해결하며 사실에 대해 판단하고 행동하는 모든 특성들은 나의 사고력에서 시작되는 것이며, 그 사고력은 나의 성향유형을 이루는 근간이 된다. 또한 나의 사고력은 구체적인 나의 진로를 선택하는 결정적 근거가 되기도 한다. 따라서 8가지 사고력을 잘 분석하면 자신의 숨겨진 잠재가능성과 성공성향인 합격DNA를 찾아낼 수 있다.

하지만 사람들은 타고난 DNA, 곧 성향이 모두 다르기 때문에 각자 15가지 유형 중 한 가지 유형으로만 꼭 나타나는 것은 아니다. 각 성향유형들 중 두 가지나 세 가지 이상이 서로 섞일 수도 있다.

예를 들면 어떤 학생은 '교육형' 한 가지 유형으로만 나타날 수 있지만, 또 다른 학생은 '교육형'과 '분석형'이 서로 섞여 '교육분석형'으로 나타날 수 있다.

그렇다면 이렇게 자신의 합격DNA를 찾아 주는 DNA교육컨설팅은 언제 받는 것이 효과적일까?

가장 최적의 시기는 자녀에게 가장 필요하다고 판단되는 때이다. 그러나 좀 더 높은 컨설팅 효과를 보기 위해서는 변화가 집중되는 시기에 받는 것을 권장한다.

이를테면 자아정체감이 본격적으로 발현되기 시작하는 초등학교 고학년 이후부터가 바람직하다. 특목고 진학을 생각한다면 중학교 1학년 여름 방학이 적기이며, 진로 학습 컨설팅은 중3 여름 방학부터 고1이 최적기이다. 대입을 앞둔 고2 겨울 방학 때는 적성을 고려한 진학 컨설팅을 제대로 받아야 고3을 효과적으로 보낼 수 있다.

한편, 컨설팅을 받으러 오시는 부모님들 중 일부는 이미 마음속에 자녀에 대해 듣고 싶은 이야기를 정해 놓고 오셔서, 그 말만 듣고 싶어 하는 경우가 있다.

자신들이 부모이니 자녀에 대해서는 누구보다 더 잘 안다고 자신하기 때문인데, 이 경우 전문가가 해 주는 말이 자신의 생각과 다르면 듣기 거북해한다.

하지만 우리가 몸이 아파 병원에 가서 의사의 진단을 받을 때도 진단 결과가 마음에 들고 안 들고는 중요한 것이 아니다. 그보다는 진단이 얼마나 정확한가, 처방을 얼마나 잘 따르느냐가 병을 고치는 데 중요하다. 컨설팅도 이와 같다. 눈에 안 보이는 자녀의 미래와 인생을 좌우하는 진로를 부모의 잣대로 결정한다는 것은 매우 위험천만한 일이다.

이 책에서는 OCTAGNOSIS(옥타그노시스)검사를 책을 통해 자가진단할 수 있도록 지면검사용으로 수록하였다. (298쪽 〈OCTAGNOSIS검사로 나만의 합격DNA 찾기〉 참조) 그리고 이 검사를 통해 나의 잠재가능성과 성공성향인 합격DNA를 파악했다면, 본문을 통해 나에게 맞는 정확한 솔루션을 찾을 수 있도록 했다.

먼저 멘토링 스토리에서는 각 유형별 인물의 이야기를 사례로 제시해 유형에 대한 이해를 돕고 있다. 이를 토대로 STEP1에서 STEP7까지는 세부적 유형 분석을 시작으로 내게 맞는 공부법과 교육법, 학과 및 진로와 직업, 최고의 롤모델에 이르기까지 나에게 최적화된 합격 스타일을 구체적으로 설명한다. 이때, 책을 읽기 전 검사를 먼저 실시해 자신에게 맞는 성향유형을 찾아낸 후 책을 읽으면 더 좋다. 지금부터 나의 잠재가능성을 바탕으로 이를 살리기 위한 전략적 솔루션은 어떤 것인지 살펴보자.

찾았다,
나만의 합격 DNA

TYPE

1

하루 종일 스마트폰으로
수다를 떠는 아이,
말로 대학 가라!

소통형

멘토링 스토리 4등급 은지, in 서울 대학에 합격하다

STEP1 내게 맞는 성향 탁월한 언어 감각과 놀라운 친화력의 소유자, 진정한 커뮤니케이터

STEP2 내게 맞는 공부법 표현력을 극대화시킬 수 있는 '토론식 공부법'과

'방해요소제거 학습계획표'를 짜라

STEP3 내게 맞는 교육법 소수 정예 수업이나 토론식 그룹 수업이 좋다

STEP4 내게 맞는 합격 스타일 자기표현력을 살린 면접과 외국어

STEP5 내게 맞는 학과 국제관계학과, 커뮤니케이션학과, 쇼호스트학과를 눈여겨보라

STEP6 내게 맞는 진로와 직업 설(舌)로 푸는 직업을 가져야 성공한다

STEP7 내게 맞는 롤모델 겸손과 유쾌함의 아이콘이자 우리 시대 최고의 국민 MC, 유재석

4등급 은지,
in 서울 대학에 합격하다

고1, 김은지

함박눈이 내리던 어느 겨울날이었다. 초롱초롱한 눈빛과 영민해 보이는 얼굴, 발랄하지만 다소 맹랑해 보이기까지 한 은지를 만났다. 은지는 외동으로 자랐지만 낯선 사람에게도 호기심을 보이며 먼저 말을 거는 타입이었다.

맞벌이를 하는 부모님은 어린 은지를 혼자 두는 게 늘 미안했고, 조금이라도 외로움을 덜어 주고자, 고교 입학 선물로 스마트폰을 사 주었다고 한다. 그런데 문제는 그때부터 발생했다. 은지의 하루는 이랬다.

이른 아침, 스마트폰 알람 소리에 깨어나 잠시 메시지를 확인하고 대충 세수를 마친 뒤 학교로 출발한다. 학교로 가는 내내 스마트폰으로 노래를 듣거나 친구와 카톡을 하고 지겨워지면 지난 밤 드라마를 검색해 보거나 좋아하는 아이돌의 근황을 살핀다. 틈틈이 밤 사이 자신의 블로그 방문자 수가 얼마나 늘었는지도 체크한다. 학교에 도착한 은지는 자신이 좋아하는 국어와 외국어 수업 시간에만 집중하고 다른 수업은 건성으로 들으며 수업이 빨리 끝나기만을 기다린다. 점심시간엔 후다닥 점심을 먹고 동아리 친구들과 수다를 떤다. 학교 수업을 마치면 친구들과 군것질을 하며 이야기를 나눈 뒤, 학원에 들러 수업을 듣고 귀가한다. 집으로 오자마자 컴퓨터를 켜고 자신의 블로그에 남긴 친구들의 글을 읽고 조언을 한다. 마지막으로 카톡으로 친구들과 소통한 뒤, 스마트폰을 들여다보다 잠이 든다.

"은지는 뭘 하고 싶니?"

잠시 생각을 하던 은지는 이내 폭포수처럼 말을 쏟아내기 시작했다.

"제가 원래는 말을 좀 잘해서 아나운서가 될까 했는데요, 그건 얼굴이 달려서 안 될 것 같고, 글도 좀 써서 작가가 될까 했는데 그것도 책상에 조금만 앉아 있으면 좀이 쑤시는 캐릭터라 안 되겠고……. 그런데 애들이랑 제 블로그에서 이런저런 수다를 떨다가, 어느 날 제 베프가 소개팅을 나간다는 거예요. 뭘 입고 나갈까 고민을 하길래 제가 바로 스타일링을 해 줬어요. 친구가 얼굴이 뽀얗고 키도 좀 크지만 살짝 뚱뚱 스타일이거든요. 그래서 뽀얀 피부를 살릴 수 있는 민트색 블라우스에 뚱뚱한 걸 가리기 위해 아래는 네이비로 에이라인 치마를 입고 가라고 조언했죠. 완전 대박 친 거예요! 그때부터 친구들이 너도나도 스타일링 해 달라고 조르더라고요. 그래서 생각해 보니까 '내가 누군가를 위해서 카운슬링 같은 걸 해 주면 잘하는구나'라는 생각이 들었죠."

부모님은 당최 그런 은지가 이해가 안 된다며, 정신 차리고 공부에만 집중할 수 있게 해 달라고 부탁했다. 사실 부모님은 은지가 여대에 들어가서 공무원이 되길 바랬다. 특히 여자 직업으로 공무원이면 시집도 잘 갈 수 있으니 더없이 좋은 직업이 아니냐고 덧붙였다. 하지만 공무원이라는 소리에 밝고 명랑하던 은지는 입을 꾹 다물고 다시 고개를 떨구었다.

자신의 하루를 설명하느라 은지는 정신없이 떠들어 댔지만, 옆에서 듣고 있던 부모님은 놀라고 어이가 없는 듯 입을 다물지 못했다.

컨설팅을 해 보니 은지는 자유로운 사고를 바탕으로 다양한 사람들과 소통하며, 하고 싶은 것에 열정을 보이지만 기본적으로 책상에 오랫동안 앉아 있지 못하는 소통형 아이였다.

전 과목 3~4등급에 머물고 있는 은지의 지금 성적으로는 서울에 있는 대학에 간다는 것은 어려워 보였다. 은지의 가능성을 서둘러 찾아야만 했다. 은지는 모든 과목에서 눈에 띄게 우수한 성적을 받지는 못했지만 상대적으로 외국어 감각과 면접력에 대한 가능성이 숨어 있었다.

이제 조금이라도 합격 가능성이 있는 전형부터 찾는 게 중요했다. 다행히 서울의 몇 개 학교에서 은지에게 유리한 전형들로 학생들을 선발하고 있었다. 기본적으로 외국어 감각이 좋은 소통형 은지에겐 다시 없는 좋은 기회였고, 곧 영어 공인 시험 대비에 들어갔다.

그때만 해도 주위에서는 지금 은지의 성적으로는 이른바 'in 서울' 대학은 승산이 없다며 지방에 있는 대학이나 가면 다행이라고 했단다. 하지만 긍정적이고 낙천적인 소통형 은지는 전혀 의기소침하지 않았고, 보란 듯이 더 열심히 공부했다.

그렇게 공부에 몰두한 결과, 은지는 외국어 공인 점수 만점에서 10점 모자란 점수를 받았고, 서울에 있는 대학 두 곳에 동시 합격했다. 결국 은지는 대학을 골라서 가는 기쁨을 누렸고, 지금은 행복하게 자신만의 길을 찾아가고 있다.

탁월한 언어 감각과 놀라운 친화력의 소유자, 진정한 커뮤니케이터

"아유……. 정말 속상해 미치겠어요! 스마트폰 할 시간에 영어 단어 하나라도 더 외우지……."

"저 놈의 스마트폰을 콱! 하면서도 행여나 기분이라도 상해서 공부를 더 안 할까 봐 그러지도 못하고……."

"스마트폰을 뺏기도 하고, 없애기도 하고, 정액제인가 뭔가 해서 일정 금액 이상은 못 쓰게도 해 봤죠. 근데 다 소용없어요."

"우리 아인 하루 종일 저것만 들여다보고 있다니까요! 정말 어쩌면 좋죠?"

요즘 부모님이나 선생님이 가장 많이 하는 고민 중 하나가 바로 스마트폰이다. 아이들이 도통 손에서 놓지 않고 모바일 게임에 몰두하거나 인터넷 검색에 집중하는가 하면, 카톡에서 자기들끼리 종일 수다를 떤다. 심지어 밥 먹을 때도, 잠잘 때도 품고 잔다는 것이다.

그야말로 부모님과 선생님의 공공의 적이 되어 버린 스마트폰. IT 강국 대한민국의 또 다른 폐해라고 입을 모으기도 한다. 어른들 입장에서 보면 분명 걱정스런 일이고 스마트폰의 부정적 측면도 분명 존재한다. 하지만 관점을 조금만 바꿔서 생각해 보자.

스마트폰이라는 세상 속에서 또래 문화를 익히고 전파시키며 더 나아가 트렌드를 형성하고, 폭풍 수다를 떨며 스트레스를 푸는 아이.

열린 사고와 편견 없는 눈높이로 트위터나 SNS를 통해 낯선 사람들과도 금방 친해지고 분위기를 주도하는 아이.

나와 다른 의견을 가진 친구들의 주장도 잘 들어 주며, 자신의 생각과 친구들의 의견을 잘 조율하는 아이.

외국어를 잘 못하더라도 거리에서 외국인을 만나면 주눅 들지 않고 다가가 자신만의 글로벌한 잠재력을 발휘하는 아이.

말이나 글을 잘 지어내고, 타고난 언어 표현력으로 자신의 블로그나 페이스북을 통해 또래의 고민을 상담해 주면서 존재감을 느끼는 아이.

이런 아이들은 십중팔구 소통형이다. 이런 소통형 아이들은 SNS라는 작은 세상을 통해 큰 세상으로 나아가는 중이다.

소통형 아이들은 학교생활도 잘하는 편이다. 친구들에게 어제 본 드라마를 자신만의 방식으로 재구성하여 마치 눈에 보이듯 펼쳐 놓길 잘하기 때문에, 모두 아이의 매력적인 표현력에 푹 빠진다. 친구들은 아이의 얘기를 듣는 것에서 그치지 않고, 이제 거리낌 없이 자신의 고민을 털어놓고 의견을 구하기도 한다.

은지가 블로그에서 친구들의 상담자 역할을 했듯이, 소통형 아이들은 이런 과정 속에서 어느새 친구들의 일을 자신의 일처럼 고민하며 진심으로 걱정해 주면서 또래들로부터 신뢰를 얻기도 한다.

하지만 객관적이고 냉철한 판단력이 다소 약하기 때문에 어려운 문제에 부딪힐 경우에는 다양한 방법으로 해결하려고 노력하다가도, 잘 되지 않을 때는 곧잘 포기하는 경향이 있다.

이런 소통형의 약점을 고치기 위해서는 평소 목표를 세우면 끈기 있게 밀고 나가 좋은 결과를 만드는 연습을 해야 한다. 그럼에도 불구하고 소통형은 갈등을 조절하고 뛰어난 표현력으로 사회의 윤활유 역할을 하는 진정한 커뮤니케이터이다.

강점

다양한 계층과 자유롭게 사귀는 열린 마음과 글로벌 마인드
인간에 대한 관심과 낯선 사람과도 친해지는 놀라운 친화력
뛰어난 언어 감각과 풍부한 감수성이 만들어 내는 자기표현력

약점

문제를 객관적이고 냉철하게 보지 못하는 인정주의
어려운 문제에 부딪히면 의외로 포기도 잘 하는 대충형

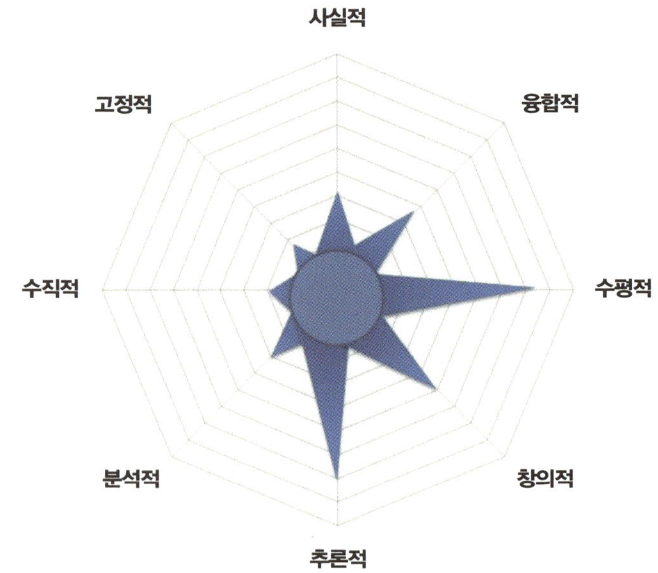

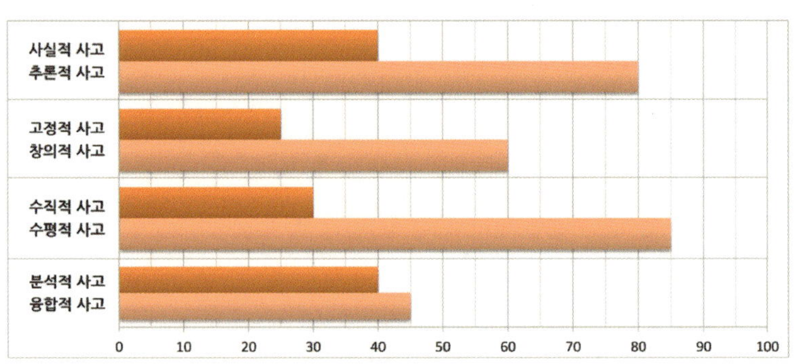

〈소통형의 한 예〉

표현력을 극대화시킬 수 있는 '토론식 공부법'과 '방해요소제거 학습계획표'를 짜라

학 습 법   소통형은 좋아하는 과목이나 재미있어하는 과목부터 공부를 시작해야 효과를 볼 수 있다. 특히 고난도 문제나 잘 틀리는 문제는 비슷한 수준의 친구와 함께 각자의 의견을 교환하면서 해결책을 찾아 가는 '토론식 공부법'을 이용하면 효과적이다.

무엇보다 소통형은 외국어에 관심이 많기 때문에 지금 당장 외국어 점수는 나쁘더라도 조금만 방향을 잡아 주면 눈에 띄게 성적이 향상될 수 있는 유형이므로, 스스로 좋아하는 방식으로 공부를 시작하도록 해야 한다.

이를테면 요즘 아이들 중에는 '미드(미국 드라마)'나 '일드(일본 드라마)'에 빠져 있는 경우가 많은데, 미드나 일드를 보기 위해 외국어 공부를 열심히 하기도 한다. 친구들과 함께 각자가 흥미로워하는 언어권의 드라마를 선택해 나눠 보는 것도 좋다. 공부 스트레스도 풀 겸 자연스럽게 외국어 감각을 키우게 되므로 금상첨화이다.

물론 드라마나 영화, 소설 등을 고를 때는 본인의 수준과 눈높이에 맞는 작품을 선택해야 하므로, 부모님이나 선생님과 함께 의논하여 목록을 작성하는 것이 바람직하다.

반면에 소통형은 수리력이 비교적 약하기 때문에 전체 성적을 올리기 위해서는 무엇보다 수리력의 보완이 필요하다. 일단 쉬운 연산 문제라든가 자신이 잘하는 수학 단원을 중심으로 시작하여 수학 공부 시간을 늘려야 한다. 이때 이 문제를 왜 틀렸는지, 어떤 부분에서 잘못 생각했는지를 끈질기게 물고 늘어져서 해결하려는 노력이 필요하다.

학습계획표　친구들과 노는 시간, 트위터, 카톡, 페이스북, 게임 등 소통형의 공부를 방해하는 요소를 체크하고 하나씩 제거해 나가는 '방해요소제거 학습계획표'가 좋다.

그리고 아이에게 스스로 판단했을 때 절대 포기할 수 없는 것 한두 가지 정도만 남기고 나머지는 과감하게 정리한다는 약속을 받아내야 한다. 이때 카톡이나 게임은 끊을 수 없다고 한다면, 반드시 정해진 시간과 필요에 맞게, 공부에 방해되지 않는 선에서 유지한다는 조건을 달아야 한다. 단, 약속을 잘 지킬 경우 자유 시간을 보장해 주는 등 좋아하는 것을 하지 못하는 스트레스를 줄여 주어야 한다.

> **Key Point**
>
> **강점 UP**
> 고난도 문제나 잘 틀리는 문제는 친구와 함께 각자의 의견을 말하고 해결책을 찾아 가는 '토론식 공부법'이 좋다
>
> **약점 DOWN**
> 약한 수리력을 보완하기 위해 자신이 잘하는 단원부터 시작하면서 차츰 수학 학습 시간을 늘린다
>
> **학습계획표**
> '방해요소제거 학습계획표'를 세운다

소수 정예 수업이나
토론식 그룹 수업이 좋다

소통형은 정해진 패턴이나 틀에 박힌 사고를 지속적으로 강요받으면 오히려 공부 스트레스를 많이 받는다. 따라서 한국에서의 교육도 좋지만, 외국 유학을 보내는 것도 성공 잠재력을 발휘할 수 있는 대안이 된다.

한국에서 공부를 할 경우는 비교적 외국어 수업이 많은 국제중이나 글로벌한 교육 프로그램이 있는 학교에 진학하는 것도 좋다.

만약 외고나 특목고를 고려하고 있다면 국제반이나 국제 교육 프로그램이 있는 곳이 더 적합하다.

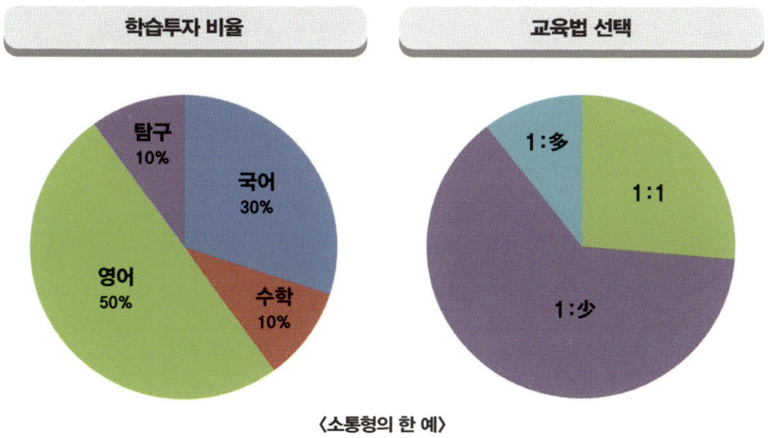

〈소통형의 한 예〉

소통형은 주변의 유혹에 약한 편이고 독학에 익숙하지 않아서, 자기 혼자 공부하거나 인터넷 강의를 들을 경우 잡생각이나 딴짓만 하다가 시간을 보낼 수 있다.

또 수업 시간에 선생님의 질문에 대답도 잘하고, 수업 태도도 비교적 좋아서 얼핏 보면 많은 것을 아는 것처럼 보이지만, 사실은 깊이 있게 아는 게 아닐 수 있다. 따라서 인강(인터넷 강의)을 잘 수강하고 있는지, 수업 내용을 잘 숙지했는지 정기적인 실력 체크가 반드시 필요하다.

무엇보다 친구들과 어울리는 것을 좋아하므로 교우 관계가 잘 유지되어야 성적에도 긍정적인 영향을 미친다. 따라서 성적이나 관심사가 비슷한 친구들이 함께 토론하면서 수업할 수 있는 소수 정예 수업이나 토론식 그룹 수업이 적합하다.

강점 UP
유학을 보내는 것도 교육 대안이 될 수 있다
소수 정예 수업이나 토론식 그룹 수업이 공부 효과를 높인다

약점 DOWN
혼자 공부하는 인강은 효과적이지 않으므로 정기적인 실력 체크를 한다

자기표현력을 살린 면접과 외국어

소통형은 기본적으로 누구와도 눈높이를 맞추며 대화할 수 있는 능력을 가지고 있기 때문에 어려운 면접관 앞에서도 결코 주눅 들지 않고 자기 생각을 잘 표현할 수 있다. 동시에 풍부한 외국어 감각을 발휘하여 좋은 점수를 받을 수 있다. 특히 동아리나 다양한 취미 활동을 통해 세상에 대한 관심을 높이고 어려운 상황 속에서도 특유의 소통력을 유감없이 발휘했던 과정을 자기소개서나 학생부에 자세히 기록해 둔다면 면접 시 유리하게 작용할 수 있다.

또 자신이 운영하는 블로그나 페이스북 또는 학교 동아리나 봉사활동을 통해 국내외 다양한 사람들을 만나 왔으며, 이들과의 소통을 위해 외국어를 주도적으로 공부한 흔적을 보여 주는 것도 중요하다. 이는 글로벌한 인재라는 이미지를 심어 주는 것과 더불어 우수한 외국어 실력으로 좋은 점수를 받을 수 있도록 해 준다.

소통형 합격DNA

- 뛰어난 자기표현력으로 긴장된 시험장에서도 높은 점수를 받을 수 있는 면접 잠재력
- 다양한 생각과 열린 사고를 바탕으로 한 글로벌 인재로서의 성장 가능성
- 영어나 제2외국어에서 높은 점수를 받을 수 있는 타고난 어학 잠재력

국제관계학과, 커뮤니케이션학과, 쇼호스트학과를 눈여겨보라

국제관계학은 외교관, UN 등 국제기구에서 일하거나 국제 무대에서 활동하는 국제 전문가가 되고 싶은 학생에게 유리한 학과이다. 평소 열린 시각을 가지고 있거나, 시사 문제에 관심이 많고, 남다른 외국어 감각을 가지고 있다면 지원할 만하다.

커뮤니케이션학과는 정보화 사회의 문화, 제도, 산업, 직업 활동 등 모든 삶의 영역에서 가장 중요한 부분을 차지하는 소통의 능력을 배우는 곳이다. 특히 서비스 산업의 비중이 커지고, 커뮤니케이션의 중요성이 확대되고 있어서 전망이 밝은 학과에 속한다.

쇼호스트학과는 소비자나 시청자들의 기호에 맞게 상품을 소개하고 소비할 수 있도록 도움을 주는 인재를 양성하는 곳으로, 때와 장소, 상황에 따른 화술과 화법, 스피치 능력, 순발력을 겸비한 다재다능한 광고 방송 진행자를 길러 내는 학과이다.

학과 성격	맞춤 학과
외국어 중심	외국어 계열 학과, 영문학과, 글로벌어학과
국제 활동 중심	국제관계학과, 국제지역학과, 국제문화학과, 컨벤션학과, 외교학과
커뮤니케이션 중심	쇼호스트학과, 웨딩매니지먼트학과, 웨딩플래너학과, 부동산학과, 커뮤니케이션학과, 방송학과

설(舌)로 푸는 직업을 가져야 성공한다

뛰어난 의사소통으로 놀라운 친화력을 소유한 소통형 아이라면 쇼호스트나 세일즈맨, 부동산 중개인 같은 직업에서 능력을 발휘할 수 있다.

특히 쇼호스트는 마치 소비자를 친구로 생각하고 서로 얘기하듯 친근감 있게 상품의 정보를 제공하여 판매하는 일이므로, 표현력과 전달력을 고루 갖추었다면 그 방면에서 최고의 장점을 끌어낼 수 있다.

또 상대방을 이해하고 공감하여 마음을 이끌어 내는 능력이 있다면, 고객 상담원이나 CS매니저, 웨딩 매니저, 연예인 매니저도 괜찮다.

열린 사고와 글로벌 감각을 가졌다면 외교관, 국제 활동가가 적합하며, 언어 구사력이 남들보다 월등하다면 번역가나 통역사가 제격이다.

무엇보다 각종 국제회의, 전시회 등의 행사를 위임받아 기획하고 진행하며 홍보까지 수행하는 국제회의 전문가는 앞으로 유망한 직종 중 하나이다.

직업 성격	추천 직업
의사소통 중심	쇼호스트, 세일즈맨, 부동산 중개인
이해 능력 중심	고객상담원, CS매니저, 웨딩 매니저, 연예인 매니저, 개인 여가 컨설턴트, 기업컨시어지
글로벌 감각 중심	외교관, 국제 활동가, 국제회의 기획가
언어 능력 중심	통역사, 번역가, 다문화 언어 지도사, 이민 통역사, 속기사, 아나운서

겸손과 유쾌함의 아이콘이자
우리 시대 최고의 국민 MC, 유재석

대한민국 사람이라면 누구나 최고의 MC로 주저 없이 유재석을 꼽는다. 아이 어른 할 것 없이 그가 나오는 예능 프로그램을 보면서 웃고 울며 나이를 먹는다고 해도 과언이 아니다.

개그맨으로 방송에 입문했던 당시, 유재석은 메뚜기를 닮은 입 모양으로 잠시 주목을 끌었지만, 타고난 소심함과 방송 울렁증으로 크게 두각을 드러내지 못했다.

하지만 리포터 생활을 하면서 차츰 숨겨진 진행 본능과 상황에 맞는 적절한 애드립, 전체 분위기를 유쾌 발랄하게 이끄는 모습이 나타나면서 주목을 끌었다.

그렇게 최선을 다한 그는 이제 방송 관계자들까지도 가장 좋아하는 MC가 되었다. 많은 사람들이 유재석을 좋아하는 이유를 이렇게 말한다.

그는 자신을 낮추고 상대방을 높이는 탁월한 진행 솜씨로 타의 추종을 불허한다.

그는 편안하며 진정성이 묻어나는 눈빛으로 상대방에게 믿음을 준다.

그는 따뜻한 마음씨와 매너로 출연하는 연예인들의 장점을 제대로 끌어낸다.

그는 유명한 유행어는 없지만 놀라운 입담과 흥겨운 애드립으로 전 국민을 웃게 만든다.

편견 없이 남의 얘기를 경청하고, 모두의 의견을 하나로 모아 내는 유재석은 소통형의 미덕을 두루 갖춘 진정한 커뮤니케이터라 할 수 있다.

2

기분이 오르락내리락
예민한 아이
흥미를 UP시켜라!

창조형

멘토링 스토리 기분파에 4차원 경호, 알고 보니 환상적인 소설가

STEP1 내게 맞는 성향 풍부한 상상력과 기발한 아이디어로 무장한 크리에이터

STEP2 내게 맞는 공부법 '빙고 학습법'으로 공부하고,

학습 감정에 따른 '바이오리듬 학습계획표'로 관리하라

STEP3 내게 맞는 교육법 노련한 선생님의 세심한 1:1 지도가 필수

STEP4 내게 맞는 합격 스타일 시선을 사로잡는 포트폴리오와 자신만의 특별한 재능

STEP5 내게 맞는 학과 문예창작학과, 시각디자인학과, 공연예술학과에서 재능을 살려라

STEP6 내게 맞는 진로와 직업 오감(五感)으로 창조하는 일이 성공의 열쇠

STEP7 내게 맞는 롤모델 「해리 포터」 시리즈 작가이자 판타지계 최고의 거장, 조앤 K. 롤링

기분파에 4차원 경호,
알고 보니 환상적인 소설가

중3, 이경호

처음 내 연구소를 방문했을 때, 경호는 중학교 3학년이었다. 아이는 시종일관 내가 묻는 말에 시큰둥해하며 엉뚱한 대답을 했다. 평소 말이 거의 없고 늘 자신만의 세계에 빠져 있다 보니 친구가 많지 않았고, 또래 아이들과는 대화도 잘 통하지 않아 괄호 외 취급을 받던 경호는 소위 '4차원'이었다. 수업 시간에도 선생님이 질문하면 자기 말만 해 선생님을 당황케 한다며 부모님은 걱정을 털어놓았다.

검사를 해 보니 경호는 총명하고, 창의적 사고와 자기 개성이 뛰어난 창조형 아이였다.

사실 경호가 이렇게까지 된 데는 부모님 책임도 있었다. 외동아들이라 모든 것을 다 받아 주고 키우다 보니, 자라면서 점점 자기 멋대로 행동하였고 자기 의견이 받아들여지지 않으면 해결이 될 때까지 떼를 쓰거나 아예 땅바닥에 드러누워 울기도 했단다.

그럴 때마다 아이가 금방 숨이 넘어갈 듯 우는 게 걱정이 된 부모님은 결국 아이 고집을 꺾지 못하고 늘 원하는 것을 손에 쥐여 주었다. 그러면 금방 활짝 웃으며 부모님을 꼭 끌어안고 애교를 부리는 것으로 상황을 마무리하기 일쑤였단다.

하지만 학교에 다니면서부터는 경호도 자기 뜻대로만 할 수 없었고, 규칙이나 질서를 지켜야 하는 것에 차츰 힘들어했다. 초등학교 때 엄한 담임 선생님을 만나면서 경호의 학업 스트레스는 더 깊어졌고, 점점 모든 면에서 자신감을 잃었다. 중학생이 되어서는 학교에 가기 싫은 나머지, 등굣길에 샛길로 빠져 PC방에서 하루 종일 있다가 오기도 했단다.

"경호는 하고 싶은 게 뭐지?"

갑작스런 물음이었는지, 경호는 잠시 생각하는 눈치더니 곧 대답을 했다.

"「해리 포터」 같은 소설 쓸 거에요!"

"「해리 포터」? 그런데 그 소설을 쓴 작가에 대해서는 알고 있니?"

"아뇨."

"그 작가는 영국 사람인데, 한때는 미혼모에 너무 가난해서 국가 보조금으로 겨우겨우 살았대. 하지만 아무리 어렵고 힘들어도 「해리 포터」 시리즈를 쓰고야 말겠다는 생각으로 배고픈 걸 꾹 참으며 소설을 썼고, 쓰기 시작한 지 7년 만에야 세상에 알려지게 되었대."

"우와!"

"너도 그럴 수 있겠어?"

경호는 무슨 말인가 하고 한참 생각하는 눈치였다.

"경호 너 「해리 포터」를 읽으면서 소설을 쓰고 싶다고 생각했지?"

"네."

"하지만 그런 소설을 쓰려면 해야 할 일이 있지. 조앤 K. 롤링 작가처럼 힘든 것도 잘 참아야 하고 하기 싫은 일도 해야 할 때가 있는데, 할 수 있겠어?”

경호는 망설였다.

“지금 당장 대답 안 해도 돼. 지금부터 열심히 생각해 보면 되니까.”

그렇게 경호는 고등학교에 진학하면서 문예창작과를 목표로 정했고, 해당 학교 문학상 공모전 대비도 해 나갔다. 뭔가 목표가 생기자 예전과는 달리 학교생활도 성실해졌다.

감정 기복이 심해서 학습에 지장을 주는 창조형의 단점을 보완하기 위해서 경호에게 맞는 바이오리듬 학습계획표를 짜서 학습과 기분, 재능을 동시에 잡기 위해 노력했다. 또한 틈틈이 독서를 하고 풍부한 상상력을 발휘할 수 있는 빙고 학습법으로 공부에 재미를 붙여 갔다.

우연히 경호가 쓴 작품을 읽은 반 친구들 사이에서 경호의 작품이 재밌다는 입소문이 났고, 곧 경호의 작품은 반 아이들 전체가 돌려 읽을 정도로 선풍적인 인기를 끌었다.

경호를 이해하지 못했던 아이들도 어느새 독자가 되어 매일 경호에게 언제 다음 회가 나오냐며 독촉을 했다. 그리고 경호는 원하는 대학, 원하는 학과에 당당히 합격했다.

풍부한 상상력과 기발한 아이디어로 무장한 크리에이터

경호와 같은 창조형은 대체로 자기만의 세계가 분명하고 독창적 사고를 가지는 게 특징이다. 자신만의 상상력과 아이디어로 자기가 만들고자 하는 주관이 뚜렷하기 때문에 누군가가 참견하거나 개입하는 것을 별로 좋아하지 않는다. 또 엉뚱한 생각을 많이 하며, 감수성이 예민하고, 자신의 감정에 솔직해서 좋고 나쁨이 분명하기 때문에 가끔은 주변에서 이해하기 어렵다는 소리를 들을 때도 있다.

그럼에도 불구하고 주변의 시선에는 개의치 않고 관심 분야에 한번 집중하면 몰입을 하는 성향이 있기 때문에, 작업의 결과물 또한 독창적이고 독보적인 경우가 많다. 따라서 남들이 미처 생각하지 못한 기발한 아이디어나 역발상으로 문제를 해결하는 능력이 뛰어나 주변 사람들에게 특별한 존재로 인식되기도 한다.

창조형 아이들은 대개 미술, 음악, 글쓰기, 연기, 만들기 등 한 가지씩 나름의 재능을 가지고 있거나, 어릴 때부터 이런 쪽에 관심을 가지는 경우가 많다. 또 예술고등학교나 예술 계통의 대학 또는 과학고등학교나 과학 계통의 대학 진학을 목표로 하기 때문에 매 순간 자신과의 치열한 전쟁을 치르는데, 그 과정에서 혹여 결과물이 만족스럽지 못하거나, 대외 활동에서 원하는 목표만큼 성과를 올리지 못하면 스트레스를 더 많이 받을 수 있다.

감성이 풍부하기 때문에 가끔은 함께 경쟁 중이거나 연습 중인 친구가 자신보다 훨씬 좋은 성과를 낼 때 지나친 경쟁 심리 때문에 실수를 하는 경우도 있다. 따라서 지나친 경쟁 심리보다는 자신의 재능을 활용해 다른 사람들을 도와주는 재능 기부 경험을 많이 하도록 지도해 주면 바람직하다.

일정한 틀이나 규칙에 얽매이는 것을 싫어하기 때문에 더러 제멋대로 행동한다고 오해를 받을 수 있지만, 창조형은 남다른 감성을 가진 자유로운 영혼의 소유자로 이해해야 한다.

창조형은 뭔가 자신만의 아이디어를 표현하거나 창작 활동에 힘을 기울여야 삶의 의미를 느끼는 유형이므로, 자유롭고 풍부한 창의적 감성을 지향할 수 있도록 관심을 가져야 한다.

한편, 자칫 말 한마디에도 상처를 받을 수 있으므로 부모님과 선생님은 평소 창조형 아이를 대할 때 배려 깊은 말과 격려를 아끼지 말아야 한다.

강점
자신이 추구하는 목표에 대해서는 몰입하는 열정
기발한 아이디어와 역발상으로 문제를 해결해 내는 창의성
일정한 틀이나 규칙에 얽매이지 않는 자유로운 영혼의 소유자

약점
솔직한 감정과 예민한 감수성으로 인한 자기 중심형
친구가 훨씬 좋은 성과를 낼 때 예민해지는 성취 민감형

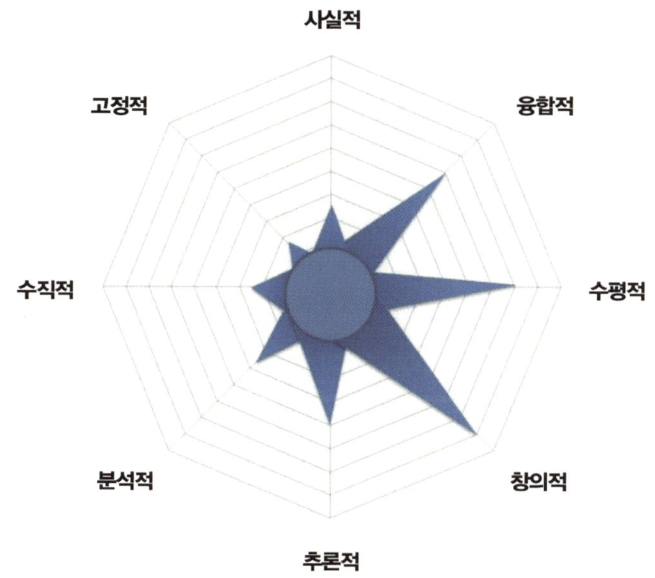

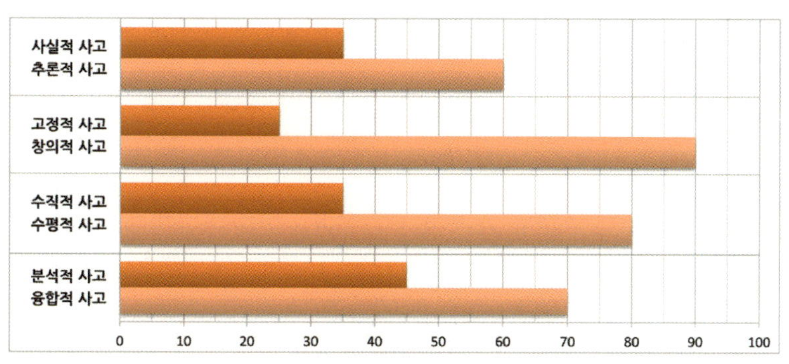

〈창조형의 한 예〉

'빙고 학습법'으로 공부하고, 학습 감정에 따른 '바이오리듬 학습계획표'로 관리하라

학습법 아이디어가 풍부하고 독창성이 뛰어난 창조형은 '빙고 학습법'이 좋다. 빙고 학습법은 공책이나 A4 용지를 준비하고 자신이 원하는 대로 칸을 나눈 뒤, 특정 주제나 어떤 상황에 대해서 떠오르는 대로 빈칸을 채워 넣으며 공부하는 것이다.

가령, 세계사에서 산업혁명 시대를 공부한다면, 이 내용을 마치 소설책을 읽듯이 훑어본 뒤 책을 덮고 생각나는 대로 종이 위 빈칸을 채운다.

산업혁명	증기기관차	대량생산
자본가 등장	빈부 격차	수공업에서 기계공업
인클로저 운동	공업 사회	도시 발달

→

산업혁명 (18세기후반 영국에서 시작)	증기기관차 (증기기관차 발명으로 운송 수송이 편리해짐, 국제 시대 열림)	대량생산

이렇게 형식에 구애받지 않고 왼쪽 표와 같이 생각나는 대로 자유롭게 칸을 채운 뒤, 다시 교과서와 비교해 보면서 자신이 채운 내용이 맞는지 확인하면서 오른쪽 표와 같이 빈칸에 핵심을 간단하게 정리한다. 정리가 끝나면 다시 종이를 덮고 금방 익힌 내용에서 먼저 생각나는 것부터 하나씩 맞추면서 빙고 칸을 완성해 가는 학습법이다. 빙고를 완성해 가다 보면 어느새 외우지 않아도 암기하는 효과가 있으므로 자연스럽게 이해되면서 오래도록 기억할 수 있다.

빙고 학습법은 모든 과목에서 활용할 수 있다. 국어는 문학 작품을 읽고 공부할 때, 암기 과목은 그날 공부할 파트에 대해서, 수학이나 과학 과목은 기본적인 공식이나 개념을 정리할 때도 좋다.

창조형은 문제를 풀 때 자기 생각대로만 풀려는 경향이 강해 출제자의 의도와는 다르게 해석하여 정작 쉬운 문제를 틀리기도 하며, 수학 문제에서는 계산 과정을 건너뛰거나 기껏 풀어 놓고도 답을 틀리는 수가 있다. 이런 문제점을 해결하기 위해서는 '오답통 공부법'을 활용한다.

우선 빈 통을 3개 준비하여 각각 번호를 매긴다. 틀린 문제를 1번 통에 오려 넣어 두고 3일이 지났을 때 다시 그 문제를 꺼내 확인한 뒤, 해결이 되었다면 2번 통으로 옮겨 넣는다. 일주일 뒤, 2번 통의 문제를 꺼내 점검해 보고 완벽하게 문제를 숙지했다면 3번 통에 넣는다. 이런 방식으로 한 달 뒤에는 3번 통의 문제를 최종 점검하고 완전히 이해되었다면 버리는 방법이다.

 창조형은 기분에 따라 학습 효율이 달라지므로 고정적인 계획표보다는 '바이오리듬 학습계획표'를 짜는 게 좋다. 먼저, 하루를 기준으로 했을 때 가장 집중이 잘되고 머리가 맑으며 몸이 가뿐한 시간과 이와 반대로 컨디션이 좋지 않은 때를 파악한다. 한 달을 기준으로는 초반, 중반, 후반기의 학습력과 체력, 감정 변화를 면밀히 살펴 컨디션의 고저를 체크한다.

바이오리듬을 바탕으로 컨디션이 좋고 집중이 잘될 때 취약 과목을 공부한다. 또 집중력이나 체력이 저하되는 시간에 좋아하는 과목이나 자신 있는 단원이나 과제를 할 수 있게 배치하면 효과적이다. 특히 여학생의 경우는 생리리듬에 따라 공부리듬에도 변화가 올 수 있으므로, 이 점도 염두에 두고 계획을 세워야 한다.

창조형은 비교적 자유로운 스타일이라 수시로 바이오리듬 학습계획표대로 수행하고 있는지 체크해야 한다. 그리고 계획을 완성할 때마다 스트레스를 풀기 위한 자유 시간을 반드시 확보해 주어 학습 능률을 일정하게 유지해야 한다.

강점 UP
상상력이 풍부하고 자유로운 사고를 활용한 '빙고 공부법'이 좋다

약점 DOWN
잘 틀리는 문제들은 '오답통 공부법'으로 보완한다

학습계획표
공부 상황 + 바이오리듬 + 학습 배치 + 공부리듬을 동시에 관리할 수 있는 '바이오리듬 학습계획표'를 작성한다

노련한 선생님의 세심한 1:1 지도가 필수

창조형은 감정 컨디션에 따라 하루에도 학습 능률이 올라갔다 내려갔다 하며 종잡을 수 없는 경우가 있다. 경력이 많고 내공 깊은 학습 매니지먼트 선생님이 잡아 준다면 성적을 최대로 끌어올릴 수 있는 유형이다. 따라서 때론 단호하게 때론 부드럽게 아이를 잘 이끌어 줄 수 있는 노련한 선생님에게 1:1 지도를 받으면 공부 효과가 높아진다.

또 창조형의 아이들은 자유분방해서 혼자 공부하게 내버려 두면 잡념으로 공부에 집중하기 어려우므로 장기적으로 독학이나 인강 위

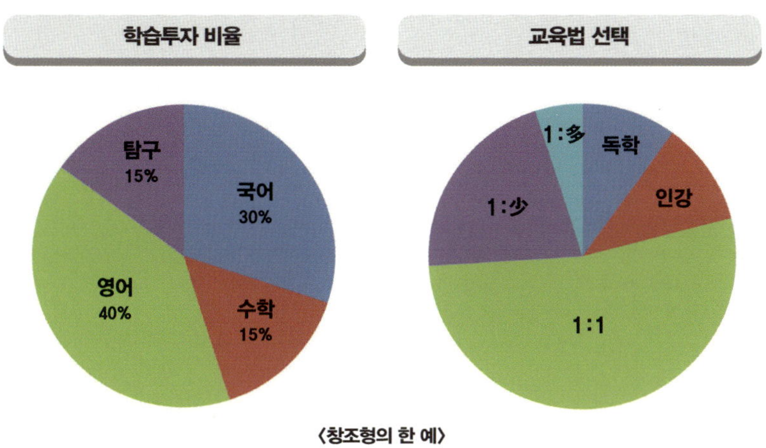

〈창조형의 한 예〉

주의 학습을 오래 하는 것보다 단기적으로 활용하는 것이 더 낫다.

종합 학원을 수강할 때는 하고 싶은 공부만 하는 공부 편식 성향이 있으므로 취약 과목이나 암기 사항 관리에 별도로 신경 쓰도록 한다.

특히 감수성이 예민한 창조형 아이의 특징을 잘 수용하고, 학습 지구력이 떨어지는 아이가 집중할 수 있도록 심리적으로 안정적인 환경을 만들어 주는 것이 무엇보다 중요하다.

다소 실수를 하더라도 격려를 통해 학습 동기를 유발하면서 편안한 장소에서 일정량의 공부를 할 수 있게 배려해야 한다.

강점 UP
노련하고 내공 깊은 1:1 선생님의 지도가 효과적이다

약점 DOWN
잡념이 많으므로 인강은 단기적으로 활용한다
공부 편식을 방지하기 위해 취약 과목과 암기 사항을 별도로 관리한다
학습 지구력을 올려 줄 수 있는 안정적인 환경을 만든다

시선을 사로잡는 포트폴리오와 자신만의 특별한 재능

창조형은 규칙이나 기준을 따르기보다는 자신의 감정이나 개성을 더 중요하게 생각하기 때문에, 간혹 제멋대로 행동한다는 편견을 가질 수 있다. 하지만 이런 까닭에 자유롭고 독창적인 활동을 척척 해낼 수 있는 능력을 가지고 있는 타입이다.

창조형의 잠재력 속에 들어 있는 번뜩이는 감각과 기발한 재능만 잘 살려 준다면, 자신의 관심 분야에 놀랍도록 집중하고, 다소 어려운 상황에 빠지더라도 탁월한 응용력을 발휘하여 문제 해결도 잘 할 수 있다.

이런 창조형의 잠재력과 가능성은 시선을 사로잡는 풍부한 포트폴리오를 만드는 데 기여하기 때문에, 앞으로 자신이 가고자 하는 전형이나 심층 선발 요소에서 탁월한 변별력으로 작용하여 좋은 결과를 볼 수 있다.

: 창조형 합격DNA

- 복잡하고 어려운 상황을 잘 해결할 수 있는 탁월한 문제 해결 아이디어
- 심층 선발 요소에서 변별력을 확보할 수 있는 타고난 창의력
- 평가자를 사로잡는 뛰어난 포트폴리오 구성 능력

문예창작학과, 시각디자인학과, 공연예술학과에서 재능을 살려라

문예창작학과는 상상력이 풍부한 창조형을 위해 만들어진 학과라고 할 수 있다. 동서의 고전에서 현대 작품에 이르기까지 문학의 이론과 창작을 체계적으로 공부하면서 인간 존재의 참모습을 문학적으로 표현하기 때문에 문화 콘텐츠의 힘을 보여 줄 수 있는 학과이다.

시각디자인학과는 다양한 시각적 메시지를 만들어 시각 전달 매체를 통해 표현하는 것을 배우는 학과로, 디자인이 곧 생명인 시대에 디자인 관련 산업 분야에서 중요한 위치를 차지하므로 눈여겨볼 만하다.

공연예술학과는 예술성과 창조성을 연결하여 공연 문화를 이끌어 갈 인재를 양성하는 곳으로, 문화적 여유를 누리고 싶어 하는 현대인의 욕구를 채워 주는 종합예술인을 양성한다.

학과 성격	맞춤 학과
창작 중심	문예창작학과, 스토리텔링학과, 극작과, 문화콘텐츠학과, 광고홍보학과, 광고창작과
디자인 중심	패션디자인학과, 가구디자인학과, 뷰티디자인학과, 시각디자인학과, 산업디자인학과, 제품디자인학과
음악 중심	실용음악과, 음악학과, 작곡과, 피아노과, 성악과, 국악과, 기악과
제작 중심	의류패션학과, 공예과, 외식조리학과
영상 중심	영화영상학과, 애니메이션학과
연기 중심	연극영화학과, 뮤지컬학과, 공연예술학과, 방송연예과

오감(伍感)으로 창조하는 일이 성공의 열쇠

상상력으로 글을 잘 쓰고 그림을 잘 그리는 창조형은 작가, 만화가로서 가능성이 높고, 풍부한 감수성과 예술적 재능, 열정을 가지고 있다면 디자이너로서도 잠재력이 있다.

디자이너는 다양한 소재로 옷을 디자인하는 패션 디자이너, 일상생활에서 접하는 매체에 시각적 이미지를 입히는 시각 디자이너, 인터넷 홈페이지를 도안하는 웹 디자이너, 방송에 필요한 영상과 자막을 만드는 멀티미디어 디자이너, 산업 생산품에 이미지를 부여하는 산업 디자이너, 보석에 우아함을 불어넣는 보석 디자이너 등이 있다.

특히 미적 감각과 감수성, 제품 분야에 대한 전문 지식을 두루 갖추었다면 제품 디자이너로 최고의 적성을 발휘할 수 있다.

무엇보다 마케팅이나 광고, 인간의 삶 전반에 감성과 오감, 직관을 반영하여 만족감을 창조하는 감성 디자이너는 21세기가 요구하는 새로운 직업이다.

이 밖에도 가상 현실 전문가, 음악가, 연극배우, 분장사, 패션 코디네이터, 네일 아티스트, 카피라이터, 영화인, 발명가, 광고 기획가, 헤어 아티스트, 마케팅 전문가, 바리스타, 요리사, 마술사, 국악인 등의 직업을 가지면 자신의 가능성을 꿈의 무대에서 실현할 수 있다.

직업 성격	추천 직업
상상력 중심	작가, 만화가, 발명가, 가상 현실 전문가, 네이미스트, 소설가, 작사가, 콘티 라이터, 스토리보드 작가, 시나리오 작가, 카피라이터, 마술사
미감 중심	패션 디자이너, 시각 디자이너, 가구 디자이너, 폰트 디자이너, 컬러리스트, 캐릭터 디자이너, 제품 디자이너, 주얼리 디자이너, 분장사, 패션 코디네이터, 한복 연구가, 네일 아티스트, 헤어 아티스트, 웹 디자이너, 그래픽 디자이너, 멀티미디어 디자이너, 화가, 행위 예술가, 제품 디자이너, 캘리그라퍼, 서예가, 조명 디자이너, 무대 디자이너
음감 중심	음악가, 국악인, 기악 연주자, 지휘자, 작곡가, 편곡가, 음악 단원, 가수, 악기 조율사
연기 중심	연극계 종사자, 영화계 종사자, 배우, 성우
기획 중심	광고 기획자, 마케팅 전문가, 행사 기획가, 아이디어 컨설턴트, 온라인 마케터, 감성 디자이너
요리 중심	바리스타, 요리사, 소믈리에, 푸드 스타일리스트

「해리 포터」 시리즈 작가이자
판타지계 최고의 거장, 조앤 K. 롤링

「해리포터」 시리즈로 전 세계적인 돌풍을 일으키고, 판타지 역사를 다시 쓴 조앤.

그녀의 뛰어난 상상력과 창의력은 어려서부터 독서를 많이 한 덕분이었다. 책을 읽을수록 이야기 속에 점점 빠져들었던 소녀 조앤은 두 살 아래 여동생을 위해 이야기를 직접 지어서 들려주었고, 열 살 땐 단편 소설을 쓰기도 했다.

특히 존 로널드 루엘 톨킨의 「반지의 제왕」은 책이 너덜너덜해질 때까지 읽으며 판타지 세계에 흠뻑 취하기도 했다.

장소가 어디건 책을 들었다 하면 손에서 놓지 않았고, 감명 깊었던 구절이나 문장은 표시하여 두고두고 다시 읽고 머릿속에 새겨 완전히 암기할 정도였다고 한다. 그러한 노력은 「해리포터」 시리즈에 나오는 수많은 인물과 명칭에서 발휘되어 소설을 더욱 재밌고 실감 나게 표현하기도 했다.

결국 「해리포터」 시리즈는 영화로까지 만들어져 신드롬을 이어갔고 금세기 최고의 출판 브랜드가 되었으며, 조앤은 판타지계 최고의 거장이 되었다.

취침
등교 준비
학교 생활
식사·휴식
운동
6
9
5
8
11

3

원칙을 따지고
고지식한 아이,
자기 주도로 합격하라!

규범형

멘토링 스토리 명문대 입학생 영주는 시험 공포증 아이였다

STEP1 내게 맞는 성향 도덕적 가치와 규범을 중시하는 우리 사회의 바로미터

STEP2 내게 맞는 공부법 '프로미스 공부법'과 '내비게이션 필기법'을 실천하고,

'장기 학습플랜'과 '단기 체크리스트 학습계획표'를 동시에 짜라

STEP3 내게 맞는 교육법 학교 수업만 열심히 들어도 된다

STEP4 내게 맞는 합격 스타일 성실한 내신 관리와 흔들림 없는 학습 패턴

STEP5 내게 맞는 학과 행정학과, 법학과, 문헌정보학과에서 적성을 살려라

STEP6 내게 맞는 진로와 직업 사회적으로 가치 있는 일을 하면 행복하다

STEP7 내게 맞는 롤모델 정의를 위해 싸우는 브라질 최초의 한국인 검사, 김윤정

명문대 입학생 영주는
시험 공포증 아이였다

고3, 이영주

영주는 평소엔 멀쩡하다가도 시험 날만 되면 배가 아프거나 머리가 아프고 심지어 울렁증 증세까지 생겨 가만히 앉아 있는 게 지옥이었다. 가뜩이나 노력한 만큼 성적이 오르지 않아 예민한데, 이런 증세 때문에 그나마 평소 실력마저 발휘하지 못하고 시험을 망치게 되니 때때로 극단적인 생각까지 했다.

그런 영주에게는 늘 전교 1등을 놓치지 않아서 기대를 한 몸에 받았던 오빠가 있었다. 과학고를 목표로 할 만큼 영재였던 오빠는 중3때 정확한 원인을 알 수 없는 희귀병에 걸리고 말았고, 부모님은 오빠의 병을 고치기 위해 온갖 노력을 기울였지만 허사였다.

영주는 오빠가 채워 주지 못하는 부모님의 기대까지 대신 짊어져야 한다는 강박증 때문에 스스로를 옭아맸다. 부모님께 차마 자신의 속내를 말하지 못한 채 혼자서만 끙끙 앓다 보니, 아무리 공부를 해도 성적은 오르지 않았고, 시험 날은 더욱 예민해져 공포증까지 앓았던 것이다.

이렇듯 영주는 고민이 있어도 표현을 잘 하지 못하고, 혹시라도 다른 사람이 자신을 어떻게 볼지 걱정하면서도 성실하며 책임감이 강한 전형적인 규범형 아이였다.

"지금 네 마음이 어떤지 말해 줄 수 있겠니?"

한참을 생각하던 영주는 말문을 열었다.

"모르겠어요. 그냥 다 힘든 것도 같고 오빠를 보면서 매일 우는 엄마를 보면 속상하고 그래요. 사실 옛날에는 부모님 사랑을 독차지하는 오빠가 미웠어요. 그래서 오빠가 사라져 버렸으면 좋겠다고 생각한 적도 있어요. 그런데……."

갑자기 고개를 떨군 영주는 마치 오빠가 그렇게 된 것이 자기 탓인 양 죄책감에 빠져 있는 듯했다.

영주의 그런 모습을 보면서, 나는 자연스럽게 내 지난 얘기를 들려주었다. 나는 종갓집 종손으로 태어나 모두의 기대 속에 자랐지만, 화목하지 못한 가정과 불행한 엄마의 모습을 보면서 엄마를 데리고 도망칠 궁리를 했었다. 그리고 이 힘든 과정을 이겨 내기 위해서는 오직 공부 밖에 길이 없다고 생각하며 열심히 공부했던 그 시절의 이야기였다.

"그런데 말이다, 참 이상한 건, 그렇게 힘든 고비를 겪을 때는 도저히 극복할 수 없을 것 같고 죽을 것 같았지만, 어느새 이겨 내고 있더라는 거야. 네 인생은 네 거야. 부모님이나 그 누구의 것도 아닌 바로 너의 것! 공부를 하는 것은 부모님의 기대를 채워 주는 것이 아니라, 진정으로 네가 행복해지는 한 가지 방법일 뿐이란다."

그렇게 차츰 마음의 문을 연 영주를 위해 나는 아이의 성향에 맞는 공부 전략을 짰고, 자신의 고민을 덜 수 있는 방법을 찾아 주었다.

우선 자신이 만든 틀 속에 갇혀 폭넓은 사고를 못하는 영주에게는 공부하면서 틈틈이 영화나 콘서트를 보면서 공부에서 오는 스트레스를 자연스럽게 풀도록 했다. 동시에 사고를 균형 있고 넓게 잡아 주려 애썼다.

영주는 공부 방향만 제시하면 길을 잘 찾아가는 편이었지만, 응용력이 부족해서 틀리는 학생이었다. 다양한 유형의 문제를 익히도록 독려하고 체크하도록 했다.

함께 노력하고 고비를 넘긴 결과, 영주는 어느 순간부터 잘 웃고 잘 떠드는 아이로 바뀌었고, 부모님도 간절히 원했던 명문대에 무사히 합격했다.

도덕적 가치와 규범을 중시하는
우리 사회의 바로미터

영주와 같은 규범형은 자신이 지켜야 할 가치, 즉 사회 관습, 도덕, 법률, 상식과 같은 규범이 자신과 세상을 지탱해 주는 기본이라고 생각한다.

항상 옳고 그름을 따지고 원리 원칙을 중요하게 생각하기 때문에 주변 사람들에게 고지식하거나 융통성이 부족하다는 말을 자주 듣는 편이다.

하지만 사회의 가치를 지킨다는 것 자체에 큰 신념을 가지고 있고 그렇게 행동하기 때문에 주변 사람들로부터 신뢰를 받는 그야말로 우리 사회의 빛과 소금 같은 역할을 하는 유형이다.

자신의 생각을 유난하게 겉으로 드러내거나 말이 많은 편은 아니지만, 중요한 순간에는 자신의 생각을 분명하게 밝히는 편이다. 또 자신이 속한 공동체의 이익이나 가치를 지키기 위해, 문제 상황이 닥치면 가장 안정적인 해결책을 내기도 하며, 자신의 신념과 맞는다면 힘든 일이라도 피하지 않고 솔선수범하는 타입이기도 하다.

규범형의 경우, 영주와 같이 스스로 징크스를 만들어 강박증을 가지고 있기도 하다. 이를테면 평소에는 멀쩡하다가도 시험 치는 날 우유를 마시면 꼭 시험 시간에 배가 아파서 설사를 하는 통에 시험 날에는 우유에 손도 대지 않는다거나, 조금이라도 찝찝한 생각이 들면 한밤중에라도 일어나 방 청소를 하거나 책정리를 해야 마음이 편해진다. 또 머피의 법칙처럼 끝자리에 8이 걸리는 날 시험을 치면 꼭 망친다며 혹시라도 시험 날짜에 8이 들어갈까봐 노심초사하기도 한다.

하지만 이는 규범형이라면 누구에게나 쉽게 나타날 수 있는 모습이므로 심각하게 생각할 필요는 없다. 하지만 평소에 한 가지씩 징크스를 깨는 훈련을 하는 것은 필요하다.

예를 들어, 시험 날 숫자 8이 들어갈까 봐 불안해하지 말고 8의 의미를 찾아보는 것이다. 실제로 8은 고대 로마에서 낙원의 회복, 재생, 부활의 상징으로 사용되었고, 중국에서는 돈을 상징하여 행운을 의미한다.

이처럼 하나씩 자신의 징크스를 깨는 과정을 겪으면서, 시험 날 8이 들어가면 오히려 좋은 조짐이라고 생각하는 발상의 전환이 필요하다.

강점
사회의 관습과 규범, 상식을 지키려 노력하는 양심가
일정한 생활 패턴과 공동체의 가치를 지키려는 신념
힘들거나 어려운 일도 피하지 않는 강한 책임감

약점
완벽주의 성향에서 오는 자기 스트레스형
항상 옳고 그름을 따지고 들어서 융통성이 부족한 원칙형

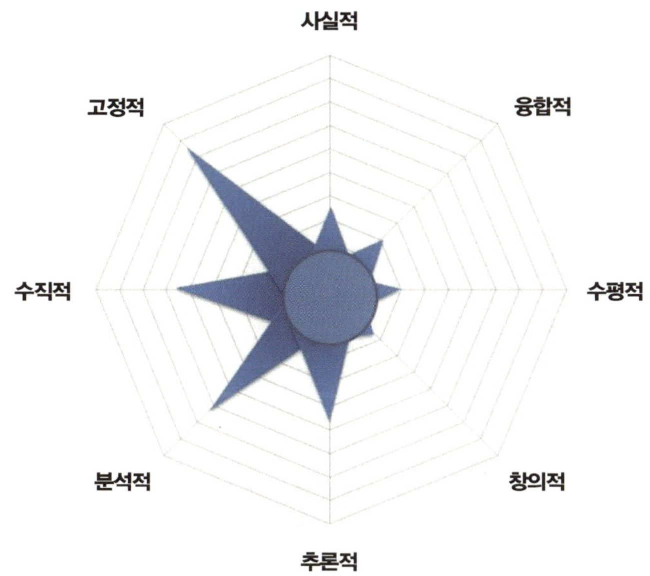

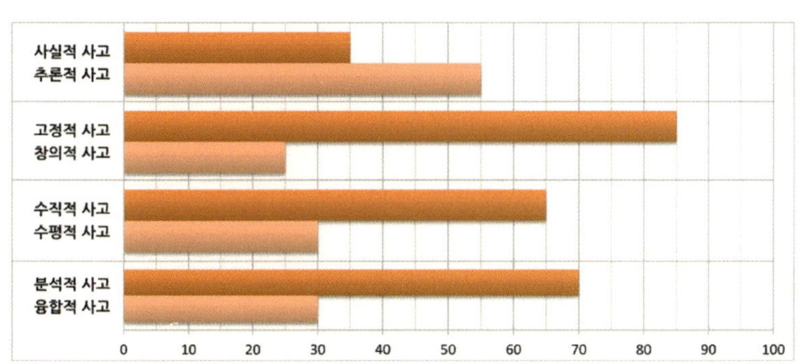

〈규범형의 한 예〉

'프로미스 공부법'과 '내비게이션 필기법'을 실천하고, '장기 학습플랜'과 '단기 체크리스트 학습계획표'를 동시에 짜라

학 습 법　규범형은 처음에는 실력을 잘 발휘하지 못하더라도 꾸준히 노력하는 스타일이기 때문에 기초만 확립되면 시간이 지날수록 위력을 발휘하는 유형이다.

하지만 자신이 정한 규칙이나 일정한 패턴대로만 학습하려는 경향이 있어서, 하나의 패턴이 정해지면 그것을 잘 바꾸지 못하기 때문에, 생활 패턴과 학습 패턴을 처음부터 잘 잡아 주는 것이 중요하다.

그렇다고 학습 패턴을 갑자기 바꾸는 것은 오히려 학습 혼란을 가중시키는 결과를 초래한다. 규범형은 자기 스스로 규칙을 정해서 잘 지키는 유형이므로, 이런 특징을 살려서 '프로미스 공부법'을 실천하면 효과적이다.

프로미스 공부법은 매일 또는 주간 단위로 꼭 지키기로 한 자신과의 학습 약속 리스트를 작성하고 실천 여부를 체크하는 것이다. 프로미스 공부법을 통해서 과목별 응용 문제나 심화 문제의 분량과 시간을 스스로 정해서 체크할 수 있도록 하면 학습력을 끌어올릴 수 있다.

또 일정한 공부 규칙을 좋아하는 규범형의 성향을 살려서 '내비게이션 필기법'을 활용하면 도움이 된다. 마치 내비게이션을 작동하는 것처럼 처음 시작 부분에는 그날의 학습 목표나 제목, 주제를 적는다. 첫 번째 경로에서는 예습한 내용 중에서 중요하다고 생각하거나 이해가 되지 않았던 부분을 적어 두고, 두 번째 경로에서는 최대한 상세하게 노트 필기하며, 마지막 목적지에서는 오늘 배운 내용에서 가장 중요한 핵심이 되는 것을 간단히 정리하는 방법이다.

시작하기 – 단원의 학습 목표, 주제, 제목 적기
↓
첫 번째 경로 – 예습한 내용 간단 정리
↓
두 번째 경로 – 노트 필기하기
↓
오늘의 목적지 – 핵심 정리

이런 식으로 필기하면 그날 배운 내용을 한눈에 볼 수 있고, 차츰 익숙해지면 저절로 핵심 사항을 파악하는 눈이 생긴다. 또 평소 공부 시간도 절약할 수 있으므로 시간을 다투는 시험 기간에 무척 유용하게 사용할 수 있다.

학습계획표 규범형은 '장기 학습플랜'을 설정하여 공부하되, 단기적으로는 '단기 체크리스트 학습계획표'를 짜는 것이 좋다.

일단 장기 학습플랜은 자신의 능력과 현재의 수준에 맞추어서 굵직하게 짠다. 우선 적성이나 목표 학과, 목표 대학에 대한 진로를 먼저

찾는 것이 중요하다. 원하는 고등학교, 학과와 대학을 정했으면 합격하기 위해 필요한 성적 커트라인을 확인하고 장기적으로 학기별 올려야 하는 등수나 목표 점수를 정하는 게 필요하다. 중간고사나 기말고사 단위로 정하거나, 1학기와 2학기로 구분해 정할 수 있다.

'단기 체크리스트 학습계획표'는 장기 계획 속에 세부적인 항목을 어떻게 실천할 것인지를 세우는 것이며, 실천 여부를 항목별로 체크하는 것이다.

가령, 1년 뒤에 전교 30등에 진입하는 것이 장기 계획이라면, 단기 계획은 한 학기, 총 6개월의 시간을 일주일이나 한 달 단위로 나누고 취약 과목에 대한 자세한 보강 계획, 고득점 전략을 위한 과목 선정, 학교 수업 이후 학습 전략 등으로 세부적으로 항목을 작성, 실천 여부를 체크하는 것이다.

강점 UP
자신과의 학습 약속을 지키는 '프로미스 공부법'이 효과적이다
제목, 중요 내용, 노트 필기, 핵심 요약으로 구성된 '내비게이션 필기법'을 사용한다

약점 DOWN
하나의 패턴이 정해지면 잘 바꾸지 않기 때문에, 처음부터 생활 패턴과 학습 패턴을 잘 잡아 주는 게 중요하다

학습계획표
'장기 학습플랜'은 시험이나 학기 단위로 나누어 짜고, '단기 체크리스트 학습계획표'는 취약 과목 보강 및 방과 후 학습 전략으로 세부적으로 작성한다

학교 수업만 열심히 들어도 된다

규범형은 기본적으로 학습 태도가 성실하므로, 자기 주도 학습에 가장 적합한 스타일이다. 대부분의 아이들이 학원 수강이나 과외 지도를 받는다고 해서, 규범형도 '친구 따라 강남 가는 식'으로 공부하면 오히려 낭패를 볼 수 있다. 특정 과목 성적이 잘 나오지 않거나 특별히 하위권 성적이 아니라면 기본적으로 학교 수업 중심으로 열심히 공부해도 되는 유형이다.

규범형은 여간해서는 공부 슬럼프가 오지 않지만, 한번 자신이 정해 둔 공부 패턴을 잃어버리고 슬럼프에 빠지면 빠른 시간 안에 회복

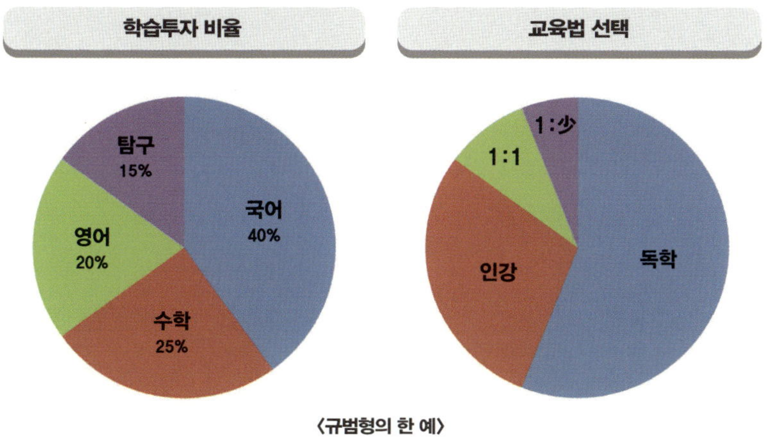

〈규범형의 한 예〉

이 어렵기 때문에, 부모님이나 선생님으로부터 도움을 받는 것이 필요하다.

또 자신이 세운 목표나 공부 계획을 필요에 따라 수정하지 않고, 그대로 밀고 나가려는 경향이 강하므로, 지금 제대로 가고 있는 것인지 선생님이나 부모님으로부터 점검받으면 도움이 된다. 성적이 갑자기 떨어졌을 경우에는 선생님과 함께 원인을 분석하고 상담을 통해 문제점을 해결하는 것이 좋다.

반면에 성적이 잘 나온다고 해서 지나치게 높은 목표치를 설정하면 오히려 역효과가 날 수 있으므로, 부담스럽지 않게 목표를 정할 수 있도록 해야 한다.

성적이 올랐을 때는 물질적인 보상보다는 자신이 신뢰하는 사람으로부터 칭찬이나 격려를 받는 것이 실력을 발휘하게 하는 원동력이 된다.

강점 UP
학교 수업을 열심히 듣는다
성실함을 강점으로 자기 주도 학습을 한다

약점 DOWN
자기 방식만 고집하다 실패할 수 있으므로, 정기적인 학습 점검을 받는다
지나치게 높은 목표치를 설정하지 않는 것이 효과적이다

성실한 내신 관리와 흔들림 없는 학습 패턴

천재는 노력하는 자에게 못 당한다는 말이 있다. 이 말은 규범형을 두고 한 말이나 마찬가지이다. 성실성이 특징인 규범형은 어디서나 자기가 세운 계획을 지키고자 노력하는 타입이다.

안정된 학습 실천력이 성적 패턴을 향상시키는 데 결정적 역할을 한다. 또 학습 지구력이 뛰어나서, 일단 자세를 잡고 앉았다 하면 자기 목표나 분량이 끝나기 전에는 좀처럼 일어설 줄 모른다.

결국 그날그날 학습량을 꾸준하게 달성할 수 있어서 그만큼 공부량이 쌓이게 되므로, 심화 학습까지 나아갈 수 있는 최적의 유형이다.

무엇보다 감정 기복이 별로 없고 특별한 일이 아니면 흔들림 없이 자신의 학습 패턴을 유지하기 때문에 급격한 성적 변동도 별로 없다. 큰 실수만 하지 않는다면 합격률을 높이는 데 더할 나위 없는 타입이다.

규범형 합격DNA

- 자기가 정한 공부 분량과 공부 목표를 위해 꾸준히 실천하는 성실한 학습 자세
- 심화 학습을 실천할 수 있는 뛰어난 지구력
- 감정 기복이 별로 없는 꾸준한 학습 패턴

행정학과, 법학과, 문헌정보학과에서 적성을 살려라

행정학과는 민주 복지국가를 유지하고 국가와 사회에서 중추적 역할을 담당하는 유능한 행정 공무원을 키우는 학과로 규범형이 사회에 기여할 수 있는 최고의 학과이다.

법학과는 사회의 질서를 유지시켜 주는 법률을 공부하는 학과로, 법치주의의 구현과 법의 민주화를 이루기 위한 법률 전문가를 키우는 데 목표를 두고 있다. 경제, 사회, 의학, 예능 등 법률적 지식을 필요로 하는 다양한 분야에서 전문가로 활동할 수 있다.

문헌정보학과는 인간의 지식과 기록의 방법들이 어떻게 변화하고 발전했는지를 연구하고, 정보를 분류하고 정리하는 곳이다. 정보화 시대에 대량의 정보를 보다 효율적으로 쉽고 빠르고 정확하게 이용할 수 있는 전문가를 양성한다.

학과 성격	맞춤 학과
정보 중심	문헌정보학과, 도서관학과, 데이터정보학과
행정 중심	행정학과, 도시행정학과, 행정정보학과, 법무행정학과
법 보호 중심	법학과, 교정학과, 군사학과

사회적으로 가치 있는 일을 하면 행복하다

규범형은 명예와 권위를 중요하게 생각하고 사회 규범과 질서를 지키려고 노력하는 유형이다. 따라서 공무원, 교도관, 군인, 판검사, 의회 사무직, 법무사, 법률 사무원, 행정사, 출입국 심사원 등에 종사하면 정의로운 사회 구현에 이바지할 수 있다. 지켜야 할 가치를 객관적 입장에서 판단하여 사회적 가치로 만들어 주는 변리사는 유망한 직업인데, 새로운 기술이나 디자인, 상표에 대한 권리를 판단하고 특허를 취득할 수 있도록 법률적인 지원을 해 준다. 기술과 권리를 먼저 선점하는 것이 필수적인 무한 경쟁 시대에 보람을 느낄 수 있는 일이다. 특히 우리나라와 외국 기업의 지적 재산권이나 특허를 전문적으로 다루는 국제 변리사는 첨예한 국제 간의 특허 소송 문제를 대행하는 전문가로서 앞으로 그 역할의 중요성이 커질 것이다.

직업 성격	추천 직업
행정 정보 중심	공무원, 행정사, 의회 사무직, 출입국 심사원, 일반 사무직, 사서
법률 중심	판사, 검사, 변호사, 법무사, 법률 사무원, 변리사, 국제 변리사, 저작권 관리 사무원, 특허 사무원
보호 중심	교도관, 군인

정의를 위해 싸우는
브라질 최초의 한국인 검사, 김윤정

10살 때 부모를 따라 브라질로 이민을 갔던 김윤정 검사는 어려운 가정형편에도 불구하고, 검사가 되겠다는 분명한 목표의식을 갖고 있었다. 학창시절에 물 마시러 가는 시간조차 아까워 공부할 때는 물도 안 마시며 치열하게 공부했던 그녀는 결국 24살에 브라질 최연소 검사가 되었다.

'이 땅에도 정의가 있음을 믿는다'고 고백하는 김윤정 검사는 비리를 저지르고 부패를 일삼는 브라질 공무원 70명을 한꺼번에 구속시킨 적도 있다. 또 어떤 살인 사건에서는 우발적인 범행을 주장하는 범인의 말만 믿고 수사를 종결하려는 경찰의 태도에 굴하지 않고, 끝까지 증거를 파헤쳐서 의도적 살인임을 밝혀내 피해자의 억울함을 풀어주었다.

심지어 조직폭력집단 사건을 수사를 할 때는 그들로부터 온갖 협박과 회유에 시달렸지만, 결코 굴복하지 않고 범죄와의 전쟁을 선포하는 등 원칙대로 사회 정의의 구현을 위한 신념을 밀고 나가며 맹활약을 펼쳤다.

그녀와 관련된 유명한 일화가 있다. 어느 날 어린 아이를 둔 엄마가 청소년에게 마약을 판매하다가 재판을 받게 되었다. 엄마는 아이가 어리다는 이유로 선처를 호소했지만, 김 검사는 원칙대로 구속 처리했다. '처한 상황이 어렵다고 범죄를 저지른 사람들에게 선처를 하면, 아무리 힘들어도 법을 지키며 사는 사람들에게 불공평한 일'이라는 것이 그녀의 원칙이자 소신이었다.

하지만, 그녀는 고아원의 원아들을 조카처럼 돌보고, 브라질의 가장 낮은 곳에 사는 사람들과 함께 하며 약자들을 위해서 선행을 베푸는 등 따뜻한 인간애도 실천하고 있다.

때로 목숨까지 위협받는 검사라는 자리를 굳건히 지키며, 이 세상에 정의가 있음을 몸소 보여주고 있는 그녀는 지구의 반대편 브라질에서 정의를 위해 목숨 바쳐 싸우는 진정한 원칙주의자다.

4

자신에게 꼭 필요한 것만 하려는 아이, 부족한 감성을 채워라!

실용형

멘토링 스토리 이과생 한영이, 서울대 경제학과에 합격하다

STEP1 내게 맞는 성향 서로의 필요를 채워 주는 효율형 인재

STEP2 내게 맞는 공부법 '써머리 공부법'이 성적 향상의 지름길, '공부효율 학습계획표'를 만들어라

STEP3 내게 맞는 교육법 취약한 과목만 1:1, 단과, 인강으로 공략한다

STEP4 내게 맞는 합격 스타일 강한 객관식 학습력과 뛰어난 시험 실전력

STEP5 내게 맞는 학과 국제통상학과, 응용통계학과, 보험금융학과에 주목하라

STEP6 내게 맞는 진로와 직업 숫자를 사용하는 직업이 잘 맞는다

STEP7 내게 맞는 롤모델 경제의 패러다임을 바꾼 투자의 귀재, 워렌 버핏

이과생 한영이,
서울대 경제학과에 합격하다

재수생, 이한영

이과생 한영이는 기본적으로 성실한 타입이었다. 자기 주관이 분명하고 복잡한 것을 싫어하며, 친구들과 문제가 생겨도 그리 심각하게 받아들이지 않는 편이어서 대인 관계에서 오는 스트레스도 별로 없었다.

또 평소 솔직하고 검소한 편이라 용돈을 많이 달라고 억지를 부리거나 뭘 사 달라고 부모님에게 지나친 요구를 하지도 않았으며, 늘 최소한의 노력으로 최대 효과를 보자는 실속주의였다. 다만 어떤 일을 할 때 자신에게 도움이 되는지를 민감하게 따지고 드는 면이 있었다.

예를 들어 학원 수업을 등록하더라도 일단 한 번은 들어 보고 결정하며, 마음에 드는 음악을 다운받을 때도 쿠폰이나 포인트 점수를 일일이 챙겨서 해결했다. 쇼핑을 갈 때도 사은품 행사가 있으면 버려지는 영수증을 꼭 챙기고, 심지어 지나가는 아줌마들에게 영수증을 달라고 해 금액을 채워서라도 사은품을 챙겼다. 그런데 공부는 그렇게 악착같이 하지 않아서 문제라는 게 어머니의 마음이었다.

"중학교 때까지는 공부도 잘했는데, 고등학교 올라가서는 공부를 해도 성적이 늘 그 자리예요."

들고 있던 한영이가 답답한 듯 말했다.
"저는 원래 대학에 가서 경제학을 공부하고 싶었어요. 그런데 부모님이 남자는 무조건 이과로 가야 취직이 잘된다고 하셔서 어쩔 수 없이 이과를 가게 되었어요. 그렇다 보니 재미도 없고 공부도 하기 싫어요."

한영이는 자신의 필요를 중요시하고, 어떤 상황을 있는 그대로 받아들이는 실용형이었다. 그리고 자신의 관심 분야대로, 경제학이 적성에 꼭 맞았다. 하지만 지금 성적으로는 상위권 대학 진학은 무리였고, 문과로 지원하는 것도 쉽지 않은 상황이었다.

"이과 과목은 재미도 없고 적성에도 안 맞아서 공부하기 싫다는 거지?"
"네. "
"그렇다고 대학 가는 거 포기 할거니?"
"아뇨."
"그럼 우선 네가 할 수 있는 것부터 해 보자."
"네."

다행히 한영이는 수학을 좋아하고 잘했다. 우선 수학을 전략 과목으로 삼아서 꾸준히 약한 개념을 다지고, 고난도 문제 풀이로 고득점을 올릴 수 있도록 만전을 기했다. 문과 지원을 대비해서 국어의 학습량을 배로 늘려 난이도별 공부량과 공부 시간을 달리하여 그날그날 목표량을 체크하도록 했다. 그리고 단기 성적 향상을 통해 자신감을 심어 주기 위해서, 기출 문제를 먼저 풀고 난 뒤, 본격적으로 공부하는 '거꾸로 공부법'도 병행했다. 또 주요 과목 성적을 빨리 올리기 위해 '써머리 공부법'도 활용하게 하는 등 실용형인 한영이에게 맞춘 '공부효율 학습계획표'를 짰다. 그리고 만에 하나 문과 지원을 하지 않을 경우, 이과 쪽에서 경제학과와 가장 유사한 수학과를 지원하게 하여, 아이의 적성을 살리면서도 후일을 기약하는 진로 전략도 세웠다.

한영이는 굉장히 실용적이라서 한 시간 안에 어떤 단원을 마스터한다는 계획을 세웠다면 이를 반드시 끝내야 하고, 10분 휴식도 무슨 일이 있어도 지켜야 한다고 했다. 자기가 한번 마음먹은 것에 대해서는 최소한의 노력으로 최대 효과를 보길 원했고, 공부 시간에 최선을 다했다.

실용형 한영이는 이과 지원을 버리고 과감하게 문과 지원을 선택했다. 재수를 하면서 문과로 계열을 바꾼 한영이의 성적은 고3때 국어 4등급, 영어 3등급, 수학 2등급이었던 것을 최종 국어, 영어, 수학 모두 1등급으로 맞추었다. 그리고 당당히 서울대 경제학과에 합격했다. 그날 한영이는 합격증을 들고 활짝 웃는 인증샷을 내게 보내왔다.

서로의 필요를 채워 주는 효율형 인재

한영이는 중국집에 음식을 하나 주문하더라도 동네 중국집 전단지를 죄다 들고 와서 어느 집이 제일 싼지를 비교해 보고 주문했다. '같은 가격이면 어디가 더 푸짐한지', '포인트 카드는 되는지', '쿠폰은 몇 장을 모아야 서비스가 되는지'를 일일이 물어봐서 한영이 어머니는 어쩔 땐 창피해 죽겠다고 하셨다.

아직 세상 물정 모를 나이에 너무 야박하게 이것저것 따지고 드는 아이가 인간미가 없어 보인다며 푸념을 늘어놓던 어머니는 그래도 한영이는 아주 양호한 편이라고 했다.

한영이 어머니의 친구분 아이도 한영이와 비슷한데, 공부를 하는 것도 마치 부모를 위해 선심이라도 쓰는 듯 생색을 낸다는 것이다. 아이는 '등수를 올리면 뭘 사 달라고 하지 않나', '용돈을 올려 달라고 하지 않나', 시쳇말로 '더럽고 치사해서 못 키우겠다'고 한단다. 공부 잘해서 잘되면 다 자기 인생 펴는 건데, 그걸 공치사하는 애들을 보면 서 부모님은 어이가 없다고 했다.

대개 실용형 아이들은 이렇게 뭔가를 따지고 비교하기를 잘해 조금이라도 자신에게 필요한 것만 채우려 든다는 오해를 사기도 한다. '내가 이 정도 했으니, 엄마도 이만큼은 해 줘야지' 하고 생각하거나

‘내가 줬으면 너도 나한테 뭔가 줘야지’ 하는 성향이 더러 있으며 심지어 뭔가를 시키거나 약속이라도 받으려면 대가나 조건을 내걸어야만 실천 의지를 보이기도 해 부모님 입장에서는 황당할 수 있다.

하지만 다른 관점에서 보면, 실용형은 자신의 필요를 사회의 필요로 바꿀 줄 아는 현명한 인재이다. 언뜻 보면 맹랑해 보이지만, 다른 사람에게 폐를 끼치거나 손해를 입히지 않고 자신만의 일정한 룰을 갖고 있는 성실한 유형이다. 무엇보다 사실적 사고력이 뛰어나서 매사 심플하게 생각하고, 어떤 사실에 대해서 주관을 개입시키지 않고 사실 그대로를 이해하는 능력의 소유자이기도 하다. 이러한 장점으로 문제를 신속하고 정확하게 해결하는 편이며 자신이 내린 결정에 대해서 크게 후회하지 않는다.

감정 낭비를 싫어해서 필요에 따라 감정을 잘 조절하기 때문에 큰 대회나 시험을 앞두고 긴장하는 일이 별로 없고, 시험에 대한 스트레스가 상대적으로 적어서 그만큼 자신의 실력을 맘껏 발휘할 수 있다.

기본적인 인간관계를 잘 유지하여 서로에게 도움이 되는 관계를 만들고, 갈등을 예방하는 데도 탁월한 능력이 있다.

Key Point

강점
서로에게 이익이 되는 쪽으로 행동하는 효율 중심형
문제 상황에 대해 핵심을 정확하게 분석하고 빠르게 결정하는 사실적 판단력
서로에게 도움이 되는 관계 형성으로 인간관계 갈등을 예방하는 능력

약점
Give & Take를 당연하게 생각하는 계산형
다른 사람의 감정을 이해하는 데 서툰 감성 부족형

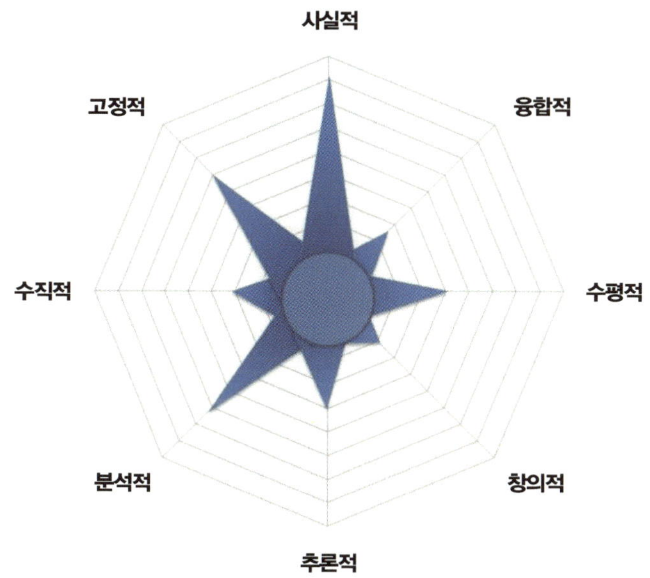

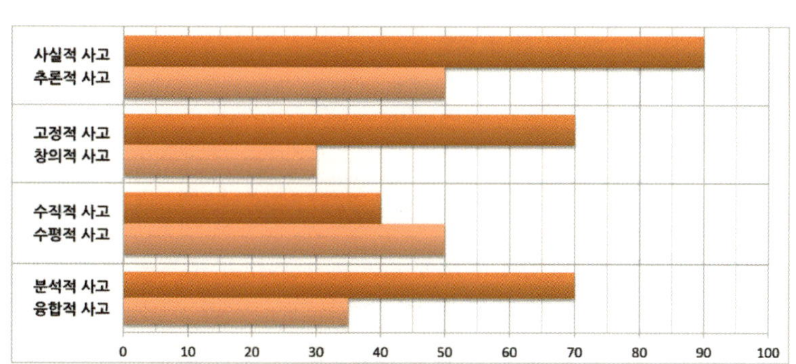

〈실용형의 한 예〉

'써머리 공부법'이 성적 향상의 지름길, '공부효율 학습계획표'를 만들어라

학 습 법　실용형의 공부효율을 극대화할 수 있는 최선의 방법으로 '써머리(summary) 공부법'을 활용하면 좋다. 써머리 공부법은 쉽게 말하면 나만의 요약서를 만드는 것이다.

일단 교과서나 개념서를 보면서 자기만의 방식으로 1차 요약을 한다. 이것은 전체적인 흐름과 내용을 어떻게 기억할지를 생각하면서 정리하는 일종의 분류 작업인 셈이다. 다음으로 1차 요약본과 수업 시간에 필기한 내용을 펼쳐 놓고 서로 비교해 보면서 중요한 내용, 선생님이 강조한 것, 반드시 암기해야 할 것 등을 다시 정리한다. 이렇게 되면 1차 요약본보다는 훨씬 풍성하면서도 잘 정리된 2차 요약본을 만들 수 있다. 그다음으로는 자신이 가지고 있는 참고서와 2차 요약본을 비교하면서 빠진 내용이나 더 첨가해야 할 부분을 보충하고 그 내용에 해당하는 문제집을 푼 뒤, 자신이 틀린 부분을 요약본에 표시하고 정리하는 것으로 3차 요약본을 작성한다. 이렇게 하는 동안 이미 머릿속에는 요약된 내용이 어느 정도 쌓이게 되면서 한결 학습에 자신감이 붙게 되는데, 그때부터는 3차 요약본을 가지고 꾸준히 복습하면 된다.

시험을 앞두고는 완벽하게 이해된 부분과 아직 헷갈릴 수 있는 부분을 나누어 자신 없는 부분만 다시 A4 용지에 정리하여 가지고 다니면서 섬검하면, 놀라운 성적 변화를 보게 될 것이다. 언뜻 부지런하지 않으면 하기 힘든 공부법처럼 보이지만, 핵심을 잘 정리하는 실용형에게는 적합한 방법이다.

하지만 실용형은 벼락치기를 잘하기도 하므로, 자칫 써머리 공부법이 귀찮아질 수도 있다. 이럴 때는 '거꾸로 공부법'을 시도해 본다. 대부분의 공부 순서가 먼저 기본 개념을 공부하고 난 후 기출 문제를 푸는 것이지만, 거꾸로 공부법의 경우는 기본 개념 공부를 하기 전에 기출 문제를 먼저 풀어 보는 것이다.

흔히 기본 개념을 모르는데 어떻게 문제를 풀까 생각할 수 있겠지만, 잘 모르더라도 일단 기출 문제를 풀면서 어떤 부분이 시험에 나오고 어떤 부분이 중요한지, 어디를 공부해야 할지를 전략적으로 파악한 후 그 부분을 위주로 공부하는 것이다.

이렇게 하면 실용형의 학습 동기가 살아난다. 또한 자신의 공부 목표와 달성 과정을 객관적으로 수치화해서 도표나 그래프로 만들면, 실용형의 학습 의욕을 높이는 데 도움이 된다.

학습계획표 실용형의 아이에게는 당장 뚜렷한 효과를 알 수 없는 장기 학습계획이나 시간 단위로 빽빽한 학습계획표는 오히려 학습 의욕을 떨어뜨릴 수 있다.

일주일, 시험 기간, 방학 등 일정한 기간을 정해 놓고, 필요한 학습 분량과 정확한 목표에 맞게 최소한의 노력으로 최대 효과를 볼 수 있는 '공부효율 학습계획표'가 좋다.

공부효율 학습계획표를 세우기 전에 우선 그동안 자신의 공부 시간 대비 학습 효율이 어느 정도였는지를 과목별로 따져 봐야 한다. 이 과정에서 시간 투자 대비 점수 상승이 낮은 과목과 높은 과목을 분류하고, 일정한 학습 기간을 정한 뒤, 어떤 과목을 어떻게 배치하고 투자할 것인지 정한다.

이를테면, 영어 단어는 하루 한 시간 투자만으로도 효과가 있다면 그 방법을 유지하고, 수학은 매일 꾸준히 공부하는 것보다 이틀에 몰아서 집중적으로 파고드는 게 효율적이라면 그 방법대로 실천한다.

또 예습을 해야 수업 효과가 있는 과목은 예습 위주로 하고, 복습이 더 맞다면 복습 위주로 과목을 나눈다. 다만 상상력이나 감수성이 부족한 편이므로, 문학 등 약한 부분을 미리 대비하는 것도 필요하다.

다시 말해서 공부효율 학습계획표는 한 시간짜리 과목, 세 시간 이상이 필요한 과목, 예습 우선 과목, 복습 위주 과목 등으로 과목별 자신의 공부 패턴과 효과에 맞게 세우는 것이다.

강점 UP
학습 효과를 극대화시킬 수 있는 '써머리 공부법'이 적합하다

약점 DOWN
단기간 성적 향상을 위한 '거꾸로 공부법'을 병행한다

학습계획표
학습 목표와 시간 대비 분량이 정확한 '공부효율 학습계획표'를 짠다

취약한 과목만 1:1, 단과, 인강으로 공략한다

실용형은 일단 공부의 필요성만 느끼면 자기 주도 학습이 가능한 유형이며 부족한 부분을 보강하려는 분명한 학습 동기가 있는 편이다. 이럴 때는 잘하는 과목도 좋지만 취약한 과목만 1:1로 학습하거나 단과 또는 인강으로 공부하는 것이 효과적이다.

선생님은 인품이나 성격보다는 아이의 성적을 가시적으로 올려 줄 수 있는 능력을 우선으로 생각해서 찾는 게 좋다. 선생님의 실력이 성적 향상에 도움이 안 된다고 판단되면, 학습 흥미를 잃어버릴 수도 있기 때문이다.

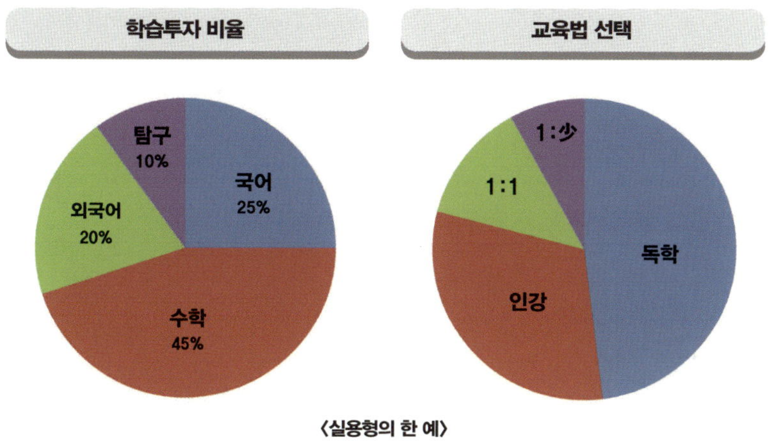

〈실용형의 한 예〉

또 따뜻한 감성을 길러 주는 것도 실용형에게는 매우 중요한 부분이므로, 가정에서는 가족끼리 대화의 시간을 갖거나, 하루에 한 번이라도 안부 문자를 주고받는 것이 필요하다.

방학 중에는 경제나 경영, 금융, 회계 등 실용형이 관심을 가질 수 있는 직업들을 체험할 수 있는 진로 체험 활동을 하며 학습 목표를 다잡으면 이후 성적 향상에 도움이 될 수 있다.

강점 UP
취약 과목만 1:1, 단과, 인강으로 공략한다
선생님을 선택할 때는 성적을 올릴 수 있는 실력을 최우선으로 정한다
목표 직업과 관련된 진로 체험 활동에 참여한다

약점 DOWN
따뜻한 감성을 길러 주기 위해서 가족끼리 대화의 시간을 갖거나, 안부 문자를 주고받는다

강한 객관식 학습력과 뛰어난 시험 실전력

실용형은 기본적으로 숫자 개념이 뛰어나고 기초 수리력이 있으며, 대체로 분명한 진로 목표를 갖는 경우가 많다. 따라서 불필요한 진로 방황으로 시간을 낭비하는 일이 상대적으로 적기 때문에 자신의 목표대로 꾸준히 공부한다면 원하는 대학에 합격할 가능성이 높다.

또 사실을 있는 그대로 판단하고 핵심을 잘 파악하는 사실적 사고력도 좋은 편이다. 이런 점은 복잡한 문제를 풀어야 할 때, 자기 생각에 빠지지 않고 명쾌하게 해결하는 데 유리하게 작용한다. 이는 서술형 문제보다는 객관식 문제를 더 잘 풀 수 있는 잠재력으로 나타난다.

무엇보다 평소 자기 생각이나 감정을 잘 드러내지 않고 자기 절제를 잘하는 편이므로, 큰 시험이나 중요한 면접을 볼 때도 긴장하지 않는 편이다. 침착하고 담담하게 자기 평소 실력을 발휘하여 합격률을 높일 수 있기 때문에 실전에 강한 유형이다.

: 실용형 합격DNA

- 고득점 전략이 가능한 타고난 숫자 개념과 수리력
- 핵심을 정확하게 파악하고, 객관식 문제에 강한 사고력
- 제한 시간이 있는 큰 시험이나 면접에 긴장하지 않고 실력을 발휘하는 실전 시험력

국제통상학과, 응용통계학과, 보험금융학과에 주목하라

국제통상학과는 급격하게 변하는 세계 무역 환경에 능동적으로 대처하고 세계 무한 경쟁 시대에서 선두를 차지할 수 있는 전문인을 키우는 곳으로, 글로벌 시대에 가장 필요한 인재를 양성한다. 다양한 자료를 수집하여 사회가 요구하는 정보를 통계화하고 연구하는 응용통계학과는 21세기 정보화 시대에 필요한 학과 중 하나이다. 사회의 여러 분야에서 통계 분석 및 상담에 관한 수요가 급증함에 따라 최근 통계 분석과 관련된 전문가의 수요가 증가하는 추세이다. 응용통계학과에서는 '오늘 비가 올 확률은?', '선거에서 해당 후보자의 지지율은?' 등과 같은 것을 주로 다루기도 한다. 보험금융학과는 전문 금융, 보험인을 양성하는 학과이다. 대체로 보험이라고 하면 보험 설계사만 생각하는데, 보험설계 뿐만 아니라 보험 상품을 개발하고 가격을 책정하는 법을 배우는 학과로, 졸업 후 손해 사정사 등으로 진출할 수 있다.

학과 성격	맞춤 학과
경영 경제 중심	경영학과, 경영정보학과, 경제학과, 산업경제학과
세무 회계 중심	세무학과, 회계학과
통계 중심	응용통계학과, 통계학과
무역 중심	무역학과, 유통물류학과, 국제통상학과, 국제무역학과, 전자상거래학과
금융 중심	경제금융학과, 보험금융학과

숫자를 사용하는 직업이 잘 맞는다

실용형은 사회의 경제 흐름을 파악하여 불필요한 낭비를 막고 공동의 이익을 만들어 내는 데 뛰어난 잠재력을 갖고 있다. 특히 금융 기관이나 연금 등 대규모 투자 자금을 관리하여 수익을 내는 펀드매니저나 기업을 분석하여 투자 전망을 판단하는 증권회사의 두뇌인 애널리스트는 대표적인 직업이다.

개인의 생애 주기에 맞는 적절한 연금 상품을 추천해 주는 연금 전문가는 은퇴한 사람들이나 중간에 연금을 이용하여 미래를 준비하려는 사람들의 연금 도우미이다. 아플 때 찾아가는 주치의가 있다면, 연금 전문가는 개인별 연금 주치의 같은 존재로 실용형이라면 반드시 주목해야 할 미래 유망 직업 중 하나이다. 그 밖에 숫자를 다루는 일에 적합한 실용형의 장점을 살려 직업을 선택할 수 있다.

직업 성격	추천 직업
연구 중심	경제 연구원, 경영 연구원, 경영 컨설턴트, 금융 상품 개발원
통계 중심	통계 분석가, 통계 조사원
투자 거래 중심	펀드매니저, 애널리스트, 투자가, 증권 중개인, 자산 운용가, 경매사
금융 회계 중심	금융 사무원, 연금 전문가, 은행원, 세무사, 공인 회계사, 관세사, 보험 계리사
평가 중심	감정 평가사, 손해 사정사, 신용 위험 관리사, 신용 분석가
유통 중심	바이어, 무역 사무원, 물류 관리사, 유통 관리사

경제의 패러다임을 바꾼 투자의 귀재, 워렌 버핏

버핏은 어릴 때부터 주식 중개인이었던 아버지의 투자법과 자수성가 과정을 보면서 성장했다.

숫자를 잘 기억하고 계산이 빨랐으며, 자신에게 필요하다면 가장 효율적인 방법으로 그것을 얻기 위해 노력했다.

특히 버핏은 실용형답게 투자하기 전 투자할 종목이나 인수 회사에 대한 자료를 사실적이고 객관적인 시각에서 철저하게 파악한 뒤에야 투자를 결정하는 것으로 유명하다.

투자 대상이 결정되면 장기적인 안목에서 운용하였고, 인간 중심의 경영을 실천하면서 많은 사람에게 경제적 이익이 돌아가도록 힘써 왔다.

그리고 일단 인수한 회사는 결코 팔지 않으며, 회사의 자율성을 확보해 주어 최대한의 수익을 창출할 수 있도록 배려했다. 이것이 바로 경제 패러다임을 바꾼 실용형 버핏의 투자 원칙이다.

26세에 투자를 시작했던 그는 세계 최고의 부자 대열에 오르기까지 실패가 거의 없었던 인물로도 손꼽힌다. 버핏은 주식 시장의 중심인 뉴욕에서 2000킬로미터 이상 떨어진 자신의 고향 네브래스카

주 오마하를 거의 벗어나지 않았지만 주식 시장의 흐름을 정확히 꿰뚫고 있었다. 그래서 사람들은 그런 그를 '오마하의 현인(Oracle of Omaha)'이라 부르기도 한다.

5

생각이 많고
짐작을 잘하는 아이,
논술로 대학 가라!

추리형

멘토링 스토리 불안장애를 겪는 윤철이는 미래의 프로파일러

STEP1 내게 맞는 성향 한 가지 단서만으로도 예측을 잘하는 놀라운 상상력의 대가

STEP2 내게 맞는 공부법 '링크 공부법'으로 배경 지식을 쌓고,

취약한 수리력은 '수학 우선 학습계획표'로 보강하라

STEP3 내게 맞는 교육법 상상하다가 샛길로 잘 빠지므로 독학, 인강은 피하라

STEP4 내게 맞는 합격 스타일 뛰어난 추리적 사고력과 논술력

STEP5 내게 맞는 학과 범죄심리학과, 임상심리학과, 상담심리학과가 유망하다

STEP6 내게 맞는 진로와 직업 정보를 바탕으로 추리하는 일에서 최고가 될 수 있다

STEP7 내게 맞는 롤모델 작은 의문 하나도 끝까지 추리해내는 범죄심리전문가, 이수정 교수

불안장애를 겪는 윤철이는
미래의 프로파일러

중2, 장윤철

윤철이는 초등학교에서 영재 소리를 들을 만큼 공부를 잘했다. 아이가 보다 나은 삶을 살기를 원했던 엄마는 그런 윤철이를 초등학교 6학년 때 미국으로 유학 보냈다.

하지만 의사소통이 잘 되지 않는 타국에서 영어도 잘 못하는 동양 아이는 놀림감이 되었다. 아이들은 윤철이를 기숙사 방에 가두기도 하고, 막대기로 방문을 일부러 두드리면서 공포 분위기를 조성했다. 윤철이의 침대 이불 속에 물을 부어 놓거나 징그러운 벌레를 잡아다 숨겨 놓는 것은 예사였다.

윤철이는 선생님에게 모든 일들을 말하고 싶었지만 선생님께 일렀다는 이유로 또 아이들에게 놀림과 괴롭힘을 당할까 두려워서 말도 하지 못했다. 너무 무섭고 힘들어서 엄마에게 몇 번 전화를 할까 했지만 그마저도 엄마가 걱정할까 봐 꾹꾹 눌러 참았다.

시간이 지날수록 윤철이는 혼자 있으면 불안해졌다. 영재였던 윤철이는 성적도 떨어지고 공부도 싫어졌다. 말수가 줄고, 불안해하는 증세가 심해지고 나서야 부모는 아이를 한국으로 데리고 왔다.

진단을 해 보니, 윤철이는 의외로 씩씩하고 독서에 흥미도 많으며, 관심 있는 분야에 대해서는 적극적이었다. 상상력도 뛰어나며 표현력도 좋은 윤철이는 추리형 아이였다.

윤철이를 위해서는 가장 먼저 자존감과 자신감 회복이 필요했다. 그렇게 하기 위해선 윤철이가 가장 잘할 수 있는 일을 찾는 것이 급선무였다.

"윤철아, 너 범죄 심리학자나 심리 상담가에 대해서 알고 있니?"
"아니요. 그게 뭐죠?"

의아한 표정인 윤철이를 위한 진로 배경 지식 쌓기에 돌입했다. 나는 윤철이에게 범죄 심리학이 무엇인지부터 시작하여 우리나라 최초의 프로파일러에 대한 얘기까지 알려 주었다. 윤철이는 처음 들어 보는 직업에 흥미를 보이기 시작했다. 그 직업 분야에 대한 깊이 있는 독서를 할 수 있도록 독서 리스트와 함께 독서법도 알려 주었다. 자신에게 맞는 진로를 찾은 윤철이는 표정부터 환하게 달라졌다.

아이에게 지나치게 기대를 갖고 있다가 절망에 빠졌던 부모님도, 혼자 있을 때면 불안해하던 윤철이도 시간이 흐를수록 차츰 마음의 안정을 찾아 가기 시작했다. 처음엔 더디게만 느껴졌던 윤철이의 변화가 어느 단계를 넘어서자 발전 속도는 놀라웠다.

이제 윤철이는 고등학생이 되었고, SKY대학을 목표로 열심히 공부하고 있다. 우리나라 최고의 범죄 심리학자가 되는 게 꿈이라고 했다.

가만히 생각해 보면, 아이는 부모의 기대를 안고 자라지만 그렇다고 기대를 채워 주는 대상은 아니다. 아무리 어려도 자기만의 삶의 방식이 있고 생각이 있으며 자신이 꿈꾸는 세계가 있다. 유학을 가든 국내 대학에 진학하든 그런 것이 중요한 게 아니라 아이가 진정 바라는 것이 무엇인지 잘 들어 주기만 해도, 살면서 실패할 수 있는 많은 경우의 수를 줄일 수 있다.

한 가지 단서만으로도 예측을 잘하는 놀라운 상상력의 대가

갈수록 삭막해지는 세상, 점점 도를 넘어서는 극단적인 범죄 속에서 단 하나의 흔적만으로 범인의 심리를 분석하고 범인의 윤곽을 좁혀 검거에 결정적인 단서를 제공하는 사람이 프로파일러다.

윤철이는 그런 프로파일러가 되는 게 자신의 꿈이 되었고, 누구보다 그 분야에서 남다른 잠재력과 재능을 가진 아이였다.

윤철이가 처음 컨설팅을 받으러 오던 날은 지금도 기억이 생생하다. 바로 윤철이의 기억력과 예리함 때문이었다. 처음에 윤철이는 나와 제대로 눈도 마주치지 못했던 것 같은데, 아이는 그때 나의 옷차림이며 표정, 공간의 분위기를 정확하게 기억하고 있었다.

이처럼 윤철이와 같은 추리형 아이들은 자기가 보고 듣고 느낀 것을 정확하게 기억하고, 그것을 바탕으로 내용을 잘 엮어서 정황을 추측하며, 흔히 우리가 놓치는 것을 잘 찾아낸다.

뿐만 아니라 윤철이는 컨설팅을 하면서 내 표정의 변화를 읽고 자신의 말에 내가 공감하는지, 아니면 다른 생각을 품고 있는지를 금방 알아챘다.

이렇듯 추리형 아이들은 주변의 상황에 수시로 안테나를 곤두세우고 특유의 호기심을 발휘하는 특징이 있다. 모든 가능성을 열어 놓고 논리적으로 파악하기 때문에 남들이 미처 예측하지 못하는 부분들도 잘 추측한다. 하지만 평소 혼자 상상하는 것을 즐기고 생각이 많은 편이어서, 심플하게 핵심을 잘 파악하지 못하고 쉽게 결정을 내리지 못한다.

처음엔 주눅이 들어서 자기표현을 잘 하지 않았던 윤철이가 어느 정도 불안장애를 회복하자 끊임없이 이야기보따리를 풀어 낸 것처럼, 추리형은 뛰어난 상상력을 말이나 글로 표현하기도 잘한다.

자기 생각에 너무 빠져 있거나 좀 안다 싶으면 넘겨짚기도 잘해서 정작 기본적인 핵심을 놓치고 마는 단점도 있지만, 추리형 아이들은 사람들의 심리를 파악하고 예상되는 문제의 소지를 사전이나 사후에 해결하여 사람들의 행복을 지켜 주는 진정한 능력자다.

강점
다른 사람의 심리를 잘 간파하는 예리함
한 가지 단서만으로도 다음 상황을 잘 예측해 내는 추리력
주변 상황에 늘 안테나를 세우는 강한 호기심

약점
자기 생각에 빠져서 핵심을 잘 놓치는 넘겨짚기형
생각이 많아서 쉽게 결정을 못 내리는 고민 과다형

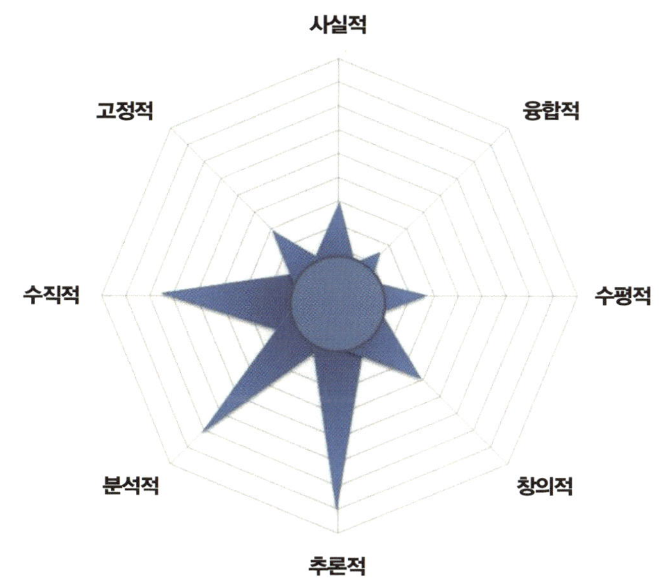

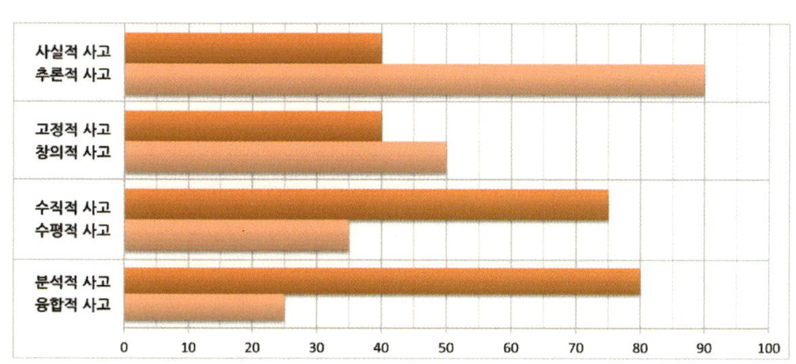

〈추리형의 한 예〉

'링크 공부법'으로 배경 지식을 쌓고, 취약한 수리력은 '수학 우선 학습계획표'로 보강하라

학 습 법 풍부한 상상력을 바탕으로 작은 단서만 있어도 다음 상황을 잘 예측해 내는 추리형은 두 개의 개념을 연계하는 '링크 공부법'이 가장 적합한 유형이다.

예를 들어 물리에서 '중력'에 대해 배웠다면, 그것과 관련된 만유인력의 창시자 뉴턴에 대한 인물 정보나 소설을 찾아보고, 뉴턴의 이론을 무력화시킨 아인슈타인의 상대성 이론을 연계시켜서 공부하는 방법이다. 이 방법은 다소 시간이 걸리더라도 단순히 암기하거나 일방적으로 배우고 넘어가는 게 아니라, 스스로 찾아보고 확인하며 연결된 것들을 동시에 배우므로, 추리형의 상상력을 자극하여 배경 지식을 높이고 심층 응용력을 길러 주는 데 효과가 있다.

추리형은 자기 생각에 한번 빠지면 의외로 쉬운 문제도 넘겨짚다가 잘 틀린다. 이것은 자기가 다 알고 있다고 생각하는 데서 오는 실수로 추리형의 약점 중 하나이다. 따라서 수업이 끝난 뒤, 바로 쉬지 말고 1분 동안 방금 배웠던 내용 중 제일 중요한 핵심 키워드를 다시 써 보거나 제시문에서 정답의 근거가 되는 키워드를 찾는 '키워드 피드백 훈련'을 하면 수업 내용을 정확하게 기억하게 되고 시험에서도 실수를 줄일 수 있다.

 추리형은 상대적으로 사실적 사고력이 약하다 보니 숫자 개념에 강하지 못해 수학 자체를 부담스러워하는 경우가 흔히 있다. 수학은 상상력을 발휘하는 과목이 아니다 보니, 추리형의 성향에 잘 맞지 않는 건 어쩔 수 없는 노릇이다. 따라서 계획표를 짤 때는 의도적으로 취약 과목인 수학에 초점을 맞추어서 계획하는 '수학 우선 학습계획표'가 필요하다.

이를테면 하루 5시간을 공부한다고 했을 때 적어도 공부 시간 절반은 수학에 할애하여 기본 개념 익히기부터 기본 문제 풀기, 비슷한 유형 문제 10개 이상씩 풀기, 스스로 예상 문제 출제하기, 유형별 오답 노트 작성하기 순서로 수학 성적이 올라갈 때까지 꾸준히 공부하는 것이 유리하다. 수학 우선 학습계획표는 자칫 학습 균형에 지장을 줄 수도 있기 때문에 수학 학습 시간을 제외하고는 주요 과목을 골고루 배치할 필요가 있다. 이때, 추리와 상상력을 마음껏 펼칠 수 있는 문학이나 역사 과목을 중간중간 배치하면 지루할 틈이 없이 공부할 수 있어 도움이 된다.

강점 UP
두 개의 개념을 연결하는 '링크 공부법'으로 공부한다

약점 DOWN
수업 뒤 1분 동안 핵심 키워드를 찾는 '키워드 피드백 훈련'을 한다

학습계획표
약한 수학의 성적 향상을 위한 '수학 우선 학습계획표'를 짠다

상상하다가 샛길로 잘 빠지므로
독학, 인강은 피하라

추리형은 한 가지 단서만 있다면 꼬리에 꼬리를 무는 생각을 한다. 하지만 이러한 특징으로 인해 공부할 때 오히려 잡념이 생길 수 있다. 따라서 혼자 공부하게 내버려두면 온갖 상상의 나래를 펴다 도중에 갑자기 떠오른 생각에 빠져서 공부는 뒷전으로 밀려나기 일쑤이기도 하다. 당연히 독학이나 인강은 피하는 것이 좋다.

취약 과목은 1:1 수업이 낫고, 비교적 잘하는 과목은 그룹이나 소수 정예 수업을 이용하는 게 효과적이다.

또 공인 기관에서 실시하는 실전 모의고사를 평소 정기적으로 실

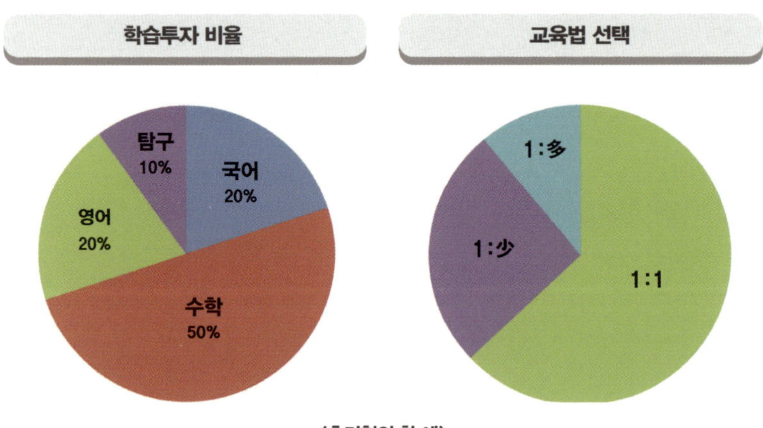

〈추리형의 한 예〉

시하여 공부에 긴장감을 불어넣어 주면, 문제를 풀다가 자신의 생각에 몰입해서 샛길로 빠지는 난점을 예방할 수 있다.

예를 들어 혼자서 실전 모의고사를 풀 때는 문제당 2분 30초로 시작해서 2분 20초, 2분 10초로 조금씩 줄여 간다면 긴장감을 유지하면서 학습할 수 있다. 이러한 학습법은 다소 압박감을 줄 수 있지만, 시험에서 더 큰 실수를 줄이기 위해서는 필요한 방법이다.

강점 UP
잘하는 과목은 그룹 수업이 맞다

약점 DOWN
취약 과목은 1:1로 하고 독학이나 인강은 피하는 게 좋다
공인 기관에서 정기적인 실전 모의고사 시험을 치른다

뛰어난 추리적 사고력과 논술력

언뜻 생각해 볼 때 상상력이 뛰어나면 판타지 속 얘기는 잘 지어내도, 정확한 지문 분석과 논리적인 전개가 필요한 논술은 못할 것 같지만 추리형은 그렇지 않다.

추리형은 난해한 지문도 척척 독해할 수 있는 능력이 있고, 지문에 드러난 정보만으로 다른 정보를 추론해 내고 잘 분석한다. 또 그렇게 이끌어 낸 내용에 자기 생각을 덧붙여서 논리적으로 잘 전개하기 때문에 논술로도 높은 성적을 받을 수 있는 유형이다. 특히 짧은 글보다는 긴 글의 작문 능력이 뛰어나서 논술 제한 시간 안에 논제에 맞는 장문을 써 내는 데 유리하다. 다만 수리가 들어간 논술형 시험에는 다소 약할 수 있다. 미루어 짐작하길 잘하고, 정답을 보고도 자신이 틀린 이유를 쉽게 받아들이지 못하는 경향이 있지만, 추리형은 자신이 모르는 내용을 알 때까지 추적하는 학습 근성이 뛰어나서 이러한 강점을 잘 살린다면 합격률을 더 높일 수 있는 타입이다.

：추리형 합격DNA

- 난해한 지문도 독해할 수 있는 뛰어난 논술력
- 논리를 전개하여 추론해 내는 장문 작성력
- 모르는 문제를 끝까지 추적해 내는 학습 근성

범죄심리학과, 임상심리학과, 상담심리학과가 유망하다

범죄심리학과는 범죄자의 성격, 인격 형성, 범죄 동기 등을 연구하는 학과로 진학 시 최근 주목받고 있는 프로파일러나 과학 수사 요원 등으로 진출할 수 있다.

임상심리학과는 개인이나 집단이 겪는 심리 문제를 이해하고 평가, 치료하는 방법을 연구하는 학과이다. 우울, 불안, 중독, 정신 분열, 주의력 결핍, 자폐, 성격 장애 등 정신 건강과 관련된 다양한 영역의 문제를 다루고, 병적 증상을 파악한 뒤 일상생활에 잘 적응할 수 있도록 돕기 때문에 앞으로 각광받는 분야로 성장할 수 있다. 상담심리학과에서는 면담이나 행동관찰을 통해서 사람에 대해 정보를 얻고 그것을 바탕으로 심리검사나 진로검사, 성격검사를 실시해 그 사람이 원하는 삶을 살 수 있게 도와주는 학문을 배운다. 현대인들의 행복한 삶을 위해서 가장 필요한 정신적 조언자로서 그 역할이 점점 커질 것이다.

학과 성격	맞춤 학과
심리 중심	심리치료학과, 심리학과, 범죄심리학과, 임상심리학과, 상담심리학과
인터넷 중심	사이버정보학과, 사이버국방학과
수사 중심	법의학과, 과학수사과

정보를 바탕으로 추리하는 일에서 최고가 될 수 있다

추리형은 주변에 대한 남다른 관심과 예리함으로 남들이 잘 보지 못하는 빈틈을 날카롭게 파악하는 특징이 있다. 이런 장점을 살려서 과학 수사 관련직에 종사하면 잠재력을 발휘할 수 있다. 과학 수사 관련직은 사건 현장과 사체의 부검을 통해 범죄 상황을 추리하고 범인이 사용한 흉기와 죽은 원인을 알아내는 법의학자, 범인의 범죄 사실을 추궁하고 그 반응을 통해 거짓말 여부를 판단하는 거짓말 탐지 검사관, 화재 현장의 잔해를 수거하여 각종 과학적 방법을 동원하여 화재의 원인을 밝혀내는 화재 감식 전문가, 범죄 현장을 분석하여 범인의 심리와 행동 유형을 추론해 내는 프로파일러 등이 있다. 특히 문서 감정관은 입체 현미경, 자외선 감식기 등을 사용하여 문서나 화폐의 진위 여부를 파악하고 조작된 기법을 조사하는 직업이다. 여러 정보를 추측하는 직감이 뛰어난 추리형에게 적합한 직업 중 하나이다.

직업 성격	추천 직업
법의학 중심	법의학자
수사 중심	프로파일러, 화재 감식 전문가, 문서 감정관, 사설 탐정, 유전자 감식 연구원, 몽타주 제작자, 사이버 수사 요원, 거짓말 탐지 검사관
심리 중심	심리 상담가, 정신과 의사, 심리학자, 임상 심리사, 피해자 심리 전문가, 심리 부검가
언어 중심	추리 소설가, 언어 치료사

작은 의문 하나도 끝까지 추리해내는
범죄심리전문가, 이수정 교수

연쇄살인범 유영철 사건, 나영이 사건 등 강력한 범죄가 발생했을 때마다 이수정 교수는 정확하고 예리한 추리력을 발휘하여 범인을 예측했다. 원래 심리학자였던 그녀는 현장의 작은 단서만으로도 범인의 심리나 상황까지 정확하게 읽어내는 논리적이고 예리한 추리력의 소유자라는 평가를 받고 있다.

그녀는 일명 '나영이 사건'이 발생하였을 때 아동 성범죄의 심각성을 강하게 성토했고, 그 결과 성범죄자 형량을 높여야 한다는 인식을 높이는데 크게 기여했다.

이수정 교수는 흉악범과 마주할 때도 인간적인 분노보다는 '이 사람이 왜 범죄를 저질렀을까?' 하는 호기심이 먼저 든다고 한다.

어렵게 쌓은 지식을 실질적으로 누군가를 돕는 일에 활용하고 싶다고 말하는 이수정 교수, 그녀는 주변의 작은 사건이나 단서에도 호기심을 가지고 '왜 그럴까? 무엇이 이렇게 되었을까?' 고민하고 추리하며, 사건현장에서 경찰이 미처 보지 못하는 부분을 짚어주는 이 일이야 말로 자신의 천직이라고 말한다.

먹는 것도 전략이다!

- **소통형** 하루 종일 친구들과 수다를 떨며 소통하다 보니 쉽게 피로해지고 집중력도 바닥일 경우가 많다. 평소 해바라기 씨를 가지고 다니면서 먹으면 집중력도 높아지고 불필요한 체력 소모를 막을 수 있다. 스마트폰을 손에서 놓지 않는 경우가 많기 때문에 시력이 빨리 나빠질 수 있으므로 블루베리를 생으로 먹어도 좋고, 주스를 만들어 일주일에 두세 차례 정도 꾸준히 마시면 효과가 있다.

- **창조형** 감정 기복이 다소 있는 편이고, 그날 컨디션에 따라 시험 성적이 많이 좌우되는 유형이다. 평소 검은콩 두유를 꾸준히 마셔서 두뇌 활동, 기억력, 집중력을 높이는 게 필요하다. 만약 시험 당일 컨디션이 좋지 않다면, 일시적으로 집중력을 향상시켜 주는 초콜릿을 먹는 것도 도움이 된다. 하지만 초콜릿을 장기적으로 먹는 것은 좋지 않다.

- **규범형** 늘 꾸준하고 일정한 패턴대로 움직이므로 변화가 별로 없는 유형이다. 시험을 앞두고 갑자기 식단을 바꾸면 오히려 좋지 않은 영향을 받는 타입이므로, 평소대로 먹는 것이 좋다. 아침에 밥을 먹기가 힘들다면, 견과류 시리얼을 먹으면 두뇌 활동에 도움이 될 수 있다. 우유가 체질에 안 맞는다면 견과류만 먹는 것도 좋다.

- **실용형** 효과적이고 도움이 되는 것에 집중하는 스타일이므로, 특별히 스트레스나 식이 장애를 잘 겪지 않는다. 평소 두부 제품을 반찬으로 즐겨 먹으면 두뇌 기능 발달에 좋다. 식사 때 필요한 영양소를 골고루 먹을 수 있도록 식단에 신경 쓸 필요가 있다. 등푸른 생선 구이나 브로콜리를 먹는 게 좋다.

- **추리형** 무엇이든 생각을 집중하여 추리하는 능력이 있기 때문에 평소에도 두뇌 사용이 많고, 신경이 자주 예민해지는 편이다. 고도의 두뇌 활동에 꼭 필요한 등푸른 생선을 일주일에 두세 번 정도 식사 때 먹으면 좋다. 생선을 싫어한다면 멸치 볶음이나 새우 된장국도 좋다.

- **운동형** 몸을 많이 움직이고 운동량이 많은 편이나, 식사량도 그만큼 많아질 수 있어 비만이나 소화 불량을 겪을 수 있다. 식사 시간 외에 배고픔을 느낄 때 하루에 바나나를 3개 정도 먹으면 포만감을 주면서도 집중력을 높일 수 있다. 특히 오미자차를 꾸준히 마시면, 체력 회복에 도움이 되며 주의력 결핍을 줄이는 효과도 볼 수 있다.

- **원리형** 자신의 관심 대상에 집중하고 깊이 파고드는 성향으로, 체력이 많이 소진될 수 있고, 밥때를 자주 놓치거나, 피로 때문에 뇌 기능이 둔화될 수도 있다. 평소 호두나 아몬드를 가지고 다니면서 먹거나, 견과류 주스를 만들어 꾸준히 마시면 좋다. 결명자차를 물 대신 마시면 감정 이완과 눈의 피로 회복에도 좋다.

- **제작형** 주변에 별 관심이 없고 다소 감성이 낮은 편이므로, 먹는 것도 대충 때울 수 있다. 귀찮다고 라면이나 스낵류, 인스턴트 음식을 자주 먹으면 좋지 않으며, 감성을 높여 줄 수 있는 호두와 과일을 넣은 요거트를 꾸준히 먹는 것이 도움이 된다.

- **분석형** 완벽을 추구하고 꼼꼼한 성향 탓에 시험 당일 예민하고 긴장도 잘 해서 과민성 대장 증후군을 앓기도 한다. 그러니 시험 당일에는 우유나 치즈를 먹어선 안 된다. 대신 소화 흡수를 돕는 채소 과일 샐러드와 두뇌 활성화를 위해서 계란 노른자를 적당히 익혀 먹는 것이 효과적이다.

- **봉사형** 다른 사람을 먼저 배려하느라 자기 것을 잘 챙기지 못하고 자기표현도 잘 하지 않다 보니, 내적 스트레스가 많은 편이다. 치즈나 새우를 먹으면 적당하게 두뇌 상태를 향상시키면서 만족감을 느끼게 되므로 도움이 된다. 치즈나 새우로 만든 음식을 자기 식성에 맞게 개발하여 먹는 것도 좋다.

- **생명형** 냉정과 열정을 동시에 지니고 있다 보니 잠재적 스트레스가 많은 편이다. 갑자기 기분이 우울해질 땐 일시적으로 달콤한 음료를 마셔서 기분 전환을 하되, 장기간 마셔서는 안 된다. 인삼 오미자차를 꾸준히 마시면, 인삼이 찬 기운을 덮어 주고, 오미자차가 피로 회복과 집중력을 상승시켜 주면서 학습에 도움을 줄 수 있다.

- **교육형** 지적 열망이 강하지만 상대적으로 지구력이 높은 건 아니어서, 깊이 있게 공부에 파고들지 못한다. 집중력과 지구력을 높이기 위해서 시금치 된장국과 콩밥을 하루에 한 끼라도 챙겨 먹는 게 필요하다. 콩은 부족한 응용력을 높여 주는 데도 좋으며, 카레, 요거트, 생선 요리도 도움이 된다.

- **복합형** 다재다능하지만 끈기가 부족하여 소기의 목적을 끝까지 달성하지 못하는 단점이 있다. 지구력과 집중력을 높일 수 있는 닭가슴살 카레 요리가 좋으며, 가시오가피차를 꾸준히 마시는 것도 좋다.

- **관찰형** 뭔가를 꾸준히 관찰하고 연구하는 것을 좋아하기 때문에 지구력이 필수적이다. 지구력을 높이고 뇌 기능 활성에 도움이 되는 불고기나 참치가 든 요리를 먹으면 좋다. 불고기에 참기름 대신 들깨나 들깨 기름을 넣어서 먹으면 두 배의 효과를 볼 수 있다.

- **진취형** 다른 유형에 비해 도전적이고 모험심이 강하며 리더로서 중요한 결정을 해야 하다 보니, 강한 정신력이 필요하다. 중요한 순간에 자신의 판단력이 흐트러지지 않도록 평소 허브차를 꾸준히 마셔서 심신을 차분하게 다스리는 게 좋다. 또한 숙면을 취해야 추진력을 가지고 자신의 계획대로 밀고 나갈 수 있으므로, 잠자기 전에 우유를 따뜻하게 데워 마시는 것도 좋다.

TYPE

6

늘 움직여야
힘이 나는 아이,
실기로 대학 가라!

운동형

멘토링 스토리 학교 짱! 공부하기 싫었던 우재, 기적을 만들다

STEP1 내게 맞는 성향 온몸으로 꿈을 이룬다

STEP2 내게 맞는 공부법 활동적인 '액티비티 공부법'과 매일 실천할 수 있는

'하루 단위 과제계획표'로 공부하라

STEP3 내게 맞는 교육법 생활 관리가 되는 기숙형 교육시스템이 좋다

STEP4 내게 맞는 합격 스타일 타고난 실기 시험력과 신체감각

STEP5 내게 맞는 학과 사회체육학과, 레저스포츠학과, 경호학과가 좋다

STEP6 내게 맞는 진로와 직업 강한 체력으로 승부하는 일이면 성공한다

STEP7 내게 맞는 롤모델 예술성, 표현력, 점프 기술력까지 갖춘 최고의 피겨 여왕, 김연아

학교 짱! 공부하기 싫었던 우재,
기적을 만들다

고3, 이우재

우재는 중학교 때부터 선생님도 두 손 두 발 다 든 학교 짱이었다. 고등학교에 들어가서는 중도에 공부를 그만둘까를 여러 번 고민도 했단다. 우재의 부모님은 자식에게 무조건 자신들의 뜻을 강요하는 권위적인 부모도 아니었고, 그저 평범한 중산층 가정에서 자란 우재가 왜 이렇게까지 어긋나게 되었는지 이해할 수 없다고 하셨다.

우재는 워낙 어릴 때부터 덩치가 커서 또래보다는 항상 형들과 어울리다 보니, 자연스레 또래 친구들이 별로 없게 되었고 학교에도 정을 붙이지 못해서 내신은 바닥을 향해 가고 있었다. 부모님은 마지막이라는 생각으로 우재를 억지로 데리고 왔다.

우재는 자신 때문에 부모님이 속상하건 말건, 하고 싶은 것도 없었고 꿈도 없었다. 뭐든 원하는 것이 있으면 뒷받침해 주겠다는 부모님의 말씀에도 코웃음을 쳤다.

이런 아이에게 "부모님이 얼마나 고생하시는데 넌 왜 그 모양이니?"라고 한다면 바로 튕겨져 나가기 마련이다. 누구를 이해하기보다는 아직 누구로부터 이해받기 원하는 시기이므로, 힘들더라도 아이의 눈높이에 맞춰서 대화를 시도해야 한다.

"우재야, 너 운동 좋아하니?"

잠시 나를 빤히 쳐다보던 아이는 좀 의아하다는 표정을 지었다. 이제까지 한 번도 이런 질문을 받아 본 적이 없다는 표정이었다.

"왜요?"

"어제 박지성 선수가 골 넣는 거 봤어?"

"당연히 봤죠. 선생님은 올해 프리미어리그 우승 팀은 누가 될 거 같아요?"

우재는 마치 나를 시험하듯 물었다. 내가 대답을 못하자 잠시 피식 웃더니 자신이 축구 전문가라도 되는 양, 영국 프리미어리그 명문 구단 이름부터 시작해서 선수들의 근황, 최근 팀별 성적, 감독의 전략에 이르기까지 전문가 수준으로 줄줄 풀어놓았다. 곁에서 듣고 계시던 부모님이 그런 우재를 보며 그렇게 공부하면 서울대도 가겠다고 말하자, 아이는 이내 하던 말을 멈추고 입을 닫아 버렸다.

컨설팅 결과, 우재는 활동적이고, 몸으로 활동하는 것엔 탁월하며, 솔직담백한 사고와 시원시원한 성격의 영락없는 운동형이었다.

몸으로 에너지를 발산해야 되는 아이에게 부모님이 어릴 때부터 공부만 하라고 한 게 문제였다. 부모님은 널 위해서 이렇게 열심히 노력하고 고생한다며 우재에게 부담을 주었고, 과외며 학원이며 좋다는 데는 다 보내 주는데 왜 너는 성적이 이 모양이냐고 핀잔을 주었단다.

부모님은 정작 우재의 적성이 어디에 있는지는 관심 밖이었다. 아이의 성향을 처음으로 알게 된 부모님은 멍한 눈빛이었고, 진작 알았더라면 오랜 방황 없이 '우재가 즐거운 십대를 보냈을 텐데' 하는 안타까움이 들었다.

우재의 경우는 운동 종목을 직업으로 살려야 하는 운동선수보다는 자신의 활동 성향과 끼를 십분 살릴 수 있는 스포츠 마케팅이나 스포츠 경영 쪽이 더 맞았다.

우재 역시 자신도 몰랐던 자신의 적성과 장점을 알고 흥분했다. 그리고 자신도 뭔가 잘할 수 있는 사람이라는 생각에 처음 컨설팅을 받으러 들어왔을 때와는 180도 달라진 표정으로 활짝 웃었다. 부모님도 우재가 크게 웃는 모습을 오랜만에 본다고 하셨다.

목표를 발견하고 나니 우재는 운동형의 성향답게 밀어붙이기 시작했다. 하지만 워낙 기본이 안 되어 있는 탓에 처음엔 공부에 재미를 붙이기도 쉽지 않았고, 책상에 오래 앉아 있지 못해서 학습 진도가 잘 나가지 못했다.

그래도 실망하지 않고 조금이라도 노력하면 성적이 빨리 올라가는 과목에 집중하다 보니 조금씩 성적 향상이 보였고, 우재도 신이 나서 공부에 더 집중했다.

유난히 무더웠던 여름이 지나고 수능 시험이 끝난 그해 겨울, 우재는 원하는 대학의 스포츠과학부에 합격했다는 소식을 전해 왔다. 주변에서는 기적이라고 했고 자신도 기적이라며 호탕하게 웃었다.

우재의 웃음은 기적을 만들어서도 아니고, 모두가 안 될 거라고 말했던 대학에 합격해서도 아니었다. 아무도 자신을 믿어 주지 않았던 시간과 이별하는 웃음이며, 무엇도 될 수 없다고 절망했던 과거와 이별하는 웃음이었다.

온몸으로 꿈을 이룬다

만약 김연아에게 스케이트 대신 수학 책을 쥐여 주었다면?

만약 손연재에게 리본 대신 국어 책을 쥐여 주었다면?

만약 박항서 감독에게 축구공 대신 과학 책을 쥐여 주었다면?

만약 류현진에게 야구공 대신 세계사 책을 쥐여 주었다면?

아마도 우리는 '피겨 여왕', '체조 요정', '쌀딩크', '괴물 투수'를 만나지 못했을 것이다. 자신의 뛰어난 신체감각으로 꿈을 향해 도전하는 운동형 아이들은 다른 유형에 비해 뚜렷한 특징을 보인다.

우재처럼 움직이는 것을 좋아하고, 뭔가에 오래 집중하지 못해서 남들이 보면 산만하다고 생각되지만 실제로는 신체 활동으로 자신을 표현하는 유형이 바로 운동형이다.

무엇보다 몸으로 익힌 것을 잘 기억하고, 말보다는 몸이 먼저 반응하기 때문에 뛰어난 순발력을 자랑하기도 한다. 일단 마음을 터놓는 사이가 되면 유쾌하게 분위기를 주도하여 주위에 활력을 불어넣기도 하며, 자기감정에 충실하고 다소 직설적이라 불의를 보면 참지 못하는 의로운 면도 있다.

문제가 발생하면 의외로 단순하게 해결하고, 결정도 빠르게 내리지만 결심이 오래가지 못하는 편인 게 흠이라면 흠이다. 하지만 그럼에도 불구하고 위험한 일일수록 모험심을 불태우기 때문에 결정적인 상황에 더욱 대담하게 용감성을 발휘하는 스타일이다.

이렇듯 운동형은 외향적이며 활동적이고, 친구들과 즐겁게 어울리고, 몸으로 활동을 할 때 가장 행복하다고 느낀다. 운동은 무엇이든 쉽고 빠르게 배우며, 자신이 좋아하는 운동을 할 때는 웬만한 신체적인 고통도 잘 참아 내는 절제력도 강한 편이다.

무엇보다 운동형 아이는 사회 곳곳에서 활력이 넘치는 신체 활동을 하기 때문에 긍정적 에너지를 주변에 미친다. 일부 운동형 아이들은 체중 조절을 위해 성장기에 충분히 먹지 못하는 데서 오는 스트레스가 있을 수 있으니, 특별한 관심과 배려가 필요하다.

그렇다고 해서 운동형이 운동선수처럼 운동만 잘하는 유형은 결코 아니다. 운동과 관련된 일들, 이를테면 운동 코치, 경기 심판 등도 운동형에 속한다.

강점
움직이는 것을 좋아하고 온몸으로 행동하는 뛰어난 순발력과 활동성
직설적이며 불의를 보면 참지 못하는 자기감정 솔직형
위험에 직면했을 때 더 돋보이는 대담형

약점
뭔가에 오래 집중하지 못하는 주의 부족형
자신의 결심이 오래가지 못하는 작심삼일형

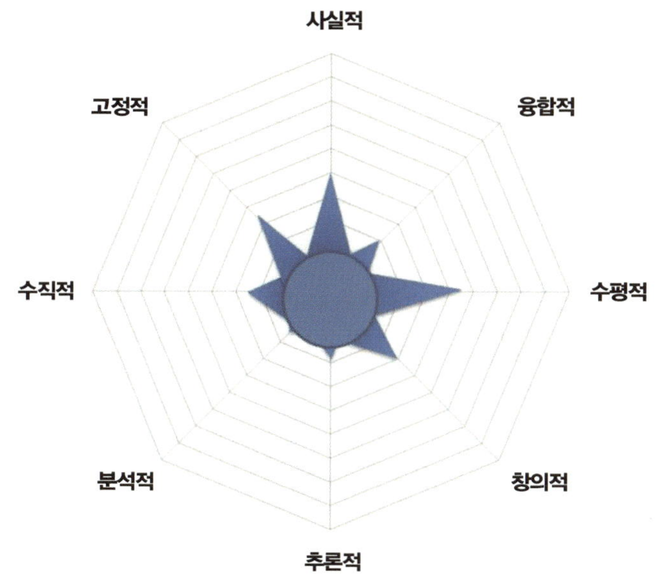

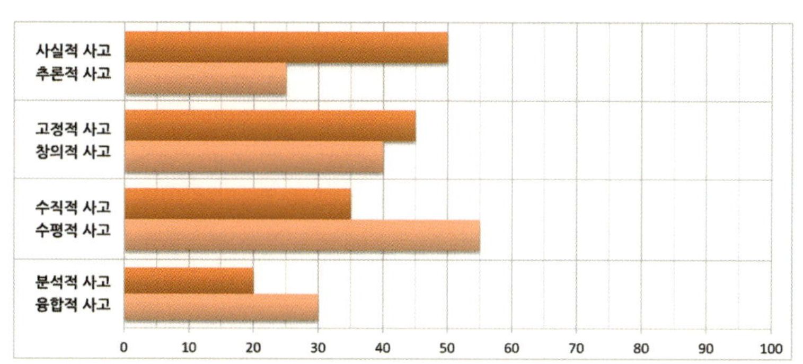

〈운동형의 한 예〉

활동적인 '액티비티 공부법'과 매일 실천할 수 있는 '하루 단위 과제계획표'로 공부하라

학 습 법 대개 운동형은 가만히 앉아서 공부하는 것을 좋아하지 않기 때문에, 부모가 억지로 공부를 시키면 책상에 앉아서 딴짓을 하거나 잠을 자는 경우가 많고 아무런 성과 없이 아이와의 관계만 나빠질 수 있다. 이런 운동형 아이에게는 '액티비티 공부법'이 좋다.

액티비티 공부법이란 공부할 때 활기 넘치는 액션과 스피드 위주로 공부하는 것으로, 움직이는 것을 좋아하고 활동적이며 에너지가 넘치는 운동형 아이에게 제격인 방법이다.

즉 짧은 시간에 몸을 움직이게 하고, 짧은 시간에 활동과 관련된 공부를 반복적으로 실시해 학습 적응도를 높여 가는 방법이다.

만약 축구 선수라면, 30분간 골 넣기를 시도하고, 10분간 휴식을 취한 뒤, 다시 30분간 축구와 관련된 영어 단어를 외우게 하는 것이다. 외울 때도 몸으로 직접 시늉해 본다면 효과 만점이다.

또 무용을 전공하는 아이라면, 1차로 30분간 실기 과목을 연습하고, 10분간 쉰 뒤, 다시 30분은 지금 연습 중인 무용의 주제와 관련된 문학 작품이나 영어 단어를 외우게 하는 방법이다. 이런 방법이 어느 정도 적응이 되면 시간을 조금씩 늘려 가면 된다.

또 운동형 아이는 필기를 잘하거나 일정한 시간을 내서 뭔가를 지속적으로 하는 것을 힘들어하는 유형이다. 그러므로 꼭 외워야 할 단어나 수학 공식, 풀어야 할 문제 등은 아이의 동선에 맞게 집 안 곳곳에 메모해서 붙여 놓거나 미니 게시판에 적어 두어, 오며 가며 자연스럽게 보게 한다. 그렇게 다 외우거나 익힌 메모는 일주일 단위로 정리하고 다시 새로운 것을 붙여서 자연스럽게 학습하도록 하는데, 이것을 '포스트잇 공부법'이라 한다. 이 방법은 활동량이 많아 공부를 어려워하는 운동형의 성향에 잘 맞는다.

대개 운동형은 학습 지구력이 낮고 꾸준히 공부하는 버릇이 몸에 배어 있지 않은 경우가 많기 때문에, 그만큼 기초 학습력이 부족한 경우가 있다.

고난도 문제나 응용 문제보다는 기초적인 개념이나 기본 원리, 기본 단어 중심으로 공부한다. 이 경우, 수준에 맞는 기본 학습서부터 먼저 공부하고 기본 개념을 반복한 뒤, 문제 풀이 단계로 나가면서 공부 적응력을 길러야 한다.

학습계획표 공부 집중력이 부족하고 외부 활동을 많이 해야 하는 스타일이므로, 장기간에 걸쳐 꼼꼼하게 계획을 짠다면 금방 질려 잘 지키지 않을 확률이 높다.

차라리 하루 안에 끝낼 수 있는 최소 분량의 공부량과 운동량을 계산하여 그날그날 끝내도록 만들어 주는 '하루 단위 과제계획표'를 짜는 것이 효율적이다.

예체능 계열 학생의 경우, 매일 실천할 수 있는 기초 체력 운동이나 실기 연습을 공부 계획표에 같이 넣는 게 좋다.

　운동이라고만 계획표에 대충 기록하지 말고, 근력 다지기 몇 회, 팔 굽혀 펴기 몇 회, 왕복 달리기 몇 회, 스트레칭 몇 분 등 구체적으로 정확한 종목과 횟수를 써 두면 그것을 지키기 위해 노력하기 때문에 효과적이다.

강점 UP
액션과 스피드가 넘치는 '액티비티 공부법'이 좋다

약점 DOWN
아이의 동선에 메모를 붙여 놓고 스스로 공부 내용을 붙이고 떼는 '포스트잇 공부법'을 사용한다
기초 개념이나 기본 문제 풀이부터 공부한다

학습계획표
공부와 실기를 매일 조금씩 실천할 수 있는 '하루 단위 과제계획표'를 짠다

생활 관리가 되는 기숙형 교육시스템이 좋다

운동형은 한 자리에 오래 앉아 있으면 오히려 학습 능률이 떨어지고, 자기 주도 학습이 어려운 유형이다. 그러므로 독서실에서 혼자 공부하거나, 너무 조용한 장소에서 공부하면 딴짓을 하거나 오래 앉아 있기 어렵기 때문에 맞지 않다.

운동형은 공부에 있어서는 철저한 관리가 필요한 유형이기 때문에 많은 학생들이 한 반에서 수강하게 되는 종합 학원은 출석은 잘하더라도 공부가 잘되지 않는 경우가 많다. 따라서 성적 상승을 위해서는 종합 학원 수강은 피하는 게 좋다.

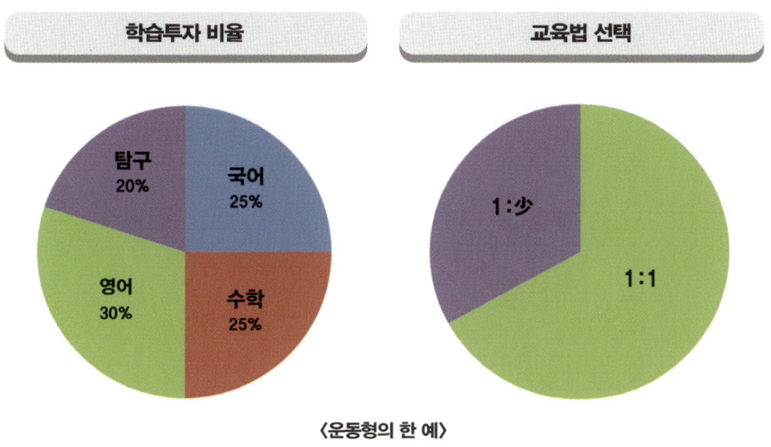

〈운동형의 한 예〉

이보다는 차라리 적당히 또래들과 어울리면서 대화하고 공부하는 게 좋다. 운동형 아이가 모두 다 그런 것은 아니지만, 비교적 엄격한 학습 관리와 생활 관리가 되는 기숙형 교육시스템이나 소수 정예 교육기관에 보내는 것이 더 권장할 만하다. 다만 학습 기본기가 잡혀 있지 않기 때문에, 주요 과목은 1:1 수업이 필수적이다.

강점 up
주요 과목은 1:1 수업으로 공부 습관을 들여야 한다

약점 Down
종합 학원 수강은 피하고, 규칙이 엄격한 기숙형 교육시스템이 좋다

타고난 실기 시험력과 신체감각

운동형은 대개 자기 적성과 재능에 맞게 종목을 선정해서 일찍부터 훈련과 연습을 해 오는 경우가 많지만, 그렇다고 해서 이것이 모든 운동형에 해당하는 것은 아니다. 전문적인 운동과 관련된 분야를 진로로 삼지 않았더라도 평소 좋아하고 잘하는 운동이 하나쯤 있으며, 이를 꾸준히 해 온 경우가 많은 유형이다. 따라서 타고난 신체감각은 자신이 원하는 목표를 이룰 수 있게 하고, 실기 위주의 훈련에 잘 적응하도록 하는 원동력이 된다. 일단 목표와 진로가 결정되면 집중력을 발휘하여 돌진하고, 특유의 낙천성과 자신감으로 활발하게 연습하기 때문에 긴장할 수 있는 실전에 강한 순발력과 담대한 면모를 발휘해 합격률을 높일 수 있다. 전문적인 운동 분야에 진로를 둔 아이의 경우, 대회나 외부 활동으로 성적을 내고 상급 학교 진학에 유리한 고지를 선점할 수 있도록 준비한다.

: 운동형 합격DNA

- 실기에 적합한 타고난 신체감각과 순발력
- 긴장감 넘치는 실전에 강한 특유의 낙천성과 담대한 마인드
- 진로가 결정되면 합격을 위해 돌진하는 뚜렷한 목표 의식

사회체육학과, 레저스포츠학과, 경호학과가 좋다

사회체육학과는 여가 생활에 대한 욕구가 높아지고, 개인의 건강에 관심이 많아지는 현대에 사회 체육 지도자와 같은 체육 인재를 키우는 학과이다. 여러 스포츠와 신종 레포츠에 대한 체계적인 이론과 실기 교육을 받게 되는데, 특정한 운동 종목을 진로로 선택하지 않은 운동형이라면 주목할 만한 학과이다. 레저스포츠학과는 바쁜 현대인이 건강한 여가를 즐길 수 있도록 도와주는 생활 체육인을 키우는 학과이다. 졸업 후, 스포츠 레크리에이션 분야로도 진출할 수 있다. 경호학과는 최근 국내의 경호 및 보안 관련 산업의 중요성이 커지면서 부상하는 학과로 경호 · 보안에 관한 이론 및 실무 능력을 배운다. 졸업 후 대통령 경호처, 경찰 등의 공공 기관이나 개인 신변 보호, 민간 경비, 산업 보안 분야로 진출할 수 있다.

학과 성격	맞춤 학과
체육 중심	체육학과, 골프학과, 사회체육학과, 태권도학과, 생활체육학과, 무용학과
스포츠 응용 중심	레저스포츠학과, 레크리에이션과, 스포츠과학과
신체 치료 중심	응급구조학과, 운동처방학과
무술 경호 중심	경찰학과, 경호학과, 무술학과, 스턴트과
조종 중심	항공조종학과, 헬기조종학과

강한 체력으로 승부하는 일이면 성공한다

신체감각과 순발력이 뛰어난 운동형이라면, 스턴트맨, 조종사, 운동선수 등의 직업을 선택하면 좋다. 특히 위험에 처했을 때 불굴의 의지와 정신력으로 대담하게 행동한다면 구조대원, 소방관, 경호원, 경찰 등으로 활동하면 독보적인 위치를 차지할 수 있다. 운동형은 움직이는 것을 좋아하고 몸으로 자신을 표현하므로 모델, 무용가, 헬스 트레이너로서 가능성을 발휘할 수 있다. 낙천적이고 긍정적 에너지가 넘친다면 레크리에이션 강사, 치어리더가 어울리며, 스포츠 전반에 대한 관심과 절제력이 높다면 스포츠 에이전트, 경기 심판, 스포츠 감독 등도 괜찮다. 현대인들은 회사 및 동호회를 통해서 스포츠를 즐기는 것에 의미를 둔다. 이 경우 생길 수 있는 부상을 치료하고 예방하는 스포츠 재활 운동사는 갈수록 인기가 높아지는 직업에 속한다.

직업 성격	추천 직업
신체 활동 중심	스턴트맨, 운동선수, 조종사, 다이버, 무술인
공익 활동 중심	구조대원, 소방관, 경호원, 경찰, 집배원
표현 중심	모델, 무용가
적용 중심	스포츠 에이전트, 경기 심판, 스포츠 감독 및 코치, 헬스 트레이너
운동 치료 중심	스포츠 재활 운동사, 운동 처방사
놀이 중심	레크리에이션 강사, 치어리더, 응원단원, 레저스포츠 전문가

예술성, 표현력, 점프 기술력까지 갖춘 최고의 피겨 여왕, 김연아

김연아의 등장은 처음엔 좀 의아한 일이었다. 피겨 스케이팅의 불모지였던 우리나라에서 작은 체구의 소녀가 피겨 스케이팅 주니어 무대를 휩쓸 때만 해도 경쟁자였던 일본의 아사다 마오를 이기지 못할 것이라 생각했다.

그러나 시니어 무대로 넘어온 그녀는 세계 선수권 대회, 4대륙 선수권 대회, 그랑프리 파이널, 2010년 밴쿠버 동계 올림픽에서까지 모두 금메달을 차지하면서, 한국인 사상 최초로 그랜드 슬램을 달성했다. 그야말로 한국 피겨 역사상 가장 큰 획을 그은 장본인으로 기록되었다.

뛰어난 신체 표현력, 아무리 힘들어도 자신이 좋아하는 분야에서 발휘되는 놀라운 근성, 긴장되는 순간에 나타나는 담대함과 낙천성은 그녀를 세계 최고의 피겨 여왕 자리에 올려놓았다.

또한 그녀의 완벽한 기술과 아름다운 연기는 피겨 스케이팅 계에서 '한국은 영원한 변두리'라는 편견을 깨고 우리나라를 피겨 스케이팅 계의 '다크호스'로 인식시켰다.

끊임없이 연습하고 넘어져도 일어서는 도전정신을 가졌던 그녀는 진정한 운동형의 모범이기도 했다.

먹고 싶은 것, 자고 싶은 것을 참아가며 훈련에 또 훈련을 거듭했던 김연아가 남긴 유명한 말이 있다.

"남들 다 쉴 때 나까지 쉬면 세계 최고의 선수가 될 수 없죠."

7

자기 관심 대상에
깊이 몰입하는 아이,
집중력으로 승부하라!

원리형

멘토링 스토리 천재 외골수 민수, 일부러 국제중에 안 갔다

STEP1 내게 맞는 성향 관심 있는 분야를 끈질기게 탐구하는 지력(知力)의 소유자

STEP2 내게 맞는 공부법 꼬리에 꼬리를 무는 '연관 검색어 공부법'과

'문제해결형 학습계획표'로 통(通)하라

STEP3 내게 맞는 교육법 혼자 해야 더 잘하므로 독학이 유리하다

STEP4 내게 맞는 합격 스타일 고난도 문제를 끝까지 파고드는 학습 탐구력

STEP5 내게 맞는 학과 물리학과, 문화인류학과, 언어학과가 맞다

STEP6 내게 맞는 진로와 직업 지적 탐구심을 살리는 연구직이 천직이다

STEP7 내게 맞는 롤모델 현대 물리학의 계보를 잇는 빅뱅 이론의 창시자, 스티븐 호킹 박사

천재 외골수 민수,
일부러 국제중에 안 갔다

초5, 서민수

초등학교 5학년인 민수는 어릴 때부터 신동 소리를 들었고, 삼대독자에 예의까지 바르다 보니, 모두의 사랑을 독차지하며 자랐다.

진로 컨설팅을 받기 위해 나를 만나러 온 날, 보통의 아이들은 멍하니 앉아 있거나 게임을 하면서 나를 기다리는데, 민수는 클래식 음악을 들으며 과학책을 읽고 있었다. 민수의 그러한 모습은 무척이나 인상적이었다.

더욱 놀라운 것은 몇 가지 주제를 주고 그중에 하나를 골라서 자신의 의견을 쓰라고 했더니, 민수는 자기 나이에는 다소 어려울 수 있는 '사형 제도'에 대해 서술하기 시작했다. 그런데 그 내용 또한 웬만한 고3 형들의 뺨을 칠 정도로 논리적이면서도 확실한 자기주장을 펼치고 있었다.

부모님은 아이를 국제중학교에 보내고 싶다고 했고, 여러 가지 종합적인 컨설팅 결과 민수는 충분히 그럴 만한 능력이 있었다. 하지만 내 판단은 달랐다.

"일반 중학교에 보내십시오!"

부모는 어이가 없다는 듯이 나를 쳐다보며 자신들은 분명 국제중학교 진로 컨설팅을 받으러 왔다는 것을 거듭 강조했다.

민수의 능력은 국제중학교에 가고도 남았지만, 성향이 국제중에 전혀 맞지 않았다. 민수는 어린 나이에도 불구하고 자기만의 세계가 확실하고, 옳고 그름에 대한 판단이 명확했다. 또 의문이 생기면 반드시 해결하고, 안 풀리는 문제는 밤새도록 매달리는 스타일이었다. 주변이나 세상에 관심이 적은 반면, 자기 관심 분야에만 집중하는 외골수였다. 한마디로 원리형이었다.

이런 성향의 아이는 혼자 하는 일을 잘하고 자기 고집과 생각에 따라 움직인다. 따라서 커뮤니케이션을 중요시하고 상대적으로 외국어 비중이 높은 국제중학교의 교육 프로그램에는 맞지 않았다. 그보다는 일반 중학교에서 공부한 뒤, 과학고에 진학하는 것이 더 효과적이다.

하지만 부모님은 국제중에 보내지 않는 게 좋겠다는 말에 몹시 걱정하면서 불쾌감까지 내비쳤다. 물론 영특한 자식에게 기대를 걸고 무엇이든 뒷바라지 해 주고 싶은 것이 부모님의 마음이고, 가능하다면 욕심을 내고 싶을 수도 있다.

하지만 성적이 좋다고 해서 무조건 국제중학교에 갔다가, 만에 하나 학교생활에 적응하지 못한다면 오히려 자신감만 잃을 수 있다는 점을 강조했다. 또 그렇게 되면 아무리 많은 가능성을 가진 아이라고 해도 내재된 잠재력을 계발시킬 기회를 잃을 수도 있고, 그땐 더 이상 돌이킬 수 없다며 거듭 부모님을 설득했다.

부모님은 오랜 고민을 했고, 결국 민수를 일반 중학교에 보냈다. 그리고 민수는 예상했던 대로 중학교 내내 과학 과목 전교 1등을 한 번도 놓치지 않

았고, 과학고에 무사히 진학했다. 민수의 다음 목표는 카이스트에 가는 것이
란다.

이십여 년 뒤, 한국의 천재 과학자 탄생을 기대해 본다.

관심 있는 분야를 끈질기게 탐구하는 지력(知力)의 소유자

앞서 민수의 경우처럼, 어려서부터 신동이라는 소리를 듣는 아이들은 또래들보다 집중력이 뛰어나서 뭔가에 한번 몰두하면 자신의 의문점이 해결되기 전에는 좀처럼 움직이지 않는다.

유치원 시절부터 민수는 다른 아이들과 어울리며 놀거나 몰려다니는 것을 별로 좋아하지 않았다고 한다. 가끔은 유치원 선생님이나 엄마들로부터 애가 좀 이상하다는 소리를 듣기도 했단다. 또래들과는 눈높이가 맞지 않아서 대화가 잘 안되다 보니, 왕따 아닌 왕따처럼 혼자 놀거나 혼자 생각에 빠지는 경우도 많았단다.

초등학교에 들어가서는 학교 성적도 뛰어나고 말썽을 피우지도 않아 모범생 소리를 들었지만, 무슨 일만 있으면 얼굴이 빨개지고 자기가 먼저 사람들 앞에 나서서 얘기를 하는 경우가 별로 없었다. 담임 선생님은 민수가 사회성이 없다고 말씀하시기도 했단다.

민수 부모님도 사실 아이가 영리해서 기대를 많이 하면서도, 한편으로는 과연 이 아이가 장차 사회 속에서 잘 살아갈 수 있을까를 걱정했다.

이처럼 대개 원리형은 어떤 현상이나 이론에 대한 지적 탐구심이 왕성하고 그 현상과 이론의 근본적인 원인을 분석하고 논리적으로 탐구하는 것에 열정을 쏟기 때문에 일종의 마니아적 성향을 가지고 있다.

한 분야에 집중하는 능력은 뛰어나지만 상대적으로 응용력이나 융통성은 떨어지기 때문에, 그 이론이나 현상을 응용해서 다른 분야에 접목하는 것에는 관심이 적기도 하다. 하지만 학구열을 바탕으로 연구를 통해 근본 원리를 알아 가는 것에서 삶의 만족을 느끼는 경우가 많다.

주관이 확실하고, 자신이 한번 흥미를 가진 분야에 대해서는 인내력을 가지고 깊이 있게 생각하지만, 남의 생각을 수용하는 것에 익숙하지 않아 다른 사람이 참견하는 것을 어색해한다. 하지만 자신과 생각이나 관심사가 비슷한 소수의 사람들과는 꽤 깊고 오래도록 사귀는 편이다.

워낙 혼자 생각하고 혼자 하는 것을 좋아하기 때문에 또래들로부터 간혹 괴짜라고 오해받을 수도 있지만, 주변의 시선에 아랑곳하지 않고 누구도 상상할 수 없었던 놀라운 결과물을 만들어 내기도 한다.

강점
현상과 이론의 근본 원인을 깊이 탐구하는 수준 높은 지적 탐구심
공통의 관심사를 가진 소수와 교류하는 마니아
자신의 내적 관심사와 내적 가치에 집중하는 외유내강형

약점
한 분야에 집중은 잘하지만, 상대적으로 떨어지는 응용력
또래들과는 눈높이가 맞지 않는 혼자 놀기형

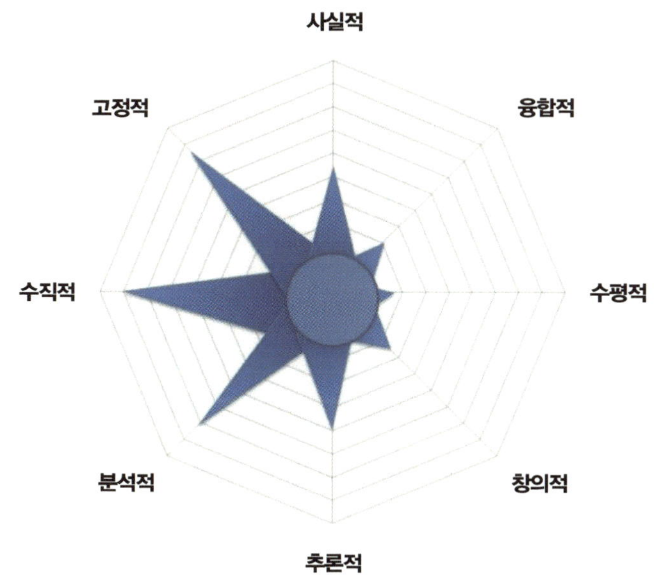

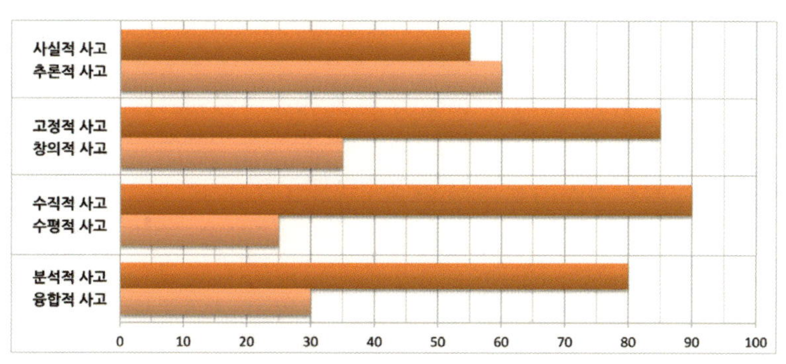

〈원리형의 한 예〉

꼬리에 꼬리를 무는 '연관 검색어 공부법'과 '문제해결형 학습계획표'로 통(通)하라

학 습 법　원리형은 원리를 탐구하는 것에 큰 재미를 느끼고, 기본적으로 공부에 관심이 많으므로, 주변의 특별한 개입 없이도 혼자서 학습을 주도해 나간다. '연관 검색어 공부법'은 이런 원리형의 성향에 딱 맞는 공부법이다. 이 공부법은 말 그대로 한 가지 궁금한 내용이 생기면 그와 관련된 다른 내용을 꼬리에 꼬리를 물어 찾아 가면서 한꺼번에 공부하는 방식이다. 이를테면 물리에서 '중력의 원리'가 궁금하다면, 먼저 '중력'을 찾아보거나 검색해 본다. 그러면 연관 검색어로, 중력의 뜻, 중력가속도, 만유인력, 무중력, 중력의 크기, gravity 등이 검색된다. 여기서 자기가 알고 싶은 순서나 학습에 도움이 되는 내용을 차례대로 하나씩 클릭하여 공부하는 방식이다. 그러니까 중력에서부터 출발한 의문은 물리, 지구 과학, 영어 등으로 이어지며 학습 효과를 높일 수 있다.

원리형은 혼자 공부하는 버릇이 있기 때문에 자기의 생각이 맞는 건지 틀린 건지를 확인할 길이 없다는 문제점이 있다. 이런 점을 보완하기 위해서 이해가 잘 되지 않는 부분은 문제의 해결 과정을 끌어낼 수 있도록 '서술형 오답 노트'를 만드는 게 좋다. 서술형 오답 노트는 문제 풀이 과정, 자신이 잘못 생각한 부분, 잘못을 수정하는 과정을 자세하게 서술식으로 기록해서 문제의 원리와 자신의 오류를 파악할 수 있게 해 주므로 효과가 있다.

학습계획표 　원리형은 관심 대상에 몰입하는 유형이므로, 이 점을 이용하여 '문제해결형 학습계획표'를 세우면 좋다.

　문제해결형 학습계획표란 관심 있는 과목이나 과제부터 문제를 해결하는 데 초점을 두어 계획표를 세우되, 문제를 선택할 때는 자신의 수준보다 난이도가 높은 문제를 고른다. 조금은 어렵게 느껴질 수도 있지만 원리형은 스스로 해결하면서 성취감을 느끼는 유형이므로 공부 흥미를 끌어올리는 데 안성맞춤이다. 지금 고2라고 한다면 자기 수준보다 높은 수학 문제집이나 물리 문제집을 공부 계획에 넣어서 풀어 보는 것이다. 이렇게 학습하면 문제를 해결했을 때, 학습에 대한 자신감이 더욱 높아지면서 자신도 모르는 사이에 고득점 체질이 되는 것이다. 이때도 원리형은 자신이 이해될 때까지 몰입하는 경향이 있으므로 학습 시간은 길게 주는 것이 좋고 쉬고 싶을 때는 쉬도록 하되, 굳이 학습과 휴식을 별도로 구분하지 않아도 된다.

강점 UP
꼬리에 꼬리를 무는 '연관 검색어 공부법'이 적합하다

약점 DOWN
잘못된 생각을 교정할 수 있는 '서술형 오답 노트' 작성이 유용하다

학습계획표
'문제해결형 학습계획표'를 세운다

혼자 해야 더 잘하므로 독학이 유리하다

원리형은 신중하고 차분하며 혼자 뭔가를 깊이 있게 파고들기 때문에 학습 효과가 다소 늦게 나타날 수 있다. 선생님이나 부모님은 학습 성과를 재촉하지 말고 신뢰를 갖고 기다려 주는 것이 중요하다.

번잡스럽게 사람과 소통하는 것을 즐기지 않고, 혼자 공부하는 것을 좋아하는 유형이므로, 1:多 교육은 원리형 아이에게 스트레스를 줄 수 있으니 피하도록 한다. 항상 독립성이 보장되는 자기만의 공간에서 자기 주도적 학습을 좀 더 할 수 있도록 배려하는 게 중요하다.

다만 어려워하거나 힘들어하는 한두 과목에 대해서만 인강을 이용

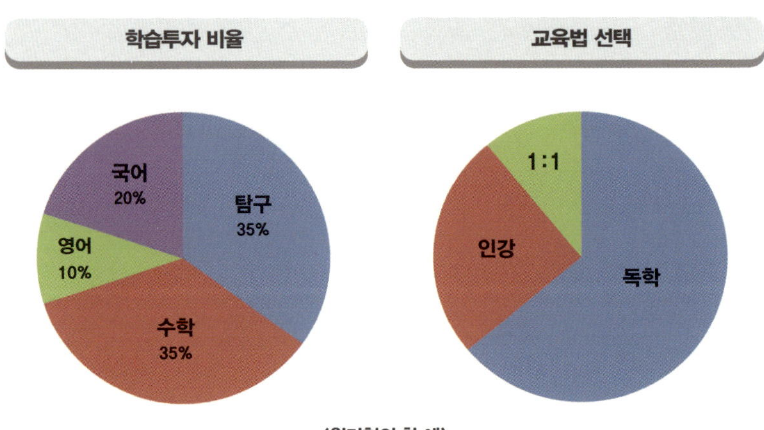

〈원리형의 한 예〉

하거나 1:1 학습을 하도록 권장하며, 기본 개념이 잡힌 후에는 독학을 하는 게 낫다.

원리형은 어려운 문제를 스스로 해결했을 때 큰 성취감과 행복을 느끼는 타입이다. 문제를 해결하고 난 후 보상으로 더 흥미를 느낄 수 있는 연구 문제를 주거나, 관심 있는 분야에서 성공한 사람을 만나게 한다면 공부에 대한 의욕을 더 높일 수 있다.

강점 UP

공부 효과가 천천히 나타나는 유형이므로 부모님과 선생님은 신뢰를 가지고 기다려 주어야 한다

관심 있는 분야의 성공한 대가를 만나게 해 주는 것도 공부에 효과적이다

약점 DOWN

독립된 학습 공간에서 공부하고 1:多 공부는 피한다

고난도 문제를 끝까지 파고드는 학습 탐구력

원리형의 공부 스타일은 깊이 파고들고, 몰입하며, 문제가 해결될 때까지 끈질기게 물고 늘어진다. 이런 성향은 합격을 좌우하는 고난도 문제나 서술형 문제를 푸는 데 장점으로 작용한다.

비록 일반 문제에서 몇 개 틀리더라도 고난도 문제나 서술형 문제는 배점이 높은 만큼, 이 문제를 맞추는 것이 점수에도 유리하게 작용한다. 원리형은 이러한 장점을 전략으로 세워 합격률을 높일 수 있다.

즉, 합격 변별력을 좌우하는 심화 학습에 강한 유형이다.

원리형은 자신이 세운 학습 목표에 대해서는 놀라운 지구력과 집중력을 발휘하고, 지적 탐구심을 발동시켜 논리적으로 정답과 원리를 찾아내기 때문에, 그만큼 고득점을 받는 데도 유리하다.

원리형 합격DNA

- 고난도 문제 연구력과 서술형 문제 풀이력
- 학습 목표를 달성하기 위한 끈질긴 학습 지구력
- 알고자 하는 것에 지적 탐구심을 발동시켜 정답과 원리를 끌어내는 고도의 집중력

물리학과, 문화인류학과, 언어학과가 맞다

물리학과는 사물과 현상의 원리를 연구하는 학과로 첨단 과학 기술 산업의 어느 분야에서나 적용되는 기본 학문을 공부하는 곳이다. 관심 분야에 깊게 몰입하여 소기의 성과를 이루어 내는 원리형을 위한 학과라고 볼 수 있다.

문화인류학과에서는 인문학과 사회 과학을 포괄하는 기초 학문을 다루는 곳으로, 시간과 공간, 국경을 넘어 인류사적 변화를 해석하고, 새로운 문화를 기획하는 전문가를 양성한다. 졸업한 뒤 문화 인류학자, 인문학 연구원 등으로 활약할 수 있다.

언어학은 모든 언어 속에 들어 있는 보편적인 특징과 법칙을 연구하여 이론적 근거를 만드는 학문이다. 언어학과는 라틴어부터 아프리카어에 이르기까지 다양한 언어의 구조를 학습하고 연구하는 곳으로, 지적 자부심과 탐구심이 높은 원리형에게 잘 맞는 학과이다.

학과 성격	맞춤 학과
기초 인문 중심	철학과, 윤리학과, 언어학과, 고고학과, 지리학과, 문화인류학과, 문화학과, 인류학과
기초 과학 중심	화학과, 수학과, 물리학과

지적 탐구심을 최대로 살리는
연구직이 천직이다

원리형은 남들보다 지식이 많다는 것에 자부심을 느끼는 타입이다. 지적 탐구심을 마음껏 발휘하여 성과물을 만들어 내므로 물리학자, 화학자, 수학자 등 기초 연구를 바탕으로 하는 직업이 천직이다.

최근 융합 학문이 부각되면서 인문학과 사회 과학 분야를 접목한 문화인류학자도 적합하다. 이 직업은 인간의 출현에서부터 현대까지 인류가 발전해 온 모습과 시대별 문화 및 사회를 탐구하는 직업으로 새롭게 주목받는 직업 중 하나이다.

특히 명석한 두뇌 능력을 보였거나 큰 업적을 남긴 사람들의 냉동 보존된 뇌를 분석하여 뇌의 신비를 밝히는 뇌 기능 분석 전문가 또한 미래 유망 직종에 속한다.

그 밖에 원리형은 지리학자, 고고학자, 기타 기초 과학 연구원직에 종사하면 인류 발전에 기여할 놀라운 지적 성취를 이뤄 낼 수 있다.

직업 성격	추천 직업
기초 인문 중심	문화인류학자, 지리학자, 고고학자, 윤리학자, 철학자, 언어학자, 인문학 연구원, 서지학 연구원
기초 과학 중심	물리학자, 화학자, 수학자, 기초 과학 연구원, 뇌 기능 분석 연구원

현대 물리학의 계보를 잇는
빅뱅 이론의 창시자, 스티븐 호킹 박사

루게릭 병에 걸려 시한부 선고를 받았으나 지금까지 왕성한 활동을 하며, 현대 물리학의 살아 있는 전설로 불리는 영국의 물리학자 스티븐 호킹 박사.

열 살 때부터 과학자의 꿈을 가졌고, 자기 관심 분야인 과학에만 집중하여 옥스퍼드 대학을 거쳐 과학자가 되었다.

그는 블랙홀은 모든 물질을 빨아들여 무한대의 밀도를 가진다는 '블랙홀 특이점' 이론을 수학적으로 증명했으며, 블랙홀의 증발 이론, 양자 우주론까지 현대 물리학에 있어 혁명적인 세 가지 이론을 제시하면서 세상에 알려지기 시작했다.

그가 쓴 『시간의 역사』는 일반인을 위해 우주의 역사와 시공간의 개념을 쉽게 풀어 쓴 책으로, 물리학 책으로는 드물게 전 세계 40여 개국에서 천만 권 이상 판매된 베스트셀러가 되기도 했다.

호킹 박사가 스물두 살에 시한부 인생을 선고받고도 불편한 몸으로 현재까지 왕성한 활동을 할 수 있었던 것은 그가 열정적인 탐구 의지와 놀라운 집중력을 소유한 원리형이기 때문이다.

8

부수고 만들고
다시 조립하는 아이,
상상력을 UP 시켜라!

제작형

멘토링 스토리 시크하지만 심플한 지민이, 과학고에 당당히 합격하다

STEP1 내게 맞는 성향 기계를 다루길 좋아하는 미다스의 손

STEP2 내게 맞는 공부법 시청각을 자극하는 '미디어 공부법'과

'TO DO 리스트 학습계획표'를 만들어라

STEP3 내게 맞는 교육법 목표만 분명하면 어떤 교육법이든 OK

STEP4 내게 맞는 합격 스타일 수학 또는 과학에 대한 관심과 탁월한 손재주

STEP5 내게 맞는 학과 메카트로닉스공학과, 자동차공학과, 항공공학과에 도전하라

STEP6 내게 맞는 진로와 직업 만드는 직업을 찾으면 대성한다

STEP7 내게 맞는 롤모델 로봇 다빈치를 꿈꾸는 천재 로봇 공학자, 데니스 홍

시크하지만 심플한 지민이,
과학고에 당당히 합격하다

중3, 김지민

지민이는 부모님이 마흔 넘어 얻은 귀한 외동아들이었다. 자라면서 늘 모두의 사랑을 독차지하다 보니, 부모님이 뭔가를 시켜도 별 반응을 보이지 않고 자기가 하고 싶은 일에만 관심을 보였다. 그래도 부모님은 늦둥이 아들이 안쓰러운 마음에 그냥 받아 주고 넘어갔다.

지민이는 컨설팅 과정에서 내가 이것저것 물어봐도 별 대답이 없었다. 특히 두 문장이 넘어가는 말은 하지도 않았고, 거의 '네', '아니오' 식의 단답형이 다였다. 좋게 보면 시크하면서도 심플하다고 생각할 수 있지만, 지민이를 잘 모르는 사람이 보면 버릇없다고 오해를 살 수도 있었다.

아이는 예상했던 대로 매우 심플하게 생각하고 명쾌하게 판단하는 제작형이었다.

대개 제작형의 아이들은 인간관계의 복잡한 감정이나 관심을 부담스러워하기 때문에 가족 관계에서도 친밀도가 떨어지는 편이다. 물론 부모님이 아이를 따뜻하게 품어 주고 사랑으로 키운다고 해도, 제작형의 성향상 그런 관심 자체에도 무심한 편이다.

“어머니, 평소 지민이하고 대화는 자주 하세요?”

갑작스런 내 질문에 어머니는 좀 당황해했다. 내가 재차 묻자, 그제야 작은 목소리로 말했다.

“제가 늦은 나이에 애를 낳아서 같이 있을 시간이 다른 엄마들보다는 짧을 거잖아요. 그래서 지민이와 같이 있을 때는 얘기도 많이 하고 싶고, 같이 여러 곳을 다니고도 싶은데 얘가 통 그래 주질 않네요. ”

이야기를 하면서 어머니는 살짝 눈시울이 붉어졌다.

“지민아, 어머니는 이런 마음이신데 너는 어때?”

지민이는 한참 뜸을 들이더니, 살며시 속내를 보였다.

“나도 걱정이예요. 부모님이 돌아가시고 나면 나 혼자 어떻게 사나 앞이 깜깜해요.”

아이의 뜻밖의 대답에 부모님은 끝내 눈물을 보이셨다.

알고 보니, 지민이의 부모님은 항상 “엄마, 아빠가 나이도 많아서 우리가 없어지고 나면 너 혼자 살아야 되는데 공부 열심히 해야지”라고 하셨단다. 늦게 본 외동이라 모두의 사랑을 받고 자랐지만, 어느 순간 혼자 남겨질 세상에 대한 두려움이 지민이의 마음속 깊이 자리 잡고 있었다.

그럴 때마다 지민이는 이런저런 생각을 하지 않고 단순하게 집중할 수 있는 일을 찾았다. 그게 ‘만들기’였다. 물론 타고난 수학적 머리나 과학적 사고도 탁월했으며 손재주 또한 뛰어났다.

“과학고에 보내시는 게 어떠세요?”

엉겁결에 자신의 속마음을 털어놓은 탓인지 쑥스러워하던 지민이도 한결 밝은 표정이 되었고, 부모님은 어느새 성큼 자라 버린 아들의 모습을 보며 미소를 지었다.

먼저 과학고 진로에 대한 확신을 갖는 게 중요했다. 관련 분야 전문가를 직접 만나서 진로에 대한 얘기를 듣게 했고, 방학 중엔 부모님과 함께 카이스트를 방문하여 앞으로 자신이 다닐지도 모르는 학교를 눈으로 보면서 큰 포부를 가질 수 있게 했다.

또 꾸준히 내신을 관리하면서 과학 관련 진로 지식을 쌓기 위해 과학 책이나 잡지를 읽고 한 줄 평을 쓰는 연습부터 시켰고, 면접에 대비하여 자신의 생각을 깊이 있게 정리하는 습관을 들이도록 했다.

다른 사람이나 주변에 관심이 적은 아이의 성향을 고려하여, 문학 작품을 꾸준히 읽혀 감수성을 풍부하게 만드는 훈련도 필요했다.

부모님도 아이를 무조건적인 애정을 쏟아붓는 대상이 아니라 믿고 격려하며 함께 생각을 나누는 존재로 받아들이도록 연습했다. 그 결과 지민이는 과학고에 합격했다.

하지만 지민이는 합격이 시작이라는 사실을 알 것이다. 훗날 자신이 날개를 활짝 펴고 날아가는 세상에는 어쩌면 사랑하는 부모님이 안 계실지도 모른다는 것도 잘 알고 있을 것이다.

기계를 다루길 좋아하는 미다스의 손

신제품이 나오면 사용 설명서를 보지 않아도, 자유자재로 제품을 다루는 기계의 달인.

물건이 고장 나면 하루 종일 붙들고 앉아 고쳐 내는 수리의 달인.

한번 궁금해진 기계는 분해하고 조립해 보는 탐구의 달인.

아이디어가 떠오르면 새로운 물건을 만들어 내는 제작의 달인.

이 모든 달인들은 '제작형'이다.

제작형은 어릴 때에는 로봇이나 블록 쌓기 게임에 흠뻑 빠져서 시간 가는 줄 모를 때가 많다. 잘 이해도 안 되는 설명서를 하루 종일 들여다보며 하나씩 맞춰 갈 때 느껴지는 성취감이 제작형 아이를 환호하게 만든다. 아이들은 점점 더 새로운 것에 도전하고 싶어 괜히 멀쩡한 시계나 TV 리모콘을 뜯어서 고장을 내어 부모님께 야단을 맞기도 한다. 이처럼 제작형 아이들은 사물이나 기계 만들기에 관심이 많아서 물건을 해체하고 다시 조립하는 것을 놀이처럼 생각하고 좋아한다. 그렇다고 단순히 놀이나 게임으로만 생각하고 마는 것이 아니라, 전기 회로나 소프트웨어를 일일이 살펴보며 자신만의 조립도나 회로도를 그려 보기도 한다. 더 나아가 전자 상가에 가서 부품을 구입하여 직접 컴퓨터를 조립하는 아이들도 있는데, 그 완성도가 판매되고 있는 시중 제품에도 결코 뒤지지 않는 수준이다.

　제작형 아이들은 사실적 사고력이 높기 때문에 문제가 발생하면 사실을 있는 그대로만 받아들이고 이면에 감춰진 의미를 파악하는 데는 서툰 편이다. 아무리 심각한 상황이 생겨도 단순하게 받아들이는 스타일이다 보니 다른 사람의 처지나 감정을 섬세하게 이해하지 못해서, 부모님 입장에서는 아이를 키우면서 서운함을 느낄 수도 있다. 하지만 정작 아이는 부모님이 그런 생각을 하고 있다는 사실조차 모른다. 부모님이 생각하는 것처럼 무심하고 냉정한 것이 아니라 다만 표현을 못할 뿐이다. 비록 성격이 단순하고 인간관계가 복잡해지는 것을 싫어하지만, 나름의 주관도 있어서 자기 할 일은 묵묵히 하는 듬직한 면도 있다. 제작형은 남을 속이거나 거짓말을 잘 못하며, 뭔가를 억지로 꾸며서 둘러대지도 못한다. 생활 면에서도 낭비하지 않으며 검소하다. 결국 제작형은 우리 사회에 필요한 기술을 만들어 우리 생활에 편리함과 윤택함을 주는 귀하고 소중한 존재이다.

강점
자신만의 조립도를 바탕으로 완성도 높은 제품을 만들어 내는 정확성
정직하며 생활 면에서도 낭비하지 않는 소박함

약점
사실을 있는 그대로만 받아들여서 이면의 내용 파악이 어려운 단순형
다른 사람의 감정이나 처지에 대한 배려가 부족한 무심형

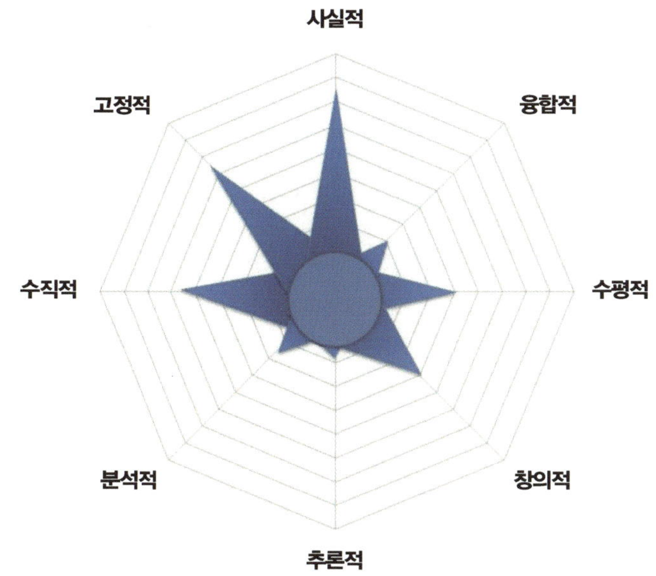

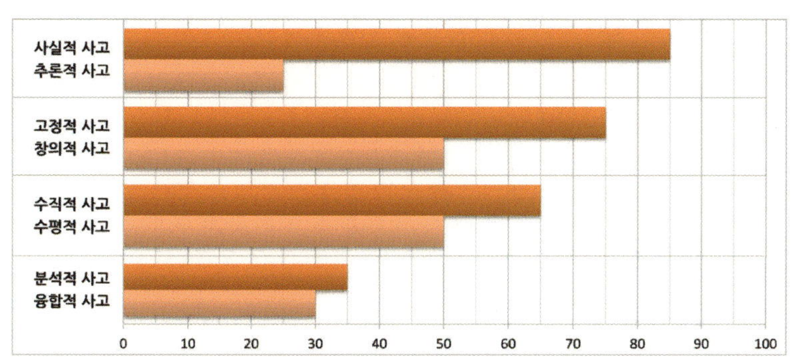

〈제작형의 한 예〉

시청각을 자극하는 '미디어 공부법'과 'TO DO 리스트 학습계획표'를 만들어라

학 습 법 제작형은 단순하게 책이나 문제집만 풀면 금방 지루해하고 흥미를 느끼지 못하는 편이다. 평소 기계나 사물을 만지고 조립하고 해체하는 데 관심이 있는 것처럼 공부도 보고 듣고 느끼면서 시청각을 자극할 수 있는 '미디어 공부법'이 좋다.

미디어 공부법은 사진, 그림, 학습 도구, 수학 퍼즐, 태블릿, 계산기, 과학 실습 도구, 컴퓨터 등 다양한 시청각 자료를 활용하는 것이다. 이 방법은 무조건적인 주입식이나 암기 위주가 아니라, 눈으로 보고, 소리로 듣고, 느끼고, 이해하면서 스스로 사고력을 자극하여 공부하는 방법이다.

제작형은 추론적 사고력이 다소 약해 상상력이 부족한 편이다. 이를 극복하기 위해 그림이나 사진 자료를 보고 제목 맞추기, 스토리 말하기 등으로 미디어 학습을 하면 생각의 폭도 넓고 깊어지며 자기표현력이나 언어력까지도 좋아질 수 있다.

사람들의 감정이나 생각을 섬세하게 잘 읽어 내지 못하는 편인 제작형은 인간관계의 복잡한 감정을 잘 이해하지 못한다. 이런 단점은 시험에도 연결되어, 정확한 어휘와 개념의 뉘앙스를 잘 구분하지 못해 같은 문제를 계속 틀릴 수 있다.

따라서 감정을 나타내는 형용사 어휘들을 따로 모아 쓰거나 서로 의미의 뜻이 미묘하게 다른 단어들을 적은 '뉘앙스 어휘 노트'를 만들어 익히는 게 좋다. 이와 함께 문장이나 글 속에서 정확한 의미를 이해하기 힘든 단어들만 수정 테이프로 지운 뒤, 지운 부분에 맞는 단어들을 상상하여 써 보는 방법도 효과적이다.

제작형은 기본적으로 수리 능력이 우수한 편이라 수학이나 과학에 집중하는 게 좋다. 특히 고난도 문제나 공식의 원리를 유도하는 문제를 푸는 연습을 꾸준히 한다면 수학과 과학 영역에서 고득점을 노려볼 수 있다.

과학 분야 중 물리는 학습 잠재력이 높지만 생물은 상대적으로 낮으므로, 자신의 성향과 적성에 맞는 과학 탐구 과목을 신중하게 골라야 성적을 높일 수 있다.

학습계획표 제작형은 빽빽하게 계획표를 짜면 복잡하다는 생각부터 하기 때문에 아예 실천 의지를 보이지 않는다. 차라리 자신이 하고자 하는 목표나 해야 할 학습 목록을 단순하게 짜고 실천할 수 있도록 유도하는 'TO DO 리스트 학습계획표'를 세우면 좋다.

가령 이번 주 수학에서 미적분을 공부하기로 목표를 정했다면, 첫째 날은 미적분 이론 익히기, 둘째 날은 기본 문제 풀기, 셋째 날은 심화 문제 풀기, 마지막 날은 틀린 문제를 다시 확인하고 오답 노트 작성하기 식으로 꼭 해야 할 공부 리스트만 짜고, 했는지 안 했는지 여부를 항목마다 체크하고 부족한 부분은 다시 공부하는 것이다.

여러 과목이나 여러 단원을 동시에 공부하는 것보다는 1일 한 단원 또는 1주 한 과목 등으로 단순 명료하게 학습 계획을 짜는 것이 효율적이다.

강점 UP
시청각을 자극하는 '미디어 공부법'이 효과적이다

약점 DOWN
성적 상승을 위해서는 세밀한 단어 뜻을 구분하는 '뉘앙스 어휘 노트'를 만든다

학습계획표
공부 리스트를 작성하여 체크하는 'TO DO 리스트 학습계획표'를 실천한다

목표만 분명하면 어떤 교육법이든 OK

제작형은 학습 목표만 분명하게 주어지면, 주변 상황이나 환경에 영향을 받지 않고 독립적으로 공부하는 스타일이다. 따라서 어떤 교육 방법을 선택하더라도 무난하다.

단체 생활에도 스트레스를 적게 받기 때문에 기숙사형 교육시스템을 선택하는 것도 나쁘지 않고, 1:1 교육을 받을 경우에는 명쾌한 성격의 선생님과 공부한다면 더 좋다.

다만 인강이나 독학을 장기적으로 할 경우 자신의 공부 실력이 현재 어떤 수준인지 정기적으로 점검하지 않는다면, 심화 학습도 잘 이

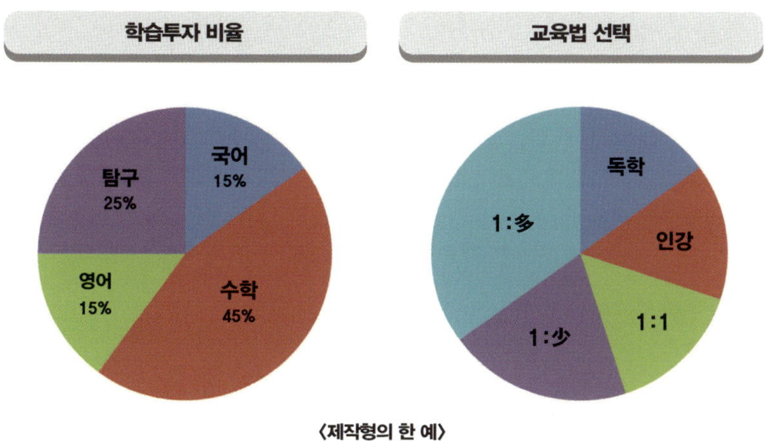

〈제작형의 한 예〉

루어지는 것으로 착각할 수 있다.

그렇다 보니 간단하고 쉬운 문제만 풀게 되고, 노력하면 충분히 풀 수 있는 고난도 문제에 접근조차 하지 않게 된다. 따라서 정기적으로 고난도 문제를 시간을 재서 풀어 보고 채점하며 진짜 실력을 체크하는 것이 필요하다.

강점 UP
학습 목표만 분명하면 어떤 교육 방식도 다 괜찮다
명쾌한 성격의 선생님과 1:1 공부를 한다면 더 좋다

약점 DOWN
인강이나 독학을 오래할 경우 고난도 문제를 정기적으로 풀어 진짜 실력을 점검한다

수학 또는 과학에 대한 관심과 탁월한 손재주

제작형은 과학 과목에 대한 잠재력이 높기 때문에 관심 대상에 집중하면 창의적 결과물을 만들 수 있다. 그 작업 과정을 구체적으로 기록하여 자신만의 포트폴리오로 작성해 두면 나중에 대학에 합격하기 위한 자료로 유용하게 활용할 수 있다.

또 수학에 대한 흥미도 있어서, 학습 전략을 잘 짜서 꾸준히 학습한다면 다른 학생들보다 학습 면에서 유리한 고지를 선점할 수 있다. 특히 도형, 기하나 벡터 등 고난도 수리 문제를 풀 수 있는 공간 지각에 대한 잠재 학습력이 상대적으로 뛰어나다.

특히 손재주가 탁월한 제작형은 수학, 과학 분야 외에도 공예 등 무언가를 만드는 분야에서 두각을 나타낼 수 있다. 자신의 타고난 손재주를 발전시킬 수 있는 진로를 미리 발견하는 것이 합격으로 가는 지름길이다.

: 제작형 합격DNA

- 어떤 상황에서도 흔들리거나 스트레스를 받지 않는 학습 독립심
- 도형, 기하, 벡터 등 고난도 수학 문제를 풀 수 있는 공간지각 잠재력
- 과학 분야의 제작, 공예 등에서 두각을 나타내는 손재주

메카트로닉스공학과, 자동차공학과, 항공공학과에 도전하라

메카트로닉스공학과는 컴퓨터 제어 및 정보 처리 기술 등의 전자 공학 기술을 기계 공학에 적용하는 학과이다. 정보화 산업 전반에 적용되는 기술을 공부하여 졸업 후에는 전기 전자 분야는 물론 기계 정보화 분야로 진출할 수 있다. 자동차공학과는 자동차의 설계와 생산에 필요한 기술을 다루는 곳으로, 자동차에 대한 이론과 실무 능력을 고루 배우며 자동차 전문 기술자를 양성하는 유망 학과이다. 항공공학과는 항공기의 개발, 제작, 운용, 기상학까지 공부하는 학과로 국가적 항공 사업의 핵심적인 인재를 양성하는 것이 목표이다. 미래에는 항공을 지배하는 국가가 세계의 중심이 될 수 있다는 관점에서 볼 때, 갈수록 그 비중이 높아지는 학과 중 하나이다.

학과 성격	맞춤 학과
전기 전자 중심	전기공학과, 전자공학과, 전자통신학과
기계 설비 중심	건설시스템공학과, 기계공학과, 메카트로닉스공학과, 토목공학과, 자동차공학과, 로봇공학과
에너지 화학 중심	에너지공학과, 원자력공학과, 화학공학과
재료 중심	금속신소재공학과, 나노신소재공학과, 재료공학과, 세라믹공학과
항공 광학 중심	항공공학과, 안경광학과

만드는 직업을 찾으면 대성한다

제작형은 자유자재로 기계를 다루고 우리 생활에 필요한 기술을 만들어 내는 달인이므로, 공학 기술자로서 최적의 유형이다. 특히 인간을 대신하여 위험한 일을 처리하고 생산 효율을 높이는 데 기여하는 로봇을 만드는 로봇 공학 기술자는 제작형의 장점을 살릴 수 있는 직업이다.

또한 사람과 유사하게 생각하고 행동하며 피부까지 사람과 유사한 로봇을 개발하는 안드로이드 로봇 개발자는 미래에 촉망받는 직업 중 하나이다.

여객기, 전투기, 우주선, 인공위성, 로켓 등 각종 비행 물체를 설계하고 개발하는 일을 담당하는 항공공학 기술자도 차세대 유망한 직업이다.

그리고 전기 에너지로 자동차를 움직일 수 있게 하는 하이브리드 자동차 개발자나 친환경 동력 시스템 개발자 역시 인기가 높아지고 있다.

직업 성격	추천 직업
전기전자 중심	전자 기술자, 전기 기술자, LED 제품 개발자, 전기 안전 기술자, 전자 통신 기술자, 배전 변전 기술자, 반도체 기술자
기계설비 중심	하이브리드 자동차 개발자, 자동차 제조 기술자, 로봇 공학 기술자, 안드로이드 로봇 개발자, 조립원, 조선 기술자, 토목 기술자, 기계 엔지니어, 기관사, 정비사, 설비 안전 전문가, 제품 제조 기술자
에너지화학 중심	친환경 동력 시스템 개발자, 석유 정제 기술자, 합성수지 기술자, 연료 전지 전문가, 풍력 연구원, 원자력 연구원, 에너지 기술자, 신재생 에너지 전문가, 에너지 효율 검사원, 바이오 에너지 전문가, 태양광 연구원, 핵연료 연구원, 고체 화학 연구원
재료 중심	재료 공학 기술자, 금속 공학 기술자, 섬유 공학 기술자, 나노 공학 기술자, 세라믹 전문가, 신소재 전문가
항공광학 중심	항공 공학 기술자, 안경 광학사

로봇 다빈치를 꿈꾸는
천재 로봇 공학자, 데니스 홍

미국 과학 잡지 「Popular Science(파퓰러 사이언스)」가 선정한 젊은 천재 과학자 10인 중 한 사람. 세계 최고의 지식 컨퍼런스인 TED에서 빌 게이츠, 엘 고어 등과 어깨를 나란히 한 강연자. 세계 최초로 시각 장애인이 직접 운전하는 자동차를 개발하여 언론으로부터 '인류가 달에 착륙한 사건에 버금가는 업적'이라는 평을 얻은 로봇 공학자.

버지니아 공대 로봇 연구소 로멜라의 창립자이자 교수인 데니스 홍을 나타내는 수식어는 다양하다.

그는 어린 시절 굉장한 말썽꾸러기였다. 집에 있는 가전제품이 어떻게 작동되는지 궁금해 이것들을 죄다 뜯어보느라 망가뜨리기 일쑤였고, 놀이터 모래 속이 궁금해서 한밤중까지 파 내려간 적도 있으며, 로켓을 만들다가 불을 낼 뻔한 적도 있었다.

그런 호기심을 바탕으로 사물이나 기계를 만들고 해체하고 다시 조립했던 어린 데니스 홍은 이제 세계가 주목하는 천재 로봇 과학자가 되었다.

9

세세한 내용만 신경 쓰다 중요한 것을 놓치는 아이, 나무보다 숲을 보게 하라!

분석형

멘토링 스토리 논술에 '논'자도 모르던 수진이, 연세대학교에 논술로 합격하다

STEP1 내게 맞는 성향 완벽함을 추구하는 최고의 브레인

STEP2 내게 맞는 공부법 '레코딩 공부법'으로 공부하고,

단기 학습력을 키우는 'D-day 학습계획표'를 짜라

STEP3 내게 맞는 교육법 복습 위주의 인강이 만점 전략

STEP4 내게 맞는 합격 스타일 탁월한 꼼꼼함과 논리력

STEP5 내게 맞는 학과 문화재학과, 사학과, 사회학과에서 잠재력을 높여라

STEP6 내게 맞는 진로와 직업 꼼꼼하게 분석하고 논리로 판단하는 일이 천직이다

STEP7 내게 맞는 롤모델 문제의 본질을 비판하여 미국 역사를 바꾼 용감한 저널리스트, 밥 우드워드

논술에 '논' 자도 모르던 수진이,
연세대학교에 논술로 합격하다

고3, 최수진

수진이는 한눈에도 자기주장이 강한 아이였다. 컨설팅을 받으러 온 날, 수진이는 다짜고짜 이렇게 말했다.

"저는 논술로 대학 가고 싶은데 엄마가 정시로 가래요."

"수진이는 왜 하필이면 논술로 가고 싶어?"

"저는 사회학자가 되고 싶어요. 또 제 생각을 글로 마음껏 펼치고 싶고, 그런 제 생각이 과연 논리적인지, 다른 사람에게나 대학에서도 인정받을 수 있는지를 알고 싶기도 하고요."

하지만 수진이는 논술을 배워 본 적도 없는 그야말로 논술의 '논' 자도 모르는 아이였다. 컨설팅을 해 보니 수진이는 논리적으로 비판하는 분석력이 매우 뛰어난 분석형 아이였다. 하지만 논술 테스트를 해 본 결과, 단 몇 줄도 제대로 쓰지 못하고 볼펜을 놓아 버렸다.

논술은 글을 잘 쓰는 것도 중요하지만 그보다는 주어진 제시문을 잘 파악하여 출제 의도에 맞게 주장을 논리적으로 펼치는 것이므로, 긴 글을 써 본

적이 없는 수진이가 몇 줄도 못 쓰고 마는 것은 당연했다. 수진이는 자신에게 실망한 듯 고개를 푹 숙였다.

"수진아, 정말 논술로 대학 가고 싶어?"

"네……."

"사실…… 너는 원래 논술을 잘하도록 태어났어."

"진짜요?"

"그런데 아직까지 제대로 너의 주장을 논리적으로 써 본 적이 없지? 한번 도전해 볼래?

"네!"

수진이는 논술 테스트에서는 부족한 점이 많았지만, 분석적 사고력과 추론적 사고력이 좋아 논술 전형에 딱 맞는 잠재력을 갖고 있는 아이였다. 거기다 수학을 잘한다는 강점도 있었다. 수진이가 지원할 당시, 연세대학교 논술 전형은 수리적인 내용과 사회 통계 자료를 같이 출제하던 형태로 수진이에게 적합한 유형이었다.

그러나 주변에서는 현재 수진이의 논술 실력으로는 목표로 하는 대학에 절대 갈 수 없다고 코웃음을 쳤다. 부모님도 괜히 안 될 일에 시간 낭비해서 그나마 갈 수 있는 대학도 놓치는 것 아니냐며 걱정하셨다. 그러나 수진이는 자신이 잘할 수 있다는 믿음을 갖고 열심히 노력했다.

목표로 정한 대학에 합격하기 위해서는 철저한 준비가 필요했다. 다양한 문제 유형 파악 및 분석, 다각적인 관점에서 접근하는 사고 훈련 등 합격을 위한 커리큘럼을 짰다.

　그리고 논술문을 쓸 때 자신이 쓴 내용이 마음에 들때까지 반복해서 고치는 연습도 시켰다. 그렇게 힘든 1년의 시간이 흐르고, 마침내 수진이는 연세대 논술 전형에 당당히 합격했다.

　어떤 면에서 보면 아이들에게는 불가능이 없을지도 모른다. 불가능이란 도전하기도 전에 이미 누군가가 만들어 버린 편견에 불과한 것이다. 무한한 가능성을 키우고 잠재력을 발견하는 힘! 그것이야말로 가장 중요한 시작이라 할 수 있다.

완벽함을 추구하는 최고의 브레인

수진이를 처음 만났을 때 아이는 논술력이 조금 떨어졌고 성적이 고루 우수한 편은 아니었지만, 다른 면에서는 자기 관리가 비교적 철저한 아이였다.

진중한 성격이었으나 무엇보다 자기 생각이 분명하고 반드시 해야 할 말은 하는 편이었다. 그런 탓에 때로는 친구들의 단점을 콕 찍어 말해서 '까칠하다'는 소리를 듣기도 하지만, 대부분의 아이들은 수진이의 말이라면 일단 100% 맞다고 생각을 한단다.

그런 수진이에게는 한 가지 버릇이 있었는데 늘 뭘 빼먹은 건 없는지 점검하고, 책은 제대로 잘 챙긴 건지 앉았던 자리를 훑어보고, 가방을 다시 쏟아 가며 확인해 보는 것이었다.

이런 점은 무엇이든 완벽함을 추구하는 분석형의 특징 중 하나이다. 이렇듯 분석형은 자신이 해야 할 일과 자신의 행동 등을 스스로 점검하는 성실한 태도의 소유자이다.

또 다른 사람들보다 어떤 상황에서 문제점을 더 빨리 찾아내는 편이며 남들이 보지 못한 세밀한 부분까지도 놓치지 않는 꼼꼼함도 있다. 특히 다른 사람의 말이나 행동에서 보이지 않는 숨은 뜻도 잘 파악하고, 드러나지 않는 행간의 의미나 이면의 속성을 논리적으로 잘 분석하는 예리함은 탁월하다.

무엇보다 완벽주의적 성향은 실수나 부족한 점이 발생하지 않도록 사전에 대비하기 때문에 기본적으로 학습력이 높은 모범생 유형에 속한다. 물론 주어진 과제나 일 처리에서도 높은 완성도를 보인다.

하지만 사소한 것까지 일일이 분석하고 따지다 보니, 결정적으로 중요한 순간에 의외의 실수를 저지를 때도 있다.

한편 실수를 할까 봐 신경을 쓰는 편이라 융통성이 부족하거나 고지식하다는 소리를 듣기도 한다. 그럼에도 불구하고 분석형은 남다른 완벽함과 예리함으로 소속된 곳에서 '최고의 브레인'이라는 평을 듣는 편이다.

강점
자기 점검으로 자기 관리를 철저하게 하는 완벽형
남들이 보지 못하는 세밀한 부분도 잘 찾아내는 꼼꼼함
다른 사람의 말과 행동에서 숨은 뜻을 분석하고 판단하는 최고의 브레인

약점
결정적인 순간에 의외로 실수하는 우유부단형
융통성이 부족한 고지식형

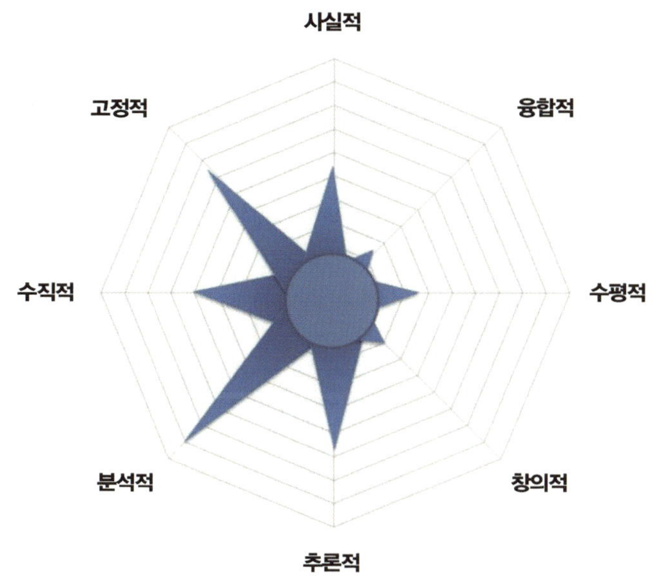

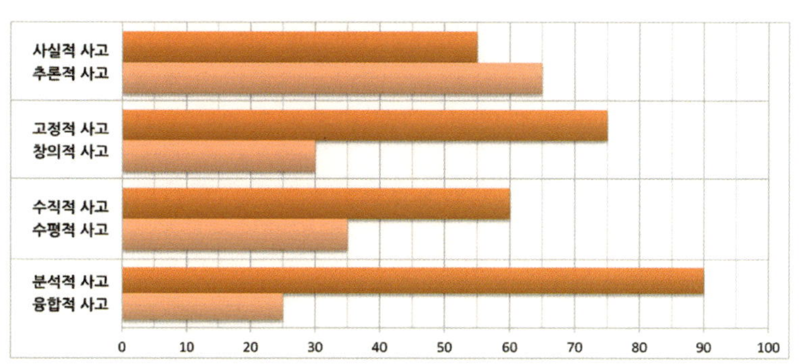

〈분석형의 한 예〉

'레코딩 공부법'으로 공부하고, 단기 학습력을 키우는 'D-day 학습계획표'를 짜라

학 습 법   분석형은 평상시나 시험 기간이나 상관없이 완벽을 추구하는 자신의 성향대로 공부하는 타입이다. 기본 개념들을 익히고, 기출 문제들을 풀면서 문제 유형을 익히고 오답을 분석하는 등 치밀하게 공부해야 마음이 놓이기 때문이다. 이런 분석형 아이는 '레코딩 공부법'을 이용하면 도움이 된다.

수업 시간에 선생님의 말을 한 마디도 빠뜨리지 않고 모두 필기해야 안심이 되는 스타일이지만, 자신이 아무리 빨리 필기를 한다 해도 선생님 말의 속도를 따라갈 수 없다. 따라서 주요 과목의 수업 내용을 녹음해서 방과 후 꼼꼼하게 들으면서 필기하면 반복 학습도 되고 오래 기억할 수도 있어 효과적이다.

또한 모르는 부분이 있으면 그냥 넘어가지 못하는 타입이므로, 참고서나 문제집을 고를 때는 스스로 모르는 내용을 알아 갈 수 있도록 해설이 풍부한 학습서를 선택하는 것이 좋다.

워낙 노력형이라 잘 모르거나 해결되지 않는 문제가 생기더라도 끝까지 찾아보고, 알 때까지 공부하는 스타일인 분석형에게는 '에러 공부법'도 잘 맞는다.

분석형은 문제를 풀 때 너무 작은 것에만 마음을 쏟다가 정작 중요한 것을 놓쳐서 오답을 내는 경우가 종종 있다. 따라서 문제를 풀고 난 뒤, 자신이 확실히 알고 맞힌 문제들은 제외하고 몰라서 틀린 문제와 헷갈렸는데 소위 찍어서 맞힌 문제를 따로 분류한다. 그리고 오답의 이유와 헷갈렸던 이유를 분석하여 앞으로의 학습 실수를 줄이도록 하는데 이것이 에러 공부법이다.

오답 노트를 작성할 때는 노트를 반으로 접어서 한쪽에는 오답 문제나 잘 모르는 개념을 적고, 다른 한쪽에는 스스로 찾은 오류에 대한 분석, 개념 설명, 출제자의 의도 등을 적어서 비교해 보면 된다. 이런 식의 오답 노트는 평소에는 잘하다가도 결정적일 때 실수를 하는 분석형에게는 안성맞춤이며 학습 오류를 줄이는 데 큰 효과가 있다.

학습계획표 분석형은 치밀하고 꼼꼼하게 계획을 세워서 실천하는 장기 학습에 강한 스타일이다. 반면에 단기 학습력은 상대적으로 떨어지므로, 단기 학습력을 높이기 위해서는 'D-day 학습계획표'를 마련하는 것이 좋다.

일주일, 한 달, 방학, 시험 기간 단위를 목표로 D-day를 정하고, 목표를 달성할 수 있도록 구체적인 계획을 세우면 효과를 볼 수 있는 유형이다.

이를테면 오늘이 월요일이고 이번 주 일요일까지 2차 함수 단원을 마스터하기로 했다면, 일요일이 D-day가 된다. 첫날은 2차 함수 기출 문제를 여러 번 풀어 보고 자주 틀리는 유형과 개념을 골라낸다. 그다음에는 공부해야 할 유형과 개념을 요일별로 분배한다. D-day

인 일요일에는 최종 테스트를 실시해 본다. 만약 목표했던 점수보다 낮게 나온다면, 다시 D-day를 정하고 공부한다.

또 공부할 때 공부 시간과 쉬는 시간을 잘 구분하지 못해서 학습 피로가 쉽게 올 수 있는 유형이므로, 계획표에서 학습과 휴식 시간을 적절하게 배분해야 학습 효율이 높아진다.

강점 UP
완벽하게 수업 내용을 파악하는 '레코딩 공부법'이 좋다

약점 DOWN
헷갈린 문제와 오답의 이유를 분석하고 실수를 막기 위한 '에러 공부법'을 시도한다

학습계획표
단기 학습력을 기를 수 있는 'D-day 학습계획표'를 짠다

복습 위주의 인강이 만점 전략

분석형은 기본적으로 자기 주도 학습력이 좋기 때문에 인강을 활용하는 게 좋다. 인강으로 공부할 때는 꼼꼼하고 성실한 성향을 살려서 복습 위주로 듣는 것이 학습 효율을 최고로 높이는 만점 전략이다.

문제를 풀 때는 평소에도 시간을 재면서 실전처럼 푸는 훈련을 해야 한다. 특히 문제는 번호 순서대로 푸는 게 아니라, 영역별, 난이도별로 문제 풀이 순서를 정하는 것이 필요하다.

취약한 과목은 1:1 수업을 통해 보강하되, 자신의 생각에 빠지지 않고 출제자의 의도를 객관적으로 파악할 수 있도록 오답 토론식으

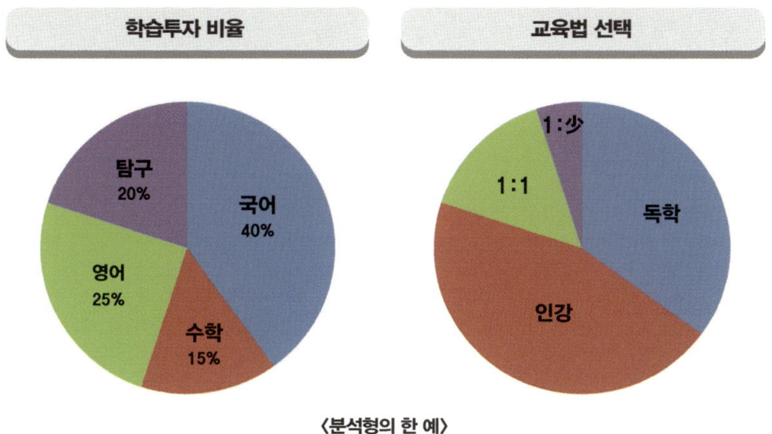

〈분석형의 한 예〉

로 공부하면 효과적이다. 이는 자신이 푼 문제가 왜 오답인지, 생각이나 풀이 과정의 오류에 대해서 토론 대화식으로 선생님과 수업하는 것이다. 이 방법은 분석력과 논리력을 높이면서도 한층 깊이 있게 사고하는 데 도움이 된다.

강점 UP
복습 위주로 인강을 듣는 게 만점 전략이다

약점 DOWN
오류를 줄이고 사고의 객관화를 위해서 오답 토론식 수업이 효과적이다
취약 과목은 1 : 1로 학습하되 문제를 풀 때는 시간을 재어 실전처럼 푼다

탁월한 꼼꼼함과 논리력

분석형은 기본적으로 공부에 대한 잠재력과 노력하는 근성이 남달라 공부에 잘 맞는 유형이다. 또 시험이 주로 텍스트로 이루어져 있으므로 정보를 분석하는 데 일가견이 있는 분석형은 스스로 공부를 잘할 수 있는 유형이다.

학습 동기만 있다면 공부해야 할 내용과 자신의 취약점, 오답의 원인 분석을 잘하므로 틀린 문제를 또 틀리는 오류를 줄일 수 있는 꼼꼼함도 타고났다.

또 출제자의 의도를 정확하게 파악하여 고득점을 올릴 수 있는 분석력과 타고난 논리력으로 면접이나 논술 전형에서 누구보다 합격 변별력을 높일 수 있는 유형이다.

：분석형 합격DNA

- 성실하고 노력하는 스타일의 공부 잠재력
- 틀린 문제 또 안 틀릴 수 있는 오답 분석력
- 합격 변별력을 높일 수 있는 타고난 논리력

문화재학과, 사학과, 사회학과에서 잠재력을 높여라

문화재학과는 인류의 유산 가운데 유물로 남겨진 것을 연구하는 곳으로, 조상이 남긴 문화재에 대한 애정과 관심을 높임으로써 민족 문화에 대한 자부심을 갖게 하는 중요한 학과이다.

사학과는 과거로부터 현재에 이르는 인간 사회의 변천을 연구하는데, 이 학과에서는 국사, 동양사, 서양사를 바탕으로 역사적 사실을 이해하여 현실의 문제를 올바르게 파악하는 안목을 키울 수 있다. 최근 역사에 대한 인식이 높아지면서 새롭게 그 의미가 높아지고 있다.

사회학과는 인간의 사회적 행위와 사회 구조의 변화를 연구하는 곳으로, 다양한 시각에서 사회 문제를 분석할 수 있는 전문인을 양성한다. 분석형의 성향을 가장 잘 드러낼 수 있는 학과이다.

학과 성격	맞춤 학과
사회과학 중심	사회학과, 사학과, 언론학과, 정치학과
국문 중심	국문학과, 한문학과
문화 기록 중심	문화재학과, 기록물관리학과

꼼꼼하게 분석하고
논리로 판단하는 일이 천직이다

분석형은 작은 정보도 놓치지 않고 파악하여 논리적으로 자기 생각을 펼치는 유형이므로 조사 전문가가 적합한 유형이다. 조사 전문가 중에는 정부나 기업의 각종 현안에 대한 시민의 의견을 들어 취합하는 여론 조사 전문가가 있다.

고미술품, 문화재 등 대상의 가치를 면밀히 분석하여 가치를 파악하는 문화재 감정사도 적당하다.

무엇보다 상황이나 말, 글의 숨은 뜻을 분석하는 데 일가견이 있으므로 언론인, 평론가, 칼럼니스트, 기자 등의 직업도 어울린다.

미래 유망 직업으로는 직업을 구하는 사람들의 적성, 능력 등을 고려하여 일자리를 찾아 주는 헤드헌터, 취업에 필요한 경력을 관리해 주는 커리어 컨설턴트가 주목할 만하다.

그 외 사회 현상이나 역사적 사실들을 분석하는 사회 연구원, 꼼꼼한 특성을 최대한 발휘할 수 있는 기록물 관리사 등에 종사한다면 자신의 가능성과 재능을 200% 발휘하면서 성장할 수 있다.

직업 성격	추천 직업
평가 중심	여론 조사 전문가, 문화재 감정사, 고미술품 감정사
언론 중심	언론인, 평론가, 칼럼니스트, 기자, 주필, 해설 위원
인사 중심	헤드헌터, 커리어 컨설턴트, 이직 컨설턴트
연구 중심	사회 연구원, 역사 연구원, 학예 연구사, 정치 연구원, 정책 연구원
기록 중심	기록물 관리사, 출판물 편집자

문제의 본질을 비판하여 미국 역사를 바꾼 용감한 저널리스트, 밥 우드워드

미국 예일대학교를 졸업하고 해군장교로도 근무한 바 있는 밥 우드워드는 미국의 신문사인 '워싱턴포스트' 사에 입사했다. 그는 민주당에 도청장치를 설치한 단서를 잡아내어 동료기자와 함께 끈질기게 추적한 끝에 1972년 닉슨 대통령이 사임을 하게 만든 인물이다. 이것이 그 유명한 '워터게이트 사건'으로서 이를 특종 보도한 기자가 바로 밥 우드워드이다. 그 공로로 그는 언론계의 노벨상이라 불리는 '퓰리처상'을 수상했다.

그는 현장에 있는 가장 정확한 정보를 취재하기 위해 주요 인물들을 직접 만나며, 수백 시간 동안 심층 취재하는 것으로 유명하다. 또 직업인으로서의 강한 사명감과 신념을 가진 것으로도 정평이 나있다. 사회적으로 이름이 알려진 뒤에도 정치와 사회현상에 대한 비판을 서슴지 않으며, 정치인으로서의 길을 걷지 않고, 오직 언론인으로서의 외길을 걸어온 역사적인 저널리스트이기도 하다.

문제의 본질을 용감하게 비판하는 밥 우드워드, 그는 진정한 비평가이자 사회개혁가다.

10

오지랖이 넓은 아이,
오지랖도 능력이다!

봉사형

멘토링 스토리 천사표 경석이, 청소년 전문가를 꿈꾸다

STEP1 내게 맞는 성향 다른 사람을 위해 자신을 희생할 줄 아는 아름다운 세상의 길잡이

STEP2 내게 맞는 공부법 학업 성실성을 최대로 이용한 '리피트 공부법'과

'전략 과목 학습계획표'를 세워라

STEP3 내게 맞는 교육법 인품 좋은 멘토와 1:1 정기 상담이 답이다

STEP4 내게 맞는 합격 스타일 양보하고 배려하는 인성과 봉사 활동

STEP5 내게 맞는 학과 사회복지학과, 노인복지학과, 관광학과에서 의미를 찾아라

STEP6 내게 맞는 진로와 직업 타인을 돕는 일이 직업이 된다

STEP7 내게 맞는 롤모델 사랑과 헌신을 실천한 톤즈의 아버지이자 한국의 슈바이처, 이태석 신부

천사표 경석이,
청소년 전문가를 꿈꾸다

중3, 오경석

반에서 26등, 열심히 책상 앞에 앉아 있는데도 성적은 늘 제자리, 그런데도 악착같이 뭘 해보려고 하지도 않는 초연한 아이. 하지만 나쁜 애들에게 돈을 뜯기는 친구를 보면 자기 가진 돈을 내주고 집까지 걸어오는 착한 아이, 경석이.

경석이 어머니는 이런 경석이를 볼 때마다 커서 제 앞가림이나 제대로 하면서 살런지 걱정이 이만저만이 아니었다. 하지만 경석이는 비록 공부는 좀 못해도 착하고 유쾌해서 보기만 해도 절로 기분이 좋아지는 아이였다. 컨설팅을 해 보니 경석이는 봉사형이었다.

"경석이 같은 아이는 청소년 전문가로 일하면 잘할 겁니다."

"청소년 전문가라고요?"

어머니는 뭐가 되든 제발 경석이가 마음잡고 공부만 하면 좋겠다며 푸념했다. 나는 경석이를 컨설팅하기 시작했다.

"혹시 경석이는 존경하는 사람이 있니?"

"존경까지는 모르겠고, 얼마 전에 이태석 신부님의 다큐멘터리를 봤는데 감동적이었어요."

"왜?"

경석이는 그때를 생각하는지 잠시 말을 멈추었다.

"평생 불쌍한 사람들을 위해 살았잖아요."

"넌 어때? 이태석 신부님처럼 좋은 일 하고 싶은 생각은 있니?"

"네. 그런데 그게 힘든 일이잖아요……. 하지만 도전해 보고 싶은 마음도 있어요."

그리고 금방 웃음을 되찾았다.

컨설팅 중 나는 경석이에게 "너의 미래를 위해서 공부해야지……." 하는 소리는 일부러 하지 않았다. 그보다는 "네 도움이 필요한 아이들을 위해서 네가 더 노력하여 전문가가 되어야지."라는 말이 경석이의 의지를 불태웠고, 그때부터 최선을 다해 공부하기 시작했다. 경석이는 장차 대학에 들어가서는 아이들을 돌보는 봉사 동아리에 가입하고, 방학이면 해외 봉사도 다녀올 계획이라고 한다.

사실 봉사형은 무엇이 꼭 되고 말겠다는 의지가 적은 편이라 결정적일 때 진로방황을 할 수가 있다. 이때 답답한 나머지 아이의 진로를 부모님이 정하려 하거나 억지로 끌고 가려 하면 독이 된다. 아이의 눈높이에서 대화하고 선생님과 의논하여 아이에게 맞는 진로 방향을 찾는 것이 중요하다.

다른 사람을 위해 자신을 희생할 줄 아는 아름다운 세상의 길잡이

사람들마다 경석이를 그냥 보기만 해도 기분이 좋아진다고 하는 데는 다 그만한 이유가 있었다. 아이가 항상 밝게 웃으면서 모두에게 긍정적인 에너지를 내뿜는 착한 심성을 가졌기 때문이다. 어머니는 그런 경석이를 키우면서 잊을 수 없는 사건이 하나 있었다고 했다.

초등학교 때, 교내 학예회에서 연극을 하기로 하자 경석이네 반은 모두 자기가 주인공이 되겠다고 난리가 났단다. 선생님은 공개 오디션으로 주인공을 뽑기로 했고, 대사 전달력이나 암기력이 뛰어나면서도 극에 잘 몰입하는 경석이를 뽑았다. 하지만 제일 친한 친구가 자기 때문에 주인공을 못 해 속상해하는 것을 본 경석이는 주인공 자리를 그 친구에게 양보했다.

이 사실을 모르는 경석이 부모님은 아이가 주인공으로 나온다고 해서 모처럼 시간을 내서 학예회 연극을 보러 왔는데 정작 연극 내내 아들을 찾을 수가 없었다.

부모님은 주인공이라 연극의 제일 마지막에 나오나 싶어 계속 아들이 나오기만을 목을 빼고 기다렸다. 하지만 연극이 끝날 때까지 코빼기도 볼 수 없었다. 왜냐하면 경석이는 주인공 대신 연극의 배경으로 나오는 그림자나 나무, 새 탈을 쓰고 무대를 이리저리 뛰어다니는 엑스트라를 자청했기 때문이다.

봉사형 아이들은 대개 경석이처럼 어려움에 처한 사람이나 상황을 보면 그냥 지나치기 어려워한다. 그냥 지나칠 경우, 두고두고 그 일이 생각이 나면서 '도와줄걸' 하고 후회하는 타입이다.

어릴 때부터 누가 가르쳐 주지 않아도 주변 사람들을 돕고, 힘든 일에 자발적으로 나서기 때문에 자기 할 일을 못 할 때도 있지만 개의치 않고 다리를 다친 친구를 업고 등교하고, 병원에 입원한 친구를 대신하여 필기를 해 주는 일까지 마다하지 않는다.

중학교, 고등학교에 진학해서도 봉사 활동 점수를 따기 위해서가 아니라, 다른 사람을 도와주는 것 자체에 기쁨과 보람을 느끼는 유형이다.

하지만 다른 사람을 먼저 생각하며 자신의 감정을 외부로 잘 표현하지 않고 절제만 해 내적 스트레스도 많다.

착하고 성실하기 때문에 모두에게 도움이 되는 존재이지만, 부모 입장에서는 우리 애만 손해 보는 것 같고 이 험한 세상에 저렇게 착해 빠져서 어떻게 살아가나 걱정도 될 것이다.

그렇다고 아이에게 오지랖이 넓다고 핀잔을 주거나 비난이나 지적을 하면 움츠러 들어서 자신감을 잃고 우울증에 빠질 수도 있으므로, 격려와 칭찬을 아끼지 않아야 한다. 칭찬을 할 때는 잘한 점을 구체적으로 알려 주고, 부족한 점을 보완해 주고자 할 때는 즉시 지적하는 것보다는 여러 개의 장점을 먼저 칭찬해 준 다음에 '이런 것은 고치는 게 낫지 않을까?' 등의 질문식으로 하는 것이 좋다. 봉사형 아이들

이 적성을 잘 살려 사회에 이바지하는 직업을 갖는다면 미래는 생각
만 해도 훈훈하고 살아 볼 가치가 있기 때문이다.

강점

사람에 대한 관심과 애정이 넘치는 긍정적 인성

자신의 삶보다 타인의 삶을 돕는 것에 보람을 느끼는 봉사 정신

다른 사람을 위해 자신의 감정이나 욕구를 참는 자기 절제력

약점

자신의 감정을 잘 표현하지 않고 절제만 하는 내적 스트레스형

약점을 지적받으면 자신감을 잃는 소심형

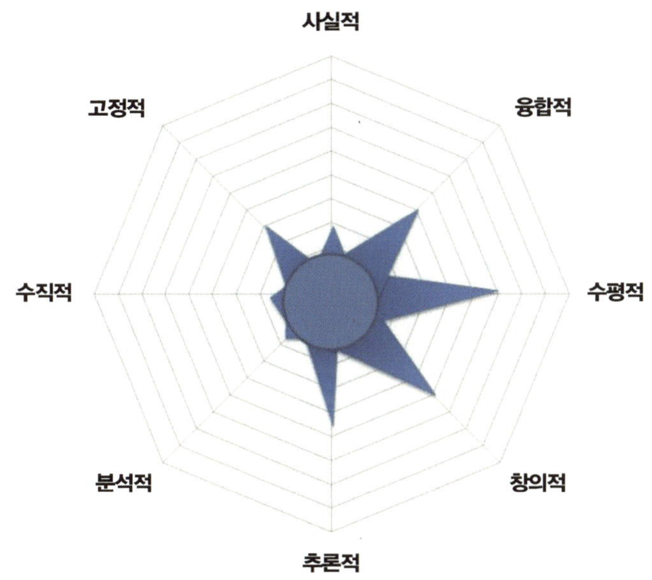

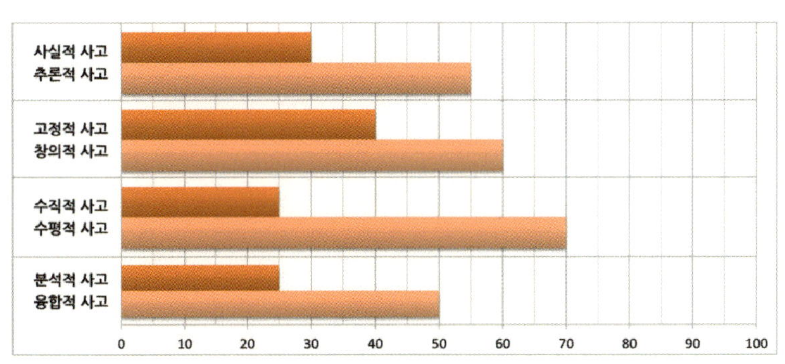

〈봉사형의 한 예〉

학업 성실성을 최대로 이용한 '리피트 공부법'과 '전략 과목 학습계획표'를 세워라

학 습 법 봉사형은 공부에 대한 기본 자세가 성실하며 자신이 할 몫을 다하는 성향으로 이런 특징을 최대한 발휘하는 '리피트 공부법'이 효과적이다. 리피트 공부법은 쉽게 말하면 반복 학습이다.

일단 수업이 끝나고 아직 기억력이 남아 있는 쉬는 시간 잠깐 동안에 빠르게 핵심적인 것을 한 번 훑어본다. 방과 후에는 쉬는 시간에 본 것을 또 한 번 살펴본다. 그리고 주말에는 한 주간 배운 내용을 꼼꼼하게 다시 반복함으로써 최소한의 시간과 노력을 투자하여 최대의 효과를 보게 한다. 이 공부법은 반복 학습이 가능한 인강에 활용하면 더 효과적이다.

교과서와 문제집을 각각 2권씩 사서, 한 권은 공부하면서 메모를 하거나 중요한 부분을 표기하는 등 읽고 풀기를 세 번씩 반복한다. 어느 정도 머릿속에 정리가 되면, 나머지 한 권에는 자신이 공부한 내용을 안 보고 그대로 옮겨 적어 가며 공부한다.

하지만 봉사형은 공부를 하다가 모르는 문제가 생겨도 그냥 넘어가는 때가 종종 있다. 이렇게 막히는 문제가 생길 때마다 Q&A 노트를 작성하여, 스스로 묻고 답을 찾아 가면서 문제 적응력을 높이고 실수를 줄이는 연습을 하는 것이 좋다.

특히 고난도 문제를 Q&A 노트로 작성하여 익히면 응용력을 기를 수 있어서 점수 향상에 도움이 된다.

학습계획표 봉사형은 성실한 학습 태도와는 달리 과제나 학습 내용에서 소홀할 수 있다. 따라서 학습 계획을 짤 때는 한두 가지 과목을 전략적으로 선정하여 전략 과목부터 집중해서 성적을 올리게 되면, 자신감이 상승되어 나머지 과목들도 덩달아 성적이 오르는 효과를 볼 수 있다.

전략 과목은 스스로 좋아하면서도 성적이 금방 오를 수 있는 과목과 점수를 반드시 올려야 하는 주요 과목으로 정한다. 이렇게 '전략 과목 학습계획표'를 짜서 전략 과목의 공부 시간을 매일 할애하여 꾸준히 하는 게 중요하다.

강점 UP
공부한 내용을 세 번씩 반복적으로 익히는 '리피트 공부법'이 필수적이다

약점 DOWN
Q&A 노트를 작성하며 스스로 답을 찾아 간다

학습계획표
한두 가지 과목의 성적을 올려 자신감을 얻는 '전략 과목 학습계획표'가 도움이 된다

인품 좋은 멘토와 1:1 정기 상담이 답이다

봉사형은 평소 자기 생각을 잘 표현하지 않고 남을 먼저 배려하는 데 익숙해져 있어서, 의외로 내적 스트레스가 있는 편이다. 자신은 노력한다고 하는데도 기대만큼 성적이 오르지 않는 때도 있어 공부 스트레스 또한 갖고 있다.

주로 선생님 성품에 영향을 많이 받는 봉사형이 공부 스트레스를 줄이기 위해서는 인품이 훌륭한 멘토와 1:1로 정기적인 상담을 받는 것이 효과적이다.

인성과 학습 면에서 한 달에 한두 번씩 정기적인 봉사 활동을 갖는

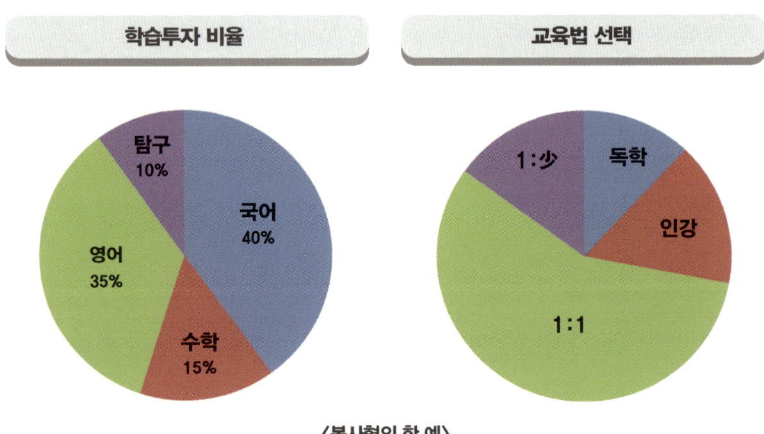

〈봉사형의 한 예〉

것도 유익하다.

스스로 잘한 점, 칭찬받을 만한 일을 기록하는 '칭찬 리스트'를 쓰면서 자신이 얼마나 중요하고 필요한 존재인지 일깨우며 공부해 나간다면 자신감이 살아나서 더욱 신나게 공부할 수 있다.

타인에게 집중하는 유형이기도 해 정작 자신의 것을 챙기지 못할 수 있으므로 성적을 올리려면 종합 학원이나 단과 학원, 기숙사형 교육시스템은 효과가 적은 편이니 피하는 것이 좋다.

강점 UP
자신의 존재 의미를 깨닫는 '칭찬 리스트'를 만들어 자신감을 일깨워 준다
한 달에 한두 번 취미나 봉사 활동 등 외부 활동을 한다

약점 DOWN
공부 스트레스를 줄일 수 있도록 인품 좋은 멘토 선생님과의 1:1 정기 상담이 필요하다

양보하고 배려하는 인성과 봉사 활동

봉사형은 진심으로 우러나와서 도움을 주는 봉사와 희생정신을 가진 유형이다. 그래서 항상 양보하고 배려하고 이해하는 삶의 태도를 지니고 있다. 이런 봉사형의 활동 내역은 감동스러운 이야기들로 면접관에게 좋은 인상을 심어 줄 수 있다.

또 봉사 과정에서 자신보다 어렵고 힘들게 살아가는 사람들을 보면서 자신의 삶을 성찰하고 반성하기 때문에, 주변 사람들이나 사회에 이바지하고자 하는 의지가 뚜렷하다.

일찍부터 이러한 방향으로 자신의 가능성을 집중시키고 목표를 설정하면 불필요한 방황이나 공부 스트레스를 줄일 수 있다. 무엇보다 진학 후에도 변함없이 성실한 자세로 학업에 충실할 수 있는 최적의 유형이다.

：봉사형 합격DNA

- 다양하면서도 진정성 있는 봉사 활동 내역
- 평가자를 감동시킬 수 있는 인성
- 진학 후에도 변함없는 기본 학업 성실도

사회복지학과, 노인복지학과, 관광학과에서 의미를 찾아라

사회복지학과는 국가에서 실시하고 있는 여러 사회 복지 제도의 문제점과 발전 방향에 대해 탐구하는 학과로 이 학과에서는 사회 문제를 가진 사람을 도울 수 있는 실천 방법과 기술을 익힌다. 복지국가 건설에 가장 필요한 복지 전문가를 키우는 학과이다. 노인복지학과는 노년기에 발생하는 문제와 욕구를 파악하여 정책적으로 적절한 서비스를 개발하여 제공하는 전문가를 양성하는 곳이다. 고령화 시대로 접어든 우리 사회에서 그 역할의 중요성이 커지고 있으며, 앞으로 수요가 증가할 학과 중 하나이다. 관광학과는 일상의 거주지를 떠나 여행을 통해 삶의 여유를 느끼고 싶어 하는 사람들의 욕구가 증가하면서 계속 관심이 증가하고 있는 학과이다. 더불어 관광개발학과, 관광이벤트학과, 관광경영학과, 호텔경영학과도 함께 인기가 높다.

학과 성격	맞춤 학과
종교 중심	종교학과, 신학과, 불교학과
관광 서비스 중심	호텔경영학과, 관광학과, 관광경영학과, 관광이벤트학과, 항공운항과, 항공서비스학과
복지 중심	사회복지학과, 아동복지학과, 청소년학과, 노인복지학과
특수 교육 중심	특수교육학과

타인을 돕는 일이 직업이 된다

봉사형은 헌신적인 심성과 절제력을 가지고 남을 돕는 일에서 자신의 삶의 의미와 보람을 찾는다. 우리 사회에서 약자의 문제를 해결하고 그들의 복지와 자립을 돕는 사회복지사나, 성장기 청소년들이 자신의 소질을 계발할 수 있도록 도와주는 청소년 지도사, 고령화 시대에 가정이나 노인 요양 시설에서 그들을 위한 서비스를 제공하는 노인 요양 보호사는 봉사형의 장점을 극대화시킬 수 있는 직업이다.

미래 유망 직업으로는 호텔 고객에게 관광, 쇼핑, 음식 등에 대한 정보를 제공하고, 손님의 요구 사항을 법적, 도덕적으로 해결해 주는 호텔 컨시어지도 눈여겨볼 만하다. 이 밖에도 호텔 종사인, 특수 교육 교사, 해외 봉사 단원, 보육사, 사회복지사 등 주로 다른 사람을 돕는 분야에서 두각을 나타낼 수 있다.

직업 성격	추천 직업
복지 중심	사회복지사, 아동 복지사, 장애우 복지사, 노인 복지사
봉사 중심	요양 보호사, 간병인, 해외 봉사 단원, 자원 봉사 단원
교육 중심	특수 교육 교사, 보육사, 청소년 지도사, 점자 지도원, 대안 학교 교사
서비스 중심	호텔 컨시어지, 호텔 종사원, 승무원, 관광 가이드
종교 중심	종교인, 성직자

사랑과 헌신을 실천한 톤즈의 아버지이자
한국의 슈바이처, 이태석 신부

오랜 내전으로 인해 분노와 증오, 가난과 질병이 난무하던 땅, 아프리카에서도 가장 오지로 불리는 곳이 바로 수단의 남부 톤즈이다.

이태석 신부는 의대를 졸업하고 신부가 된 뒤, 톤즈에서 가톨릭 선교 활동을 펼쳤다.

말라리아와 콜레라로 죽어 가는 주민들과 한센병 환자들을 치료하기 위해 톤즈에 병원을 세웠고, 병원까지 찾아오지 못하는 주민들을 위해 척박한 오지 마을을 일일이 찾아다니며 진료했다. 오염된 톤즈의 강물 때문에 콜레라가 매번 창궐하자 신부는 톤즈의 여러 곳에 우물을 파 식수 문제를 해결했으며 하루 한 끼도 겨우 먹는 열악한 생활을 개선하기 위해 농경지를 일구었다. 또 원래 음악을 좋아했던 신부는 상처받은 마음을 치료해 주기 위해 학생들을 선발하여 35인조 브라스 밴드를 구성하기도 했다. 그러나 안타깝게도 이태석 신부는 정작 자신의 건강은 돌보지 못해 대장암 말기 진단을 받고 마흔여덟의 젊은 나이에 생을 마쳤다.

그렇게 그는 증오의 땅 톤즈에 사랑을 전했고, 가난의 땅 톤즈에 희망을 심었다.

체험 활동도 전략이다!

학생들의 수준에 맞는 다양하고 창의적인 체험 활동이 많이 마련돼 있다. 내게 맞는 대표적 체험 활동 프로그램으로 휴식을 찾고 적성을 살리자.

성향	체험 활동
소통형	청소년 국제 모의 유엔 대회(외교통상부), 청소년 & 학부모가 함께 하는 소통 캠프(한국청소년봉사 활동진흥회)
창조형	청소년 상상 페스티벌(문화체육관광부 · 여성가족부, 한국문화예술교육진흥원), 마술 체험, 방송 댄스 체험, 요리 체험, 도자기 공예, 풍선 아트, 연기, 작곡 체험(각 시도 교육청 연계 프로그램)
규범형	전주 전통문화 체험(전주시), 종택 체험(한국관광공사), 청소년 예절 교육(한국예절문화원)
실용형	청소년 금융 교실(금융감독원), 청소년 경제 체험 대회(교육부)
추리형	전국 청소년 논술 토론 한마당(인권위, 부산시), 논술 교실(각 시도 교육청 연계프로그램)
운동형	병영 체험(국방부), 청소년 국토 대장정, 수상 레포츠 체험(한강뚝섬유원지)
원리형	청소년 발명 페스티벌(과학기술부), 국제 물리 토너먼트 대회(미래창조과학부)

성향	체험 활동
제작형	로봇 만들기 체험(과학기술부 연계 프로그램, 국립과천과학관), 청소년 DIY 목공 체험(시도 청소년상담복지센터)
분석형	청소년 국제 영화 비평 체험(문화체육관광부), 영어 독서 체험 활동(강남교육청), 청소년 기자 체험 활동(한국언론진흥재단, EBS직업체험)
봉사형	봉사 체험(각 시도 교육청, 한국청소년봉사 활동진흥회)
생명형	동물 구조 체험(한국반려동물구조단), 의사 체험(열린의사회, 국경없는 의사회), 인체의 신비 체험(국립과천과학관)
교육형	서당 체험(지역 시군청 전통문화부), 다문화 가정 교육 도우미(시도 교육청)
복합형	청소년 IT 보안 캠프(미래창조과학부)
관찰형	식물 & 동물 관찰 체험, 대체 에너지 체험(국립과천과학관), 우주의 신비 체험(국립고흥우주체험센터)
진취형	청소년 CEO 체험(금융감독원), 리더십 체험(각 대학별 교육원)

11

아이돌보다 동물을
더 좋아하는 아이,
마인드 컨트롤이 답이다!

생명형

멘토링 스토리 유기견을 보면 집으로 데려오는 규진이, 미래의 동물병원 원장님

STEP1 내게 맞는 성향 냉철과 열정을 모두 가진 타고난 박애주의자

STEP2 내게 맞는 공부법 암기, 분석, 논리를 한 번에 해결하는 '3mix 공부법'을 시도하고,
'카테고리 학습계획표'로 분류하라

STEP3 내게 맞는 교육법 독학과 인강을 병행하라

STEP4 내게 맞는 합격 스타일 골고루 잘하는 학습 균형력과 과학 학습 잠재력

STEP5 내게 맞는 학과 수의학과, 대체의학과, 식품영양학과에서 최고 인재로 성장하라

STEP6 내게 맞는 진로와 직업 생명을 보살피는 일에 종사하면 만족스러운 삶을 살 수 있다

STEP7 내게 맞는 롤모델 침팬지의 대모인 영국의 동물학자, 제인 구달

유기견을 보면 집으로 데려오는 규진이,
미래의 동물병원 원장님

중3, 임규진

"얘는 순딩이, 얘는 오래, 쟤는 더미예요."

"왜 이름이 더미인데?"

"하도 덩치가 커서 산더미만 하다고요. 헤헤헤!"

'순하게 생겼다고 순딩이', '몸이 좀 약해서 오래오래 살라고 오래', '덩치가 커다랗다고 더미.' 강아지 이름만 보더라도 규진이가 강아지를 얼마나 좋아하는지 알 수 있었다. 규진이는 나와의 컨설팅을 기다리는 동안에도 자기가 키우는 유기견 사진만 들여다보고 있었다.

하지만 그런 규진이 때문에 어머니는 팔자에도 없는 강아지 똥오줌을 치우는 일을 하고 산다며 너털웃음을 웃었다. 유기견들만 신경 쓰느라 도통 공부는 뒷전이라는 규진이. 하지만 바로 그런 이유 때문에 규진이는 원하는 대학에 갈 수 있는 아이였다. 동물을 사람처럼 좋아하는 규진이는 열심히 노력하여 수의사가 된다면 잘 맞을 수 있었다.

진단 결과에 규진이는 신이 났다. 부모님도 규진이가 좋아하는 일이 직업으로도 맞다고 하니 흐뭇해하셨다.

"그런데 그렇게 동물이 좋니?"

"네."

"어째서?"

규진이는 부모님의 일 때문에 초등학교와 중학교를 무려 대여섯 번이나 옮겨 다녀야 했다. 서울뿐만 아니라 지방 각지를 아우르며 전학을 다녔다. 학교에 정을 붙일 만하면 다른 학교로 전학가기가 일쑤였고, 친구를 사귀고 헤어지기를 반복했다. 규진이는 외로웠다. 그리고 점차 말수도 줄었다.

중학교에 올라와서는 다시 전학 갈 일이 없을 줄 알았던 규진이는 또 이사를 해야 한다는 부모님의 말씀에 화가 나서 대문을 박차고 밖으로 나와 버렸다. 화가 나서 씩씩거리며 동네를 빙빙 돌다가, 우연히 야윈 모습에 슬픈 눈빛을 가진 강아지 한 마리를 보았다. 한눈에 봐도 주인에게 버려진 강아지였다. 규진이는 문득 그 강아지가 불쌍하게 느껴져서 집으로 데리고 들어왔다. 부모님은 길거리에서 주인도 없는 지저분한 강아지를 데려와 병이라도 걸리면 어쩔 거냐며 타박하셨지만, 생명을 소중히 여기는 규진이 마음이 가상해서 그냥 내버려 두셨다.

유기견을 데려와 키우면서 강아지를 동생처럼 친구처럼 여기며 정을 주다보니 성격이 어두웠던 규진이는 어느새 달라지기 시작했다. 전학을 간 학교에서는 전과는 달리 친구들과 말도 많이 하고 적응도 잘했다.

“규진아, 이렇게 놀다가는 수의사가 되기 좀 힘든데 어쩌지?”

“아…… 네…….”

“생각해 봐! 아픈 동물의 생명이 네 손에 달렸는데, 대충 공부하면 될까?”

“아…… 아뇨…….”

규진이는 자신이 꿈꾸는 수의사가 단순히 동물만 좋아해서는 되는 게 아니라는 것을 그날 깨달았다. 그날 이후 규진이는 조금씩 공부에도 관심을 갖기 시작했다. 내신 성적을 올리기 위해 복습도 하고 평소 하기 싫어하던 과목도 공부하면서, 수의학과에 진학하기 위해 차근차근 준비해 나갔다.

시작이 반이었다. 방향을 잡아 주자 시간이 지날수록 규진이는 질주하는 재규어처럼 빠르게 달려갔다. 멋진 동물병원 원장님 규진이를 볼 날도 머지않았다는 생각이 든다.

냉철과 열정을 모두 가진 타고난 박애주의자

규진이는 한 달에 한 번씩 강아지 미용을 시키러 가거나 일 년에 몇 번씩 예방 접종 주사를 맞히러 갈 때마다 동물병원 원장님에게 평소 동물에 대해 궁금했던 것을 묻곤 했다. 원장님도 그런 규진이가 기특해서 이것저것 가르쳐 주셨다. 그러다 보니 규진이는 자연스럽게 자기가 키우는 강아지들의 종과 특징을 알게 되었고 강아지 표정이나 짖는 소리에 강아지들만의 메시지가 들어 있다는 것도 알게 되었다.

집에서도 순덩이, 더미, 오래를 끼고 앉아서 열심히 관찰하다가 괜히 개처럼 짖기도 하고 대화를 시도하기도 한단다. 심지어 강아지가 좋아하는 음악을 다운받아 들려주고, 강아지 마사지까지 배워서 해 준다고 한다.

이렇듯 생명형은 기본적으로 동물이나 사람 등 생명체에 관심이 많다. 생명 현상의 원리에 대해서 궁금해하고 생명체가 아플 때 왜 아픈지 탐구하고자 하는 생명 탐구 열망이 가득하다.

아픈 사람이나 동물을 보면 치료해 주고 보살펴 주려는 따뜻한 감성을 가지고 있으면서, 생사가 달린 위급한 순간에는 냉철하게 결정하는 판단력도 갖고 있다.

하지만 이런 양면성 때문에 다른 사람들로부터 성격이 복잡하거나 의외로 냉정하다는 소리를 듣기도 한다. 또 사람들 앞에 나서는 것을 싫어하고 자신이 가지고 있는 고민이나 문제를 남에게 잘 털어놓지 못하기 때문에 마음이 맞는 몇 명과만 깊이 사귀는 편이다.

하지만 따뜻한 감수성을 지닌 생명형 아이는 우리 사회를 살리는 부드러우면서도 강인한 박애주의자이다.

강점
사람이나 동물 등 살아 있는 생명체에 관심과 애정이 많은 박애주의
생명 현상의 원리와 이유를 궁금해하는 생명 탐구심
위급한 순간에 발휘되는 냉철한 판단력

약점
열정과 냉정을 동시에 갖고 있는 감정 교차형
마음이 맞는 몇 명과만 깊이 사귀는 비사교형

사고 유형 분포도

사실적
고정적
융합적
수직적
수평적
분석적
창의적
추론적

사고력 지수 그래프

사실적 사고
추론적 사고
고정적 사고
창의적 사고
수직적 사고
수평적 사고
분석적 사고
융합적 사고
0 10 20 30 40 50 60 70 80 90 100

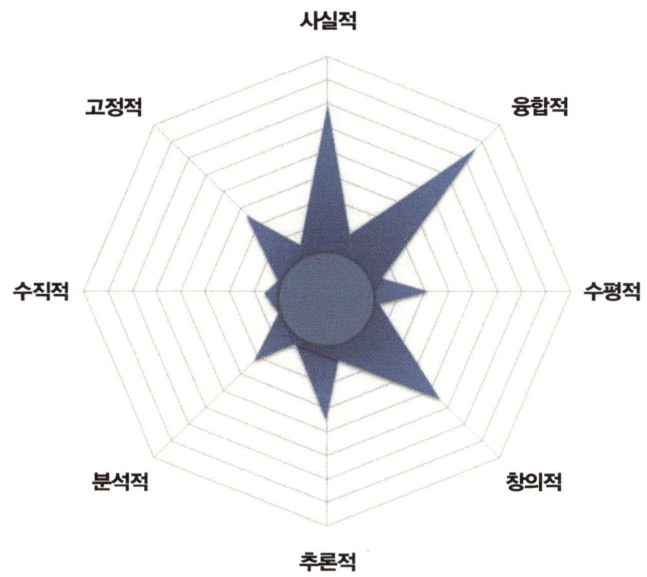

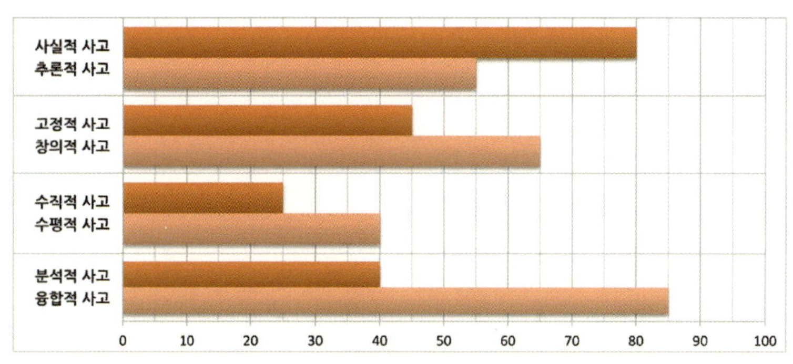

〈생명형의 한 예〉

암기, 분석, 논리를 한 번에 해결하는 '3 mix 공부법'을 시도하고, '카테고리 학습계획표'로 분류하라

학 습 법 생명형은 암기와 논리를 한 번에 해결할 수 있는 잠재력이 강하다. 이런 장점을 극대화하기 위해서는 '3 mix 공부법'을 시도하면 좋다. 3mix 공부법이란 공부할 때 암기, 분석, 논리를 한꺼번에 해결하는 것으로 1석 3조의 효과를 볼 수 있다. 예를 들어 생물에서 사람의 음식물 소화 과정을 공부한다면 내장 기관의 그림을 보면서 소화 기관의 구조와 명칭을 암기하고, 그 기능을 분석하여 상호작용을 함께 생각해 보는 것이다. 융합적 사고력이 비교적 높은 생명형에게 잘 맞는 공부법으로 여러 가지 사실을 관련지어 생각하고, 새롭게 알게 된 사실을 재구성하는 능력이 좋은 생명형에게 효과적이다.

냉철함과 열정을 동시에 지닌 생명형의 성향을 살려서 '차트 공부법'을 활용하는 것도 좋은 방법이다. 마치 의사들의 환자 진료 기록인 차트처럼 작성해 보는 것이다. 이는 문제에 대해 '환자의 증상 – 모르고 틀렸다, 실수로 틀렸다, 헷갈렸다, 시간을 초과했다' 등으로 기록하며, '의사의 처방 – 기본 개념을 더 보강하라, 실전처럼 시간을 재면서 풀어라, 유사한 유형의 문제를 찾아 풀어라' 등으로 틀린 원인을 분석하여 해결점까지 기록하면서 공부하는 방법이다. 이후 자신이 내린 학습 처방에 따라 공부하면서 차트 중간중간, 자신의 목표 대학이나 목표 직업, 그것을 이루기 위한 노력 과정을 같이 메모해 두면 공부에 자극이 되므로 더 효과적이다.

학습계획표 생명형은 두 가지 종류의 계획표를 함께 사용하면 좋다. 전 과목을 분류하여 하나하나 완벽하게 정복해 나가면서 학습 실력을 키우는 '카테고리 학습계획표'와 '만점 학습계획표'이다. '카테고리 학습계획표'는 공부할 과목과 단원들을 핵심 과목, 좋아하는 과목, 취약 과목, 싫어하는 과목 또는 응용 문제가 틀리는 단원, 기본 개념을 몰랐던 단원, 한 번 더 봐야 하는 단원 등의 카테고리로 분류하고 분류된 카테고리에 따라 순서를 정해서 하나씩 공부해 나가도록 짜는 것이다. '만점 학습계획표'는 만점이 나올 것 같은데 번번이 한두 개씩 틀리는 주요 과목만 특별 관리하는 것이다. 우선 만점이 목표인 과목의 목차를 펴 놓고 가장 중요한 파트, 시험에 잘 출제되는 파트, 시험에 출제되면 반드시 틀리는 파트를 세부적으로 나누고 시간과 학습 분량을 배치하여 계획한다.

Key Point

강점 UP
암기, 분석, 논리를 한꺼번에 해결하는 '3 mix 공부법'을 추천한다

약점 DOWN
잘 틀리는 문제에 대해서 증상 – 처방으로 나누어 학습하는 '차트 공부법'을 활용한다

학습계획표
분류하여 공부하는 '카테고리 학습계획표'와 꼭 한두 개씩 틀리는 과목을 위한 '만점 학습계획표'를 짠다

독학과 인강을 병행하라

생명형은 장기적으로는 자기 주도 학습과 독학이 가장 유리한 유형이다. 따라서 평소에는 스스로 공부하면서 필요한 과목이나 약한 과목만 단과 학원을 이용하거나 인강을 듣는 것이 좋다.

자기 통제가 강한 유형이라 공부 스트레스를 잘 처리하지 못하면 누적되어 있다가 결정적일 때 실수를 할 수도 있으므로, 평소 자신의 속마음을 털어놓을 수 있도록 '공부감정 일기'를 쓰는 것도 좋은 방법이다.

공부감정 일기는 그날 자신의 공부 컨디션이 어땠는지, 공부가 잘

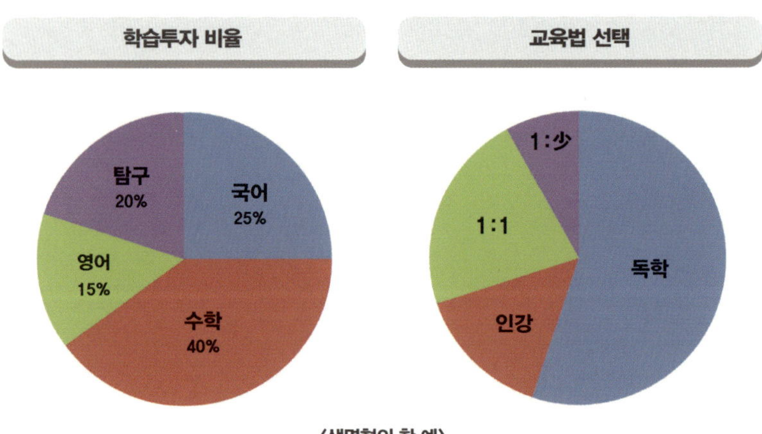

〈생명형의 한 예〉

된 이유가 있었다면 무엇인지, 진도가 잘 나가지 않았다면 무엇이 잘 못되었는지 등을 자유롭게 쓰는 것이다. 다이어리에 기록해도 좋고, 과목별 노트의 맨 뒤 칸에 적어 두고, 그 과목을 공부할 때마다 한 번씩 상기시켜도 괜찮다.

생명형은 자기감정이나 생각을 잘 절제하는 편이라 드러나지는 않지만 내적 스트레스를 스스로 풀지 못할 수 있다. 혼자 독립된 공간에서만 공부를 계속하면 답답함을 느낄 수도 있으므로, 시야가 확 트인 대형 도서관이나 넓은 공간에서 번갈아 공부하는 게 좋다.

강점 UP
독학하다가 필요한 과목만 단과 수업이나 인강을 들으면 된다

약점 DOWN
공부 스트레스를 해소해 줄 '공부감정 일기'를 작성한다
학습 공간은 독립된 공간과 넓고 공개된 도서관을 번갈아 이용한다

골고루 잘하는 학습 균형력과 과학 학습 잠재력

생명형은 다른 유형과 비교했을 때 자신이 생명에 관심이 있다는 것은 대체로 알고 있어 의사, 약사, 생명 공학자 등 분명한 진로를 빨리 정해 놓는 편이다.

냉철한 합리성과 감수성에 암기력까지 고루 갖춘 생명형은 비교적 전 과목에서 고른 성적을 받을 수 있는 학습 균형력도 뛰어나다. 따라서 철저하게 학습한다면 시험에서 만점까지도 바라볼 수 있는 유형이다.

특히 과학 과목과 암기 과목에도 잠재력이 있으며, 생물이나 화학에서 높은 점수를 받을 능력이 높기 때문에 관련 학과의 합격률을 높일 수 있다.

: 생명형 합격DNA

- 생명 현상에 대한 근본적이고 깊이 있는 열정
- 여러 과목을 두루 잘할 수 있는 학습 균형력
- 생물과 화학에서 고득점을 받을 수 있는 과학 학습 잠재력

수의학과, 대체의학과, 식품영양학과에서 최고 인재로 성장하라

수의학과는 모든 동물에 대한 질병 예방과 치료를 담당하는 전문가를 키우는 학과이다. 인간과 더불어 사는 애완동물, 인류가 보존해야 할 희귀 동물과 멸종 위기 동물 등 다양한 동물에 대한 치료 및 육성을 목표로 한다. 우리나라도 이제 애완동물 1천만 가구 시대를 넘기면서 앞으로 왕성한 활동이 예상되는 학과이다.

대체의학과는 보완 의학, 제3의학, 자연 의학이라고 불리는 학문을 연구하는 곳으로, 현대 의학과 한의학 이외에 민간요법이나 자연요법 등을 연구하는 학과이다. 대체의학은 건강식품, 기공, 요가, 단식요법, 척추 요법 등이 속하며, 다양한 범위의 치료와 접근이 가능하여 차세대 발전 가능성이 높은 분야이다. 식품영양학과에서는 건강한 삶을 유지할 수 있도록 식품과 영양에 관한 모든 것을 배운다. 건강한 수명 연장이 중요해지면서 차츰 더 주목받고 있다.

학과 성격	맞춤 학과
의약학 중심	의예과, 대체의학과, 치의예과, 한의예과, 수의예과, 약학과
보건 치료 중심	물리치료학과, 방사선학과, 보건관리학과, 임상병리학과, 치위생학과, 재활학과, 간호학과
생명 과학 중심	동물생명공학과, 생명과학과, 식품영양학과, 의생명과학과, 미생물학과, 생물학과, 생화학과, 식품공학과, 바이오시스템공학과

생명을 보살피는 일에 종사하면
만족스러운 삶을 살 수 있다

살아 있는 생명에 대한 관심과 애정이 많은 생명형이라면 동물과 관련된 직업인 동물 사육사 등이 좋다. 애완동물 가구 1천만 시대를 맞아, 애완동물 미용사나 애완동물 심리치료사, 애완동물 장례사는 미래 유망 직종에 해당한다. 아픈 사람이나 동물을 고쳐 주고 도와주는 것을 좋아하며 따뜻한 감성과 위급한 상황에서 냉철한 판단력을 가진 의사, 한의사, 간호사, 수의사 등에 종사하면 만족스런 삶을 살 수 있다. 의학과 심리학에 대한 융합 지식을 바탕으로 사람들이 겪는 각종 육체적, 정서적인 문제에 대하여 놀이, 언어, 음악으로 치료하고 해결책을 제시하는 융합치료 전문가는 미래 유망 직업 중 하나이다. 그 밖에 약사, 생명 공학 연구원, 유전 공학 연구원 등도 생명을 존중하고 보살피는 생명형의 성향에 맞는 직업들이다.

직업 성격	추천 직업
동물 중심	동물 사육사, 애완동물 미용사, 애완동물 심리치료사
의약 중심	의사, 한의사, 간호사, 수의사, 약사
치료 중심	물리 치료사, 재활 치료사, 융합치료 전문가, 치과 위생사, 임상 병리사, 임상 영양사, 작업 치료사, 중독 치료사
연구 중심	생명 공학 연구원, 유전 공학 연구원, 생리학 연구원, 병리학 연구원, 백신 연구원
의료 업무 중심	보건 관리자, 의무 기록사, 의료 기사, 임상 실험 코디네이터

침팬지의 대모인 영국의 동물학자, 제인 구달

어린 시절 제인 구달은 닭이 어떻게 알을 낳는지가 궁금해서 5시간 동안이나 닭장 안에서 웅크리고 있어 가족들이 실종 신고를 낼 정도로 동물에 대한 관심이 많았다. 그녀는 자라면서 『정글북』 같은 자연과 동물에 관한 책을 많이 읽었고, 동물과 관련된 일을 하고 싶다는 꿈을 꾸게 되었다. 우연히 떠났던 아프리카 여행에서 당시 자연사 박물관장이었던 루이스 리키를 만나 그의 비서가 되었고, 이후 평생 밀림에서 침팬지를 연구하며 살게 되었다. 침팬지와 나란히 언덕에 앉아서 저녁놀을 감상하고, 서로의 털을 골라 주는 등 인간과 동물의 경계를 허물었던 그녀는 침팬지를 데이비드, 콜리앗, 폴로로 이름을 지어 부르며 가족처럼, 친구처럼 지냈다.

20세기 초, 200만 마리에 달하던 아프리카 침팬지들이 인간의 무모한 개발에 밀려 보금자리를 잃고 실험용과 애완용으로 포획되어 팔려 가자, 분노한 그녀는 1986년부터 동물 보호와 환경 운동에 본격적으로 나섰다. 그녀는 1년에 300일 이상 전 세계를 돌며 '생명을 사랑하라'는 메시지가 담긴 '생명 사랑 십계명'을 전하고 있다.

A = (ab ca²) π A² - (a+b)A + (ad-bc)E = 0
f(x) = c²
π = 3.14
x² = a
ax + by = 0
ax + du = 0
ad - bc = 0
ad - k = 0 (0, x)

12

엄마의 말에
조목조목 반박하는 아이,
배워서 남 줘라!

교육형

멘토링 스토리 교육에 대한 뜨거운 심장을 가진 현주, 불리한 내신에도 교대 합격

STEP1 내게 맞는 성향 남을 가르치면서 행복을 느끼는 진정한 사랑의 교육자

STEP2 내게 맞는 공부법 가르치면서 익히는 '티칭 공부법'과 '심층 학습계획표'를 짜라

STEP3 내게 맞는 교육법 학습 동기를 자극하는 최고의 롤모델 선생님을 찾아라

STEP4 내게 맞는 합격 스타일 분명한 진로 선택과 출제자 의도 파악력

STEP5 내게 맞는 학과 교육학과, 유아교육학과, 청소년교육학과에서 능력을 발휘하라

STEP6 내게 맞는 진로와 직업 다른 사람을 가르치는 일에서 보람을 찾는다

STEP7 내게 맞는 롤모델 하버드대 학생들이 수강한 전설의 명강의, 마이클 샌델 교수

교육에 대한 뜨거운 심장을 가진 현주, 불리한 내신에도 교대 합격

고3, 송현주

현주는 집안 형편이 넉넉하지 않아 학원 수강보다는 인강을 주로 들으며 혼자서 공부해 온 아이였다. 부모님이 모두 일을 하시는 터라 방과 후에는 어린 동생들을 돌봐야 했는데, 주로 선생님 놀이를 하며 동생들을 앉혀 놓고 그날 배운 내용을 가르치곤 했다. 비록 놀이였지만 어린 동생들에게 틀린 걸 가르쳐 줄 수는 없다는 생각에 현주는 더 열심히 공부하게 되었다.

어느덧 고3이 된 현주는 대입을 준비하며 어느 대학, 어느 학과에 들어가면 좋을지, 앞으로 자신이 무엇을 하며 살아가면 좋을지 고민하기 시작했다. 바쁘신 부모님을 대신하여 혼자 대입 정보도 찾아보고 입시 설명회에 가 보기도 했지만, 도대체 어디서부터 뭘 어떻게 해야 할지 답답했다.

그때 현주와 부모님이 나를 찾아왔다. 현주와의 1:1 컨설팅 결과 현주는 교육형 아이였다.

"현주 넌 딱 선생님이구나!"

곁에 있던 현주 어머니가 반색을 하시면서 "선생님, 애가 어릴 때 초등학교 선생님 되고 싶다고 했어요."라고 덧붙이셨다.

“현주는 왜 초등학교 선생님이 되고 싶었어?”

내가 묻자 현주는 잠시 생각하는 듯하더니, 갑자기 눈가에 눈물이 맺히기 시작했다.

“가난해서 못 배우면 너무 불쌍하잖아요.”

배우고 싶은데 돈이 없어서 못 배우는 아이들 생각만 하면 자신도 모르게 눈물만 난다면서 끝내 눈물을 흘리더니 급기야는 흐느끼며 울기까지 했다. 곁에 있던 부모님은 현주의 울음이 마치 자신들 때문에 맺힌 서러움인 것 같은지 함께 우셨다.

나는 오랫동안 많은 아이들을 만나 오면서 이렇게 대책 없이 착한 아이도 처음 봤지만, 이렇게 뜨거운 열정을 품고 누군가를 가르치고 싶다는 열망을 품은 아이도 처음이었다. 현주는 마치 선생님이 되기 위해 태어난 아이 같았다. 하지만 현주는 교대에 가기에는 내신이 불안한 편이었다.

“현주야, 그래도 한번 해 보자! ”

그건 현주에게 하는 말이었지만, 마치 나에게 하는 말처럼 나를 들뜨게 했다. 어느새 1년이 지나고 함박눈이 내리던 겨울날, 현주는 원하던 교대 합격 소식을 전해 왔다.

“선생님, 정말 고맙습니다!”

전화기 저편에서 목이 터져라 외치던 현주의 목소리가 지금도 생생하다.

남을 가르치면서 행복을 느끼는
진정한 사랑의 교육자

고3인 혜정이가 중간고사를 한 달 정도 앞둔 어느 날, 토요일마다 집에서 친구들과 스터디를 해도 되겠느냐고 물어 와 혜정이 어머니는 흔쾌히 허락했다. 토요일이 되자 혜정이는 집으로 친구들을 데리고 와서 스터디를 하게 되었는데, 어머니는 애들이 어떻게 공부하는지 궁금한 마음에 유심히 지켜보았다.

그런데 스터디가 시작되자 정작 혜정이는 자기 공부를 할 생각은 안 하고 시종일관 친구들을 가르치기만 했고, 아이들은 나란히 앉아서 혜정이의 설명을 듣기만 했다. 더러 가르쳐 줘도 쉽게 이해하지 못하는 친구는 마치 자기가 선생님인 양 옆에 끼고 앉아서, 처음부터 하나하나 일일이 설명하기도 했다. 아무리 봐도 스터디라기보다는 일방적인 과외 수업 같았다. 아이들이 돌아가자 혜정이 어머니는 화를 냈다.

"도대체 제정신이야? 지금 네가 남 가르칠 때니? 그것도 너보다 공부도 못하는 애들을 네가 왜 가르치는데? 이왕이면 공부 잘하는 애들이랑 스터디하면 도움도 되고 얼마나 좋니?"

하지만 혜정이는 사람을 점수로 차별하는 것은 옳지 않다며 도리

어 엄마를 가르치려 들었다

드디어 중간고사 성적표가 나왔다. 혜정이가 가르쳐 준 아이들은 모두 점수도 오르고 등수도 올라서 신이 났다. 그런데 더 놀라운 것은 혜정이의 등수는 친구들보다 훨씬 더 올랐던 것이다. 혜정이는 가르치면서 실력이 향상되는 교육형 학생이었다.

혜정이와 같은 교육형 아이들은 기본적으로 사람에 대한 애정과 관심이 많기 때문에 다른 사람이 모르는 것이 있으면 그냥 넘어가지 못하고 가르쳐 주는 것에서 보람을 찾는 재능 기부형이다.

다른 사람의 기분이나 상황을 잘 파악해서 행동하고 다른 사람의 잘못을 잘 지적하는 편이지만, 정작 자신은 자존심이 강해서 누군가로부터 비난이나 지적을 받으면 불쾌해하는 타입이다.

또 성격이 치밀하고 꼼꼼해서 남의 시선이나 이목에 신경을 많이 쓰기 때문에 중요한 순간에 의외로 긴장도 잘하는 유형이다. 그러나 교육형은 다른 사람을 감화시키고 설득해 행동의 변화를 이끌어 내는 진정한 교육의 아이콘이다.

강점

모르는 사람을 위해 자신의 지적 재능을 기꺼이 사용하는 재능 기부형
다른 사람을 변화 발전시키는 멘토
사람에 대한 애정과 관심

약점

자존심이 강해서 비난이나 지적을 참지 못하는 권위형
남의 시선에 신경도 쓰고 의외로 긴장도 잘하는 시선 의식형

사고 유형 분포도
사실적
융합적
수평적
창의적
추론적
분석적
수직적
고정적

사고력 지수 그래프
사실적 사고
추론적 사고
고정적 사고
창의적 사고
수직적 사고
수평적 사고
분석적 사고
융합적 사고
0 10 20 30 40 50 60 70 80 90 100

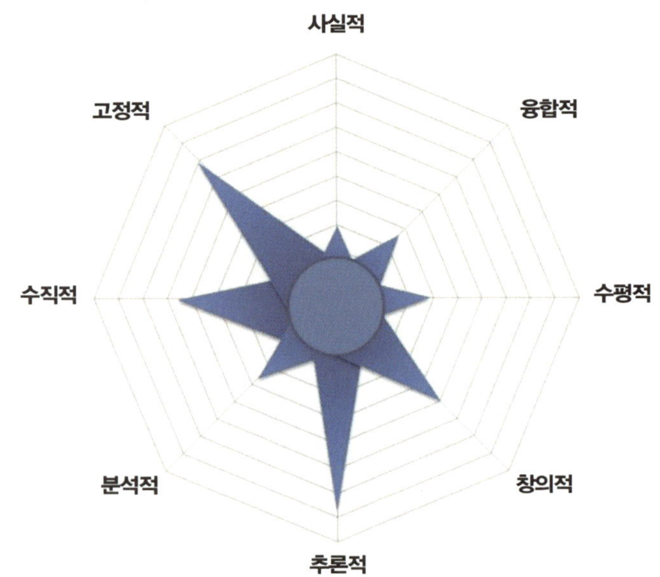

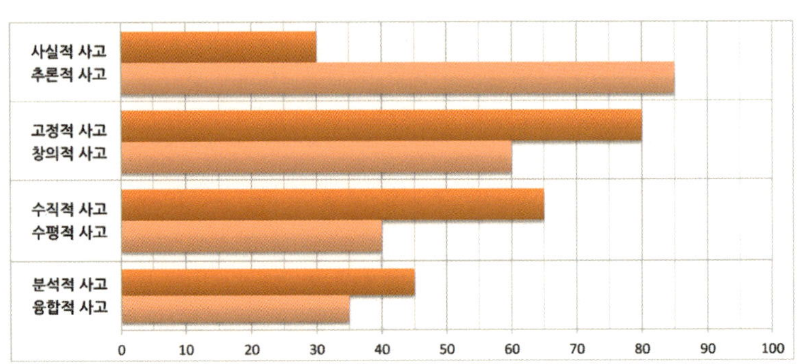

〈교육형의 한 예〉

가르치면서 익히는 '티칭 공부법'과 '심층 학습계획표'를 짜라

학 습 법 교육형은 다른 사람을 설득하여 자신의 생각대로 잘 이끌어 가는 유형이다. 이런 장점을 살려서 '티칭 공부법'을 활용하면 효과가 있다.

티칭 공부법은 말 그대로 가르치면서 공부하는 것으로, 수업에서 내용을 자신이 마치 선생님이 된 것처럼 거울을 보면서 스스로에게 가르치거나 다른 사람에게 수업을 하듯 가르치는 방법이다.

자신보다 성적이 낮지만 공부에 열의가 있는 또래 친구를 도와주거나, 혼자 있을 때는 앞에 학생이 있다고 상상하며 가르치는 식으로 활용하면 된다.

하지만 이 방법은 가르치는 기술 자체를 익히게 하려는 의도가 아니라, 가르치는 과정 속에서 아이가 자연스럽게 공부한 내용을 자기 것으로 만들고, 출제자 의도를 파악하도록 하는 훈련이므로 꾸준히 한다면 성적 상승 효과를 볼 수 있다.

교육형은 공부에 들이는 노력과 시간에 비해 성적이 더 이상 올라가지 않을 때가 있는데, 그것은 응용력이 부족하기 때문이다. 공부하다 한번 막히기 시작하면 학습 진도가 앞으로 나아가지 못하는 때가 있다. 그럴 때는 막히는 문제만 별도로 표시한 뒤, 다음에 한꺼번에 모아서 풀 생각을 하고 과감히 넘어가는 '스킵(skip) 공부법'을 꾸준히 실천해야 한다.

좋은 성적을 받고자 하는 마음이 커서 긴장도 잘하므로, 실전에서 자신의 실력을 제대로 발휘하지 못하는 경우도 있다. 한 달에 두 번 정도 선생님이나 부모님이 시간을 재면서 감독하는 가운데 문제를 푸는 방식으로 학습하면 긴장감 해소에 큰 효과가 있다.

교육형은 학구열이 높고 성실한 편이라 기본 개념 이해는 어느 정도 되어 있으나, 심화된 학습은 소홀히 하는 경향이 있다. 이런 습관이 쌓이게 되면 성적이 어느 선 이상 오르기 힘들어지고 제자리를 맴돌 수 있다.

학습계획표 교육형은 '심층 학습계획표'를 짜야 도움이 된다. 심층 학습계획표는 평소 싫어하는 과목과 공부를 해도 성적이 잘 나오지 않는 과목을 따로 나눈다. 그다음엔 과목별로 1주일 단위씩 번갈아 공부하는 것이다.

이때 기본 개념을 먼저 정리한 뒤, 기본 문제를 간단히 풀어 본다. 그다음에는 학습 시간의 대부분을 심화 개념과 응용 문제를 푸는데 투자한다. 즉 '개념 이해 – 적용하기' 단계로 구분하여 짜는 것이다.

예를 들어 수학에서 1차 함수를 공부할 때 개념 이해 단계를 거쳤다면, 이제 알고 있는 공식을 문제에 적용하여 풀어 보는 훈련, 또는 여러 개념을 응용하여 문제를 푸는 훈련, 고난도 문제들만 골라 푸는 훈련 등 적용하기 단계로 나아가 공부에 깊이를 더하도록 한다.

고난도 문제 풀이 훈련까지 마쳤다면 더 나아가 자주 틀리는 고난도 문제를 자신이 직접 출제해 봄으로써 심층 학습력을 키우는 것이 좋다.

강점 UP
배운 내용을 다른 사람에게 가르치면서 익히는 '티칭 공부법'이 좋다

약점 DOWN
학습 진도와 학습 융통성을 기르기 위해서 '스킵 공부법'을 병행한다

학습계획표
개념 이해 – 적용하기 단계로 나누어 '심층 학습계획표'를 짠다

학습 동기를 자극하는
최고의 롤모델 선생님을 찾아라

교육형은 스스로 공부에 흥미를 느끼는 타입이지만, 사람을 만나거나 참견하는 것을 좋아하기 때문에 본능적으로 사람의 성향부터 파악하려다가 스스로 지치는 유형으로 사람이 많은 종합 학원은 피하는 것이 좋다.

오히려 예습을 한 뒤, 인강을 들으면 학습 이해력을 높이는 데 도움이 된다. 또 자신의 지적 능력을 남을 가르치는 것으로 확인하는 성향이라 인강을 들으면서 선생님의 다양한 티칭 기술을 보고 듣고 익히면, 문제를 풀 때 출제자의 의도를 쉽게 파악할 수 있다.

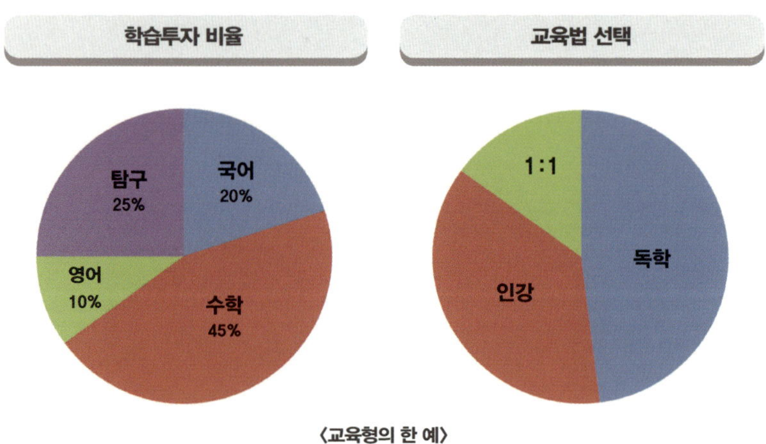

〈교육형의 한 예〉

학습 후에는 다른 사람을 직접 가르치는 체험 봉사 활동을 하면서 학습 자신감을 끌어올릴 필요가 있다. 남을 잘 가르치기 위해 자신의 부족한 점을 채우려 노력하기 때문에 단순히 재능 기부 차원을 넘어 학습력도 상승되는 효과를 볼 수 있다.

자신이 존경하고 따를 수 있는 최고의 롤모델이 될 만한 선생님을 직접 찾아보고 그의 생활 모습이나 공부 방법 등을 따라해 보면, 자연스럽게 학습 자극과 학습 동기를 유발할 수 있다. 이렇듯 교육형은 어떤 선생님을 만나느냐가 인생까지도 좌우할 만큼 중요하다.

강점 UP
예습 후 인강을 들어야 효과적이다
남을 가르치는 봉사 활동 체험으로 학습 자신감을 높인다
최고의 롤모델 선생님을 찾아 학습 자극와 동기를 유발시킨다

약점 DOWN
사람을 만나거나 참견하는 것을 좋아하기 때문에, 사람이 많은 종합 학원은
피하는 게 좋다

분명한 진로 선택과 출제자 의도 파악력

교육형은 공부 의욕도 높고 노력형이라 독학을 잘할 수 있는 유형이다. 주어진 범위 내에서 성실하게 공부하는 편이며 선생님이 강조한 핵심 사항이나 문제를 정리하여 자기 것으로 소화도 잘해, 내신에서 좋은 평가를 받을 수 있다.

평소 자신의 지식을 이용하여 다른 사람을 가르치고 도와주는 것을 좋아하는 타입이므로 자기가 그만큼 많이 알아야 남을 가르칠 수 있다는 것도 잘 알고 있다. 그렇다 보니 선생님 입장 또는 출제자 입장에서 문제를 파악하려는 시도를 하기 때문에 다른 유형에 비해 학습 기술력이 좋다.

교육형은 가르치는 것에서 보람과 의미를 찾는 편이라 처음부터 분명한 진로 목표를 가지고 학습하면 성적도 좋아지고, 합격률도 높일 수 있는 최적의 유형이다.

: 교육형 합격DNA

- 독학으로 좋은 점수를 받을 수 있는 내신 잠재력
- 출제자의 의도를 잘 파악하는 학습 기술력
- 합격률을 높일 수 있는 분명한 진로 목표

교육학과, 유아교육학과, 청소년교육학과에서 능력을 발휘하라

교육학과는 교육 현장에서 요구되는 학생 지도 능력, 수업 방안 모색, 행정 능력 등을 공부하는 학과이다. 미래지향적인 교육 정책을 수립하기 위한 이론적 기반과 실제 학교에서 학생들을 교육하는 데 필요한 수업 방식을 연구하는 교육 전문가를 양성하는 곳으로 이 학과에서는 교육의 전반적인 상황을 익힐 수 있다. 유아교육학과는 인간 발달에 가장 중요한 영유아기 시기의 신체적, 정서적, 사회적, 인지적 교육에 필요한 전문가를 양성하는 곳이다. 유아교육을 통하여 사회와 국가 발전에 공헌하려는 목표를 가진 교육형에게 맞는 학과이다. 청소년교육학과는 청소년들을 이해하고 그들의 실생활에 많은 관심을 기울여, 올바르게 선도하는 교육 지도자를 양성하는 학과로 청소년에 대한 열의를 가지고 있다면 지원할 만하다.

학과 성격	맞춤 학과
어문 중심	국어교육과, 영어교육과, 일어교육과, 독어교육과, 불어교육과
사회 중심	사회교육과, 역사교육과, 지리교육과, 윤리교육과, 가정교육과
이과학 중심	수학교육과, 생물교육과, 물리교육과, 화학교육과, 지구과학교육과, 과학교육과, 컴퓨터교육과
일반 교육 중심	교육학과, 유아교육과, 초등교육과
예체능 중심	체육교육과, 미술교육과, 음악교육과

다른 사람을 가르치는 일에서 보람을 찾는다

교육형은 다른 사람을 가르치고 올바른 길로 인도한다는 것 자체에서 삶의 보람을 느낀다. 이런 교육형에게는 교사, 교육 컨설턴트, 교재 개발 연구원, 교육학 연구사 등이 좋다.

인터넷으로 공부하는 학생들이 늘어나고, 웹 기반의 학습 콘텐츠 개발이 활성화되면서 최근에 각광받는 교육형 직업으로는 이러닝(E-Learning) 교수 설계자와 이러닝 콘텐츠 개발자가 있다.

이 분야는 교육 기획과 함께 다양한 멀티미디어를 활용한 교육 방법을 개발하여 학생들이 보다 효과적으로 학습하고 공부에 흥미를 가질 수 있도록 학습 방법을 설계하는 직업이다. 다른 사람을 성장시켜서 사회에 이바지하는 일에 적합한 교육형에게 잘 맞는다.

무엇보다 교육형의 유망 직업으로는 유러닝(U-Learning) 개발자가 있다. 유러닝(U-Learning)은 유비쿼터스(Ubiquitous)와 러닝(Learning)의 합성어로 시간과 장소에 구애받지 않고 언제 어디서나 원하는 학습을 할 수 있는 것을 말한다.

유러닝 개발자는 유러닝을 통해 교과서에 의존하지 않고 다양한 멀티미디어 학습 자료를 활용할 수 있도록 한다. 또한 학습자들이 실감 나는 교육을 받을 수 있도록 교육 과정을 기획하고 설계 및 운영

을 하는 사람이다. 정보화 교육의 중요성이 커지면서 수요가 점차 늘
어나고 있는 직업이다.

직업 성격	추천 직업
지도 중심	교사, 교수, 교육 컨설턴트, 보육 교사, 베이비시터, 학원 강사, 인터넷 강의 강사, 직업 훈련 교사, 학습 매니저, 교육학자, 사이처, 독서 지도사, 장학사
개발 중심	이러닝 교수 설계자, 이러닝 콘텐츠 개발자, 유러닝 개발자
관리 중심	교육 관리자, 교육 진행 요원, 교관
연구 중심	교재 연구원, 교육 연구사, 원격 교육 연구원, 교과서 연구원, 평생 교육 연구원

하버드대 학생들이 수강한 전설의 명강의, 마이클 샌델 교수

마이크 샌델 교수는 27세 때 미국 하버드대 최연소 교수가 되었고, 지난 20여 년간 '정의(Justice)'라는 제목으로 강의를 해 왔다.

이 강의는 하버드대에서 가장 많은 학생들이 수강하는 강의이며, 최고의 명강의로 꼽힌다.

샌델 교수는 단순히 주입식 강의를 하는 것이 아니라, 끊임없이 학생들에게 질문을 던지고 그들 스스로 토론하면서 해답을 찾게 만드는 '소크라테스식 문답법' 강의로 유명하다.

특히 그는 도서 『정의란 무엇인가』로 전 세계적인 큰 반향을 불러일으키면서 많은 사람들에게 철학자이자 교수로서 존재감을 알렸다.

우리나라에서도 그는 강의를 통해 '한류 스타가 군복무하지 않는 대신 그 기간 동안 벌어들인 수입을 국가에 낸다면 군대에 가지 않아도 되는가?', '자격 미달 학생이 공익 목적의 기부금을 낸다면, 명문대에 입학해도 되는가?' 등의 질문을 던져 사회적 이슈를 만들며 다시 한번 명성을 입증했다.

최근에는 무료 강연으로 지식 나눔 실천에도 적극 참여하고 있는 마이클 샌델 교수는 자신의 지적 재능을 이용하여 많은 사람들을 변화 발전시키는 교육형 멘토이다.

13

두루두루 잘해서
적성이 헷갈리는 아이,
목표부터 찾아라!

복합형

멘토링 스토리 대안 학교 출신 혜수, 드디어 방황을 끝내다

STEP1 내게 맞는 성향 다양한 관심사와 뛰어난 융합적 사고력의 멀티형 인재

STEP2 내게 맞는 공부법 동시에 여러 개를 공부하는 '멀티플레이 공부법'과

'진로 목표 학습계획표'로 목표를 다짐하라

STEP3 내게 맞는 교육법 학원, 과외, 인강, 독학, 싫증나지 않게 바꿔라

STEP4 내게 맞는 합격 스타일 내신을 제외한 어떤 시험에도 강한 합격 잠재력

STEP5 내게 맞는 학과 컴퓨터공학과, 교통공학과, 게임학과에서 미래를 설계하라

STEP6 내게 맞는 진로와 직업 두루두루 잘해야 성공할 수 있는 분야에서 두각을 나타낸다

STEP7 내게 맞는 롤모델 세계 IT계의 혁명을 주도한 애플의 설립자, 스티브 잡스

대안 학교 출신 혜수,
드디어 방황을 끝내다

검정고시, 20세, 신혜수

혜수는 어린 시절부터 워낙 다방면에 재능이 많고, 학교에 입학하기 전부터 이미 웬만한 선행 학습은 다 끝낸 상태라 정작 학교에 입학한 뒤 공부에 흥미를 잃고 말았다.

생각하다 못한 부모님은 아이가 공부 스트레스를 받지 않게 하려고, 일부러 글로벌한 교육 프로그램을 갖고 있는 대안 학교에 보냈다. 혜수는 학교에서 자유롭게 공부하면서 교환 학생으로 유학까지 다녀왔지만 정작 우리나라에서는 그 학력 인정을 받지 못하는 탓에 검정고시를 별도로 치러야 했다.

대학 입시를 앞두고 지원할 학과와 대학을 정할 때가 되자 주위에서는 혜수가 평소 수학을 별로 좋아하지 않고 수학 성적도 그다지 높지 않다는 이유로 당연히 문과 계열로 지원할 것을 권했다.

혜수가 국어 선생님이 되어 안정적으로 살기를 바랐던 혜수의 부모님도 국어교육과에 진학하기를 바라셨다. 혜수도 그 학과가 딱히 싫은 것도 좋은 것도 아니라서 그냥 원서를 넣었고, 그해 합격했다.

그러나 문제는 그때부터였다. 혜수는 전공 과목이 너무나 싫었다. 이름도 뜻도 어려운 통사론에, 형태소에, 고대 시에……. 당연히 학점도 좋지 않았다. 더 이상 견딜 수 없던 혜수는 결국 자퇴를 하고 말았고 부모님은 망연자실했다.

더 큰 문제는 혜수가 여전히 자기 적성이 뭔지, 뭘 하고 싶은지조차 모른다는 것이었다. 그렇게 진로 방황을 거듭하던 혜수가 나를 찾아왔다. 검사를 해 보니 역시 혜수는 대부분의 사고력이 고루 뛰어났다. 특히 융합적 사고력과 수평적 사고력이 월등한 전형적인 복합형이었다.

"도대체 애는 뭘 해야 되나요?"

"혜수는 딱 IT 전문가입니다."

"그럴 리가요, 애 수학 싫어하는데…….."

어머니는 의아해하셨다. 이것이 진로방황을 하게 만든 오류였다. 이과 쪽이니까 수학을 잘하면 유리하지만, 무조건 수학을 잘해야 한다는 것은 잘못된 생각이다. 오히려 혜수처럼 수학은 조금 떨어지지만, 과학을 잘하는 경우는 IT 계열에 지원하면 의외의 좋은 결과를 볼 수 있다. 다행히 혜수도 IT 계열에 흥미를 보였다.

그렇게 진로가 결정되자 결과는 놀라웠다. 반수생이다 보니 시간적 여유가 없어 서울권 대학에 갈 수 있을까를 걱정했는데 다행히 한양대학교에 합격할 수 있었다.

나는 혜수의 합격 소식을 듣고 기쁘고 대견한 생각이 들었다. 하지만 한편으로는 지금도 혜수처럼 진로방황을 겪고 있을 아이들이 떠올라 마음 한구석이 편치 못했다.

다양한 관심사와
뛰어난 융합적 사고력의 멀티형 인재

초등학교 6학년인 영웅이는 다재다능한 아이였다. 학업 성적은 무조건 만점, 미술 대회에 나가도 대상, 글짓기 대회에 나가도 장원, 영어 웅변대회에서도 입상, 심지어 수학 경시대회, 발명 대회에서도 상위권을 차지하는 등 못하는 게 없어서 어려서부터 신동 소리를 듣고 자랐다.

부모님도 그런 영웅이가 몹시 자랑스러웠고 아이에게 거는 기대도 컸다. 아이가 뭔가 배우고 싶어 하거나 관심 있어 하면, 아무리 형편이 어려워도 영웅이에게 좋은 건 모두 시켰다.

그런데 가만히 생각해 보면 영웅이는 다방면으로 골고루 잘하는 것 같긴 한데, 한편으로는 이해하기 힘든 아이이기도 했다. 앞으로 상급 학교로 올라가기 전 미리 진로를 정해서 확실한 것에 집중해야 하는 건 아닌가 하는 생각이었다.

어머니는 영웅이의 적성이 뭔지 정확하게 찾아야겠다는 생각으로 여기저기 진로 적성 검사를 많이 받아 봤지만, 검사 결과가 제각각 달라서 오히려 혼란스럽다고 하셨다.

컨설팅 결과 영웅이는 여러 분야에 재주도 많고 관심도 많은 팔방미인으로 전형적인 '복합형'이었다. 어머니는 그제서야 영웅이를 이해하기 시작했다.

복합형은 이것저것 잘하는 스타일이다 보니 대개 어릴 때부터 천재나 영재, 머리 좋다는 소리를 몇 번씩은 듣고 자랐다. 부모라면 이러한 아이를 소위 명문대에 보내고 싶어 하는 것도 당연할 수 있다. 하지만 문과와 이과, 예체능을 딱 잘라 결정해야 하는 교육 제도에서 복합형 아이는 어디로 가야 할지 결정을 내리기가 어려울 수 있다.

오히려 다재다능하기 때문에 한 분야에 깊게 파고들지 못해서 싫증도 잘 내며, 워낙 이것저것 잘하는 스타일이다 보니 정작 자기 적성이나 잠재가능성이 뭔지 파악하기 힘들어서 진로방황이나 시행착오를 많이 겪는 편이다.

따라서 복합형은 어느 유형보다 목표와 진로 선택을 조기에 확정하는 것이 필요하다. 복합형은 규칙에 얽매이며 반복적인 활동을 싫어하는 편이며 창의력과 응용력이 좋고 변화를 추구하는 면도 강하다. 여러 가지 일을 동시에 잘하는 복합형은 현대 사회가 원하는 멀티형 인재이다.

강점
다방면에 재능이 많은 팔방미인형
반복이나 규칙에 얽매이지 않는 변화형
동시에 여러가지 일을 잘 해내는 멀티형

약점
두루두루 잘하지만 딱히 한 가지를 잘하지 못하는 비실속형
다재다능하기 때문에 적성과 잠재가능성을 파악하기 힘든 진로방황형

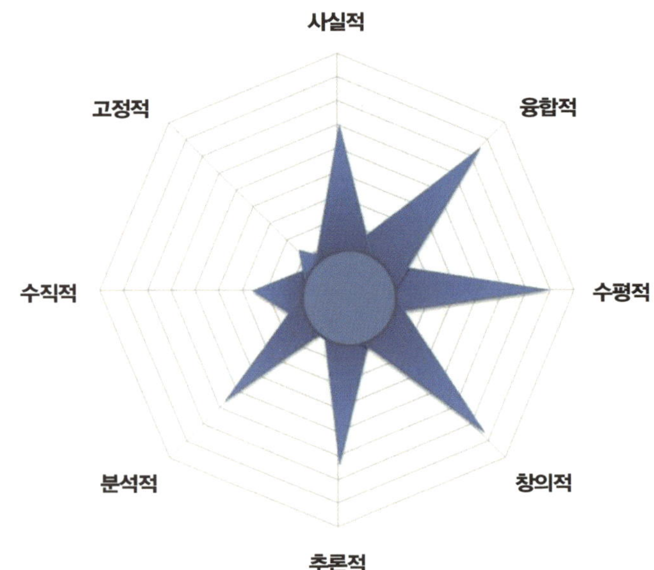

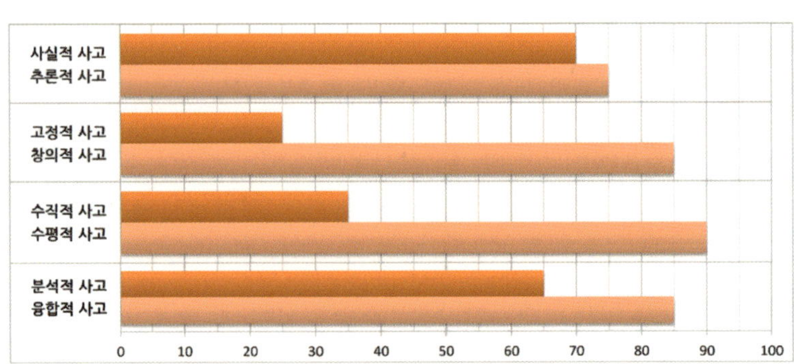

〈복합형의 한 예〉

동시에 여러 개를 공부하는 '멀티플레이 공부법'과 '진로 목표 학습계획표'로 목표를 다짐하라

학 습 법 복합형은 전 과목 평균 성적을 골고루 높일 수 있는 잠재력이 있지만, 좀처럼 1등은 하기 어렵다. 그 이유는 모르는 것을 끝까지 파고드는 면이 부족하기 때문이다. 그래서 복합형만의 특별한 공부법이 필요하다.

또 중심사고력인 수평적 사고력과 융합적 사고력이 높기 때문에 다양한 관심과 폭넓은 생각, 그리고 여러 정보를 잘 융합한다. 따라서 이런 특징을 잘 살릴 수 있는 '멀티플레이 공부법'을 권장할 수 있다.

멀티플레이 공부법은 같은 주제를 가진 과목들을 동시에 공부하는 것이다. 예를 들어 우주선 발사를 주제로 정했다면, 그와 관련된 물리, 지구 과학 그리고 우주선 발사의 원리에 적용할 수 있는 수학 등을 함께 공부하면서 여러 가지 자료를 동시에 보는 통합 교과형으로 학습하는 것이다.

만약 '시대의 정치 상황을 풍자한 작품'이라는 주제를 공부한다면, 문학 작품으로는 김만중이 쓴 『사씨남정기』를, 한국사로는 숙종과 장희빈 시대의 역사를 함께 펼쳐 놓고 비교하면서 공부하는 것이다.

응용력과 창의력이 좋은 복합형은 마치 그 시대를 지금 살고 있는 양 머릿속에 그림처럼 상상해 내기 때문에 몰입도 잘되고 학습 효과도 높일 수 있다.

또한 대개 복합형 아이들은 벼락치기에 익숙하고, 시험 범위의 전체를 관통하는 핵심 키워드와 출제가 예상되는 부분을 잘 파악해서 공부를 열심히 하지 않아도 점수가 어느 정도 나오는 편이다.

그래서 스스로 실력이 괜찮다고 착각하는데, 이런 '성적 착시 현상'을 보완해 줄 수 있는 최고의 방법은 '로테이션 공부법'이다. 로테이션 공부법은 말 그대로 단원과 문제집을 바꿔 가며 공부하는 방법이다.

가령 A라는 개념서에서 영어의 관계 대명사를 공부했다면, B라는 문제집에서 관계 대명사 부분만 푼다. 그러고 나서 C라는 개념서에서 관계 대명사 부분을 다시 공부한 후, D라는 문제집에서 관계 대명사 부분의 문제를 푸는 것이다.

복합형은 반복을 싫어하지만 어쩔 수 없이 반복 학습을 해야 하는 부분에서는 이렇게 변화를 주면서 공부하면 지루함을 덜 수 있다.

복합형은 다방면에 소질이 있다 보니, 그만큼 자기 적성과 가능성이 무엇인지 파악하기 힘든 유형이다. 학습 이전에 자신의 진로 목표를 확실하게 정해야 성적이 더 오르므로, 반드시 진로 목표가 먼저 정해져야 한다. 복합형의 진로 목표를 정할 때는 잘할 수 있는 직업 분야를 찾는 게 중요하다.

다시 말해 IT 분야에 종사한다면, 그 분야 안에서는 IT보안 전문가든 소프트웨어 전문가든 상관없이 잘할 수 있다.

학습계획표 복합형은 다방면에 소질이 있다 보니, 그만큼 자기 적성과

가능성이 무엇인지 파악하기 힘든 유형이다. 따라서 뚜렷한 학습 동기가 부족하므로 복합형의 학습 성적을 효과적으로 올리기 위해서는 먼저 자신의 진로 목표가 확실하게 정해져야 한다.

진로가 어느 정도 정해진 뒤, 학습 분량과 목표 등수, 목표 학과, 목표 대학, 목표 직업을 정하는 '진로 목표 학습계획표'를 세워 실천하면 성공할 수 있다.

또한 자신의 진로 목표와 관련된 독서 리스트를 학습계획을 짤 때 함께 넣어 읽으면 더욱 효과적이다.

강점 UP
같은 주제로 두 개 이상 과목을 공부하는 '멀티플레이 공부법'을 시작한다

약점 DOWN
새로운 과제로 학습 의욕을 자극하는 '로테이션 공부법'도 좋다

학습계획표
구체적인 진로 목표를 정해서 실천하는 '진로 목표 학습계획표'를 세운다

학원, 과외, 인강, 독학, 싫증나지 않게 바꿔라

복합형은 규칙적이고 반복된 생활에는 다소 약해서 조직적인 단체 생활을 하는 기숙형 교육시스템만 아니라면 인강, 종합 학원, 단과 학원 등 어디든 크게 지장은 없다.

다만 꾸준히 한 군데서 공부하는 성격이 아니기 때문에 공부가 지루하지 않도록 다양한 교육법을 돌아가면서 실천하면 학습력을 향상시킬 수 있다.

하지만 반복적이고 고정적인 패턴을 싫어하는 편이라 성적이 오르다가 어느 선에서 정체되는 경우가 있다. 따라서 상대적으로 내신 관

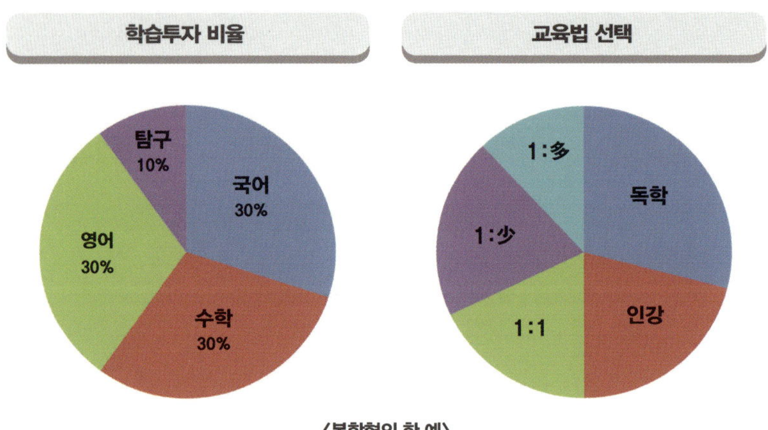

〈복합형의 한 예〉

리에 약하므로 내신 비중이 높은 전형보다는 아이가 가진 잠재력을 부각시킬 수 있는 전형을 찾아 공략하는 것이 유리하다.

복합형은 오래 앉아서 공부한다고 성적이 계속 오르는 스타일이 아니라 얼마나 공부에 집중했느냐가 중요하다. 무조건 공부를 강요하면 오히려 스트레스를 받아 성적이 떨어질 수 있으므로 학습과 함께 동아리 활동, 체험 활동, 예체능 활동 등 다양한 활동 시간을 갖게 하는 것이 좋다.

강점 UP
다양한 교육법을 바꿔 주어 지루하지 않게 학습한다
공부와 함께 동아리 활동, 체험 활동, 예체능 활동 시간을 갖는다

약점 DOWN
내신보다는 잠재력을 부각시킬 수 있는 전형을 공략한다

내신을 제외한 어떤 시험에도 강한 합격 잠재력

다재다능한 복합형은 어느 유형보다 전 과목을 골고루 잘할 수 있는 공부 잠재력과 학습 균형력을 가지고 있다.

응용력이 뛰어나서 학습 의지를 갖고 공부한다면 고득점 응용 문제를 충분히 잘 풀 수 있는 유형이다. 다양한 문제 풀이 방법을 시도하여 새롭고 어려운 상황도 잘 풀어 나가기 때문이다.

무엇보다 다방면의 우수한 사고력을 갖고 있는 복합형은 반복되는 공부를 좋아하지 않아 상대적으로 내신에는 약한 편이다. 하지만 내신을 제외한 어떤 시험에서도 좋은 결과를 낼 잠재력과 가능성을 갖고 있다. 객관식, 주관식, 서술형 등 다양한 평가에도 강하다.

: 복합형 합격DNA

- 전 과목을 골고루 잘할 수 있는 학습 균형력
- 고득점 문제를 잘 풀 수 있는 뛰어난 응용력
- 내신을 제외한 어떤 시험 형태에서도 좋은 결과를 낼 수 있는 합격 잠재력

컴퓨터공학과, 교통공학과, 게임학과에서 미래를 설계하라

컴퓨터공학과는 정보 산업을 선도하는 학문을 연구하는 학과이다. 시스템 운영을 위한 소프트웨어 및 멀티미디어, 초고속 통신망 구성에 이르기까지 컴퓨터 전반에 걸친 종합적인 지식을 익히게 된다. 교통공학과는 갈수록 심각해지는 교통 문제를 해소하고자 교통 시스템을 설계하고 발전된 교통 체계의 기반을 마련하는 전문 인력을 양성한다. 교통 전문가를 꿈꾼다면 지원해 볼 만하다. 게임학과는 인터넷의 폭발적인 성장과 이동 통신 서비스의 일반화로 높은 가치를 올릴 수 있는 첨단 문화 산업 학과이다. 기본적으로 게임 산업을 이끌어 갈 창의적인 인재, 실무에서 능력을 발휘할 수 있는 인재를 키운다. 국가 자격증을 취득하면 게임 기획, 게임 그래픽, 게임 프로그래밍 등 게임 분야 전반에서 일할 수 있는 직종이다.

학과 성격	맞춤 학과
IT 중심	IT관련학과, 컴퓨터공학과, 정보통신학과, 네트워크시스템학과, 정보시스템학과, 게임학과
건축 중심	건축공학과, 실내건축학과, 조경학과
도시산업 중심	교통공학과, 산업공학과, 도시공학과
영상 콘텐츠 중심	영상콘텐츠학과, 디지털콘텐츠학과, 방송콘텐츠학과, 미디어영상학과, 방송기술학과, 사진학과, 멀티미디어학과

두루두루 잘해야 성공할 수 있는 분야에서 두각을 나타낸다

변화를 좋아하는 다재다능한 복합형이라면 영상 제작가, 미디어 전문가, 게임 개발자, 콘텐츠 개발자, 사진 전문가, 방송 기술자, 건축 공학가, 조경사가 좋은 직업이다. 또한 응용력이 탁월해서 새로운 일을 잘 해내므로 소프트웨어 개발자, 웹 개발자, 네트워크 시스템 개발자도 어울린다. 여러 가지 문제를 동시에 해결할 수 있으므로 자신의 잠재력과 지식을 총동원하여 IT 컨설턴트, 산업 컨설턴트 등에서 역량을 발휘할 수 있다. 특히 정보화 시대에 정보 시스템이나 데이터 등 정보 자산의 유출을 막고 개인의 정보를 보호하는 시스템을 만드는 컴퓨터 보안 전문가나 인터넷 접속을 통해 데이터 저장 및 공유가 이루어지는 클라우드 시스템을 설계하고 운영하는 클라우드 시스템 전문가도 잘 맞다.

직업 성격	추천 직업
미디어 중심	영상 제작자, 미디어 전문가, 사진 전문가, 방송 기술자, 방송 PD, 방송 기술 감독, 촬영 기사, 음향 녹음 기사
콘텐츠 중심	3D 콘텐츠 개발자, 모바일 콘텐츠 개발자
건축 중심	건축 공학가, 건축사, 조경사, 캐드원, 제도사, 조감도 제작원, 친환경 건축 컨설턴트
IT 중심	소프트웨어 개발자, 웹 개발자, 웹 기획자, 네트워크 시스템 개발자, 게임 개발자, IT컨설턴트, 컴퓨터 보안 전문가, 클라우드 시스템 전문가
도시산업 중심	GIS 전문가, 교통 시스템 전문가, 산업 컨설턴트, 도시 설계 전문가

세계 IT계의 혁명을 주도한 애플의 설립자, 스티브 잡스

검은 폴라 티셔츠에 헐렁한 청바지를 입고 나와 때론 감성적으로, 때론 날카롭게, 때론 논리적으로 애플사의 신제품을 설명하면서 전 세계적으로 주목을 받던 스티브 잡스. 하지만 미혼모의 아들로 태어나 양부모에게 입양되면서 순탄치 않은 성장기와 청년기를 겪었다. 그런 그가 유일하게 열정을 쏟은 것은 컴퓨터 게임과 전자 지식이었으며 동료인 워즈니악과의 만남으로 잡스는 애플 사를 설립했고, 최초의 개인용 컴퓨터를 만들면서 승승장구했다. IT계의 혁명가라 불릴 정도로 다재다능한 잡스는 한때 애플사의 경영진들과 갈등을 빚으면서 회사에서 쫓겨나기도 했지만, 굴하지 않고 넥스트와 픽사를 인수하여 애니메이션, 영화 등 다양한 장르에서 독창성을 발휘했다. 이후 아이맥, 아이팟, 아이폰, 아이패드를 연달아 출시하면서 2년 동안 애플 사를 세계 최고의 IT기업으로 우뚝 서게 만들었다. 2011년 불행하게도 췌장암으로 세상을 떠난 스티브 잡스는 늘 독창적이었으며, 자신의 재능을 다방면에서 소진했던 복합형의 전형이다.

14

눈으로 봐야만
궁금증이 해결되는 아이,
호기심을 자극하라!

관찰형

멘토링 스토리 '공부보다 우주'를 외치는 창호, 나만의 별을 찾아 GO! GO!

STEP1 내게 맞는 성향 온갖 자연 현상에 관심 많은 탁월한 관찰가

STEP2 내게 맞는 공부법 관심 분야의 배경 지식을 쌓는 '레이더 공부법'과

취약 과목을 공략하는 '약점 보강 학습계획표'를 실천하라

STEP3 내게 맞는 교육법 묻고 답하기식 1:1 학습이 안성맞춤

STEP4 내게 맞는 합격 스타일 독보적인 관찰력과 비교과 활동

STEP5 내게 맞는 학과 환경공학과, 지구 환경과학과, 천문우주학과에서 적성을 발휘할 수 있다

STEP6 내게 맞는 진로와 직업 관찰하고 연구하는 일에 포커스를 맞춰라

STEP7 내게 맞는 롤모델 우리나라 최초로 소행성을 발견한 최고의 별 박사, 이태형

'공부보다 우주'를 외치는 창호,
나만의 별을 찾아 GO! GO!

중1, 최창호

창호와 어머니는 무척 어두운 얼굴로 컨설팅을 받으러 왔다. 엄마는 오지 않겠다는 창호를 억지로 끌고 왔다며 한숨부터 지었고, 창호는 어디로 보내 달라며 떼를 썼다.

내일 금성이 태양 면을 지나는 우주 쇼가 펼쳐지는데, 창호는 그걸 보기 위해 학교를 결석하겠다는 것이었다. 별과 우주를 좋아해서 용돈을 몇 달씩 모아 망원경도 샀다고 한다.

"창호야, 그 우주쇼를 꼭 봐야 하니?"

"이번에 못 보면 100년을 기다려야 돼요!"

"망원경은 왜 산 거니?"

아이는 그것도 모르냐는 표정을 지으며 나를 쳐다보았다.

"왜긴요? 당연히 별처럼 머나먼 우주에 있는 천체들을 보려고 산 거죠."

창호는 최근 개발된 최고 성능의 망원경부터 별자리까지 한 수 가르쳐 준다는 마음으로 망원경과 별과 우주에 대해 거침없이 얘기했다.

"넌 엄청난 일을 연구하고 있구나!"

창호는 잠시 멍하니 나를 쳐다보더니 이내 쑥스러운 미소를 지었다.

"그 엄청난 일을 더 잘 해내려면 또 뭘 해야 할까?"

"글쎄요…….."

"별이 빛나기 위해서는 몇 억 광년을 견뎌야 하는데, 넌 고작 몇 년을 준비하는 것도 못하면 곤란하겠지?"

창호는 얼굴이 발그레해지더니 피식 웃었다.

창호는 관찰하고 연구하는 일에 딱 맞는 타입이었다. 창의력도 높고 뭔가를 파고드는 수직적 사고력도 월등했으며, 의외로 학습에 대한 고민도 많았다. 한편으로는 변화를 싫어하고 심플하게 사고하지 못해서 생각이 복잡한 아이이기도 했다.

과학은 잘하는 편이었지만, 의외로 싫어하는 수학부터 잡아야 했다. 수학을 공부할 때 대충 넘겨짚기를 잘하는 버릇을 고치기 위해 꼼꼼히 계산 문제를 풀도록 했으며, 오답 노트를 만들어 자신의 문제점을 파악하며 기록하는 습관을 들이고 읽고 또 읽으며 반복하도록 했다. 국어는 감정을 넣어서 작품을 독해하는 훈련도 했다. 자신이 관찰하고 연구한 것에 대해서는 자신의 생각을 잘 표현하는 편이라 그 점을 살려 1:1 토론 수업을 하도록 했다. 물론 학습에 방해되지 않는 선에서 부모님과 상의해 지금처럼 과학 동아리 활동도 열심히 하여 장차 진로에 도움이 될 수 있는 포트폴리오를 작성하도록 했다.

나는 창호를 볼 때마다, 아이들은 이미 자신의 잠재가능성을 잘 알고 스스로 그 길을 향해 가고 있다는 사실을 새삼 확인한다.

온갖 자연 현상에 관심 많은 탁월한 관찰가

몇 달 전, 창호 어머니는 집 전화 요금 청구서를 보고 깜짝 놀랐다고 했다. 평소 몇만 원 정도였는데 몇십만 원이 넘는 요금이 청구되었던 것이다. 당황한 마음에 고객 센터에 연락해 도대체 이게 어떻게 된 거냐며 따져 물었더니, 어떤 사이트를 이용하면서 집 전화로 결제를 했다는 것이다.

그래서 그 사이트를 들어가 보니, UFO 마니아들이 자신들이 찍은 사진을 올리고, 회원들에게 평가를 받고 전시회를 하는 곳이었다. 특히 희귀 자료를 열람하거나 다운받을 때에는 반드시 결제를 하게 되어 있었다. 창호 어머니는 결국 창호의 짓임을 알게 되었다.

창호는 UFO연구협회, UFO연구 동아리 사이트에 수시로 들어가서, 전 세계적으로 올라오는 UFO 기사를 검색하고 있었다. 엄마는 대책이 없다고 고개를 저었지만 정작 창호 본인은 너무나 태연했다.

이처럼 관찰형 아이들은 눈에 보이는 자연, 우주, 천문, 지구, 화산 폭발, 지진, 외계인, UFO에 흥미가 많다.

오직 자기 관심 분야에만 집중하는 스타일이어서 다른 것에 대해서는 복잡하게 생각하는 것을 싫어한다. 무엇이든 자기가 직접 확인하고 경험한 결과치에 대해서만 믿고, 좀체 자신의 생각을 바꾸지도 않는다. 자기 관심거리가 아니면 주변 사람과 잘 소통을 하지 않는다. 또 사회 현상에도 별 관심이 없다 보니 사회성이 다소 떨어지는 면도 있다.

하지만 자신이 흥미를 느끼는 대상을 꾸준하게 관찰하고 논리적으로 분석하면서 스스로 의문점을 해결하고 명쾌한 결론을 내린다. 이를 통해 관찰형은 자신의 존재감과 성취감을 느낀다.

강점

온갖 자연 현상에 관심이 많으며 눈으로 직접 보고 싶어 하는 관찰력

관찰 대상을 꾸준하게 연구하는 데 성취감을 느끼는 지속형

자신의 목표를 차근차근 이루어 가는 인내력

약점

주변 사람과 사회 현상에 관심이 적은 관망형

자신이 직접 경험한 결과에 대해서만 믿는 자기 고집형

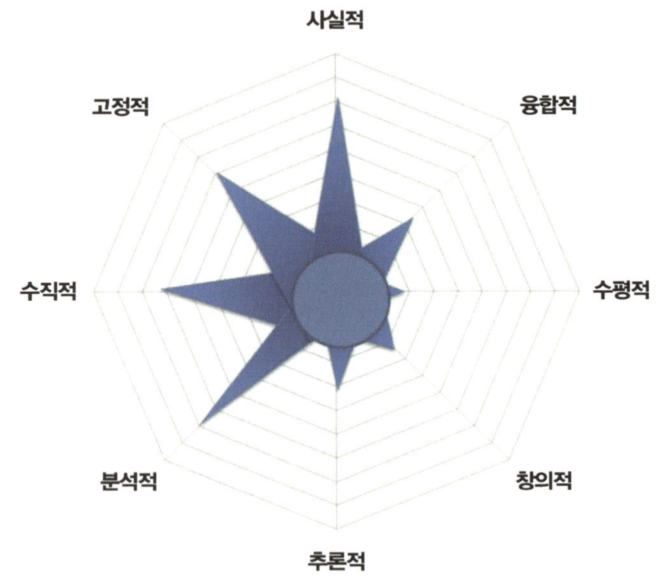

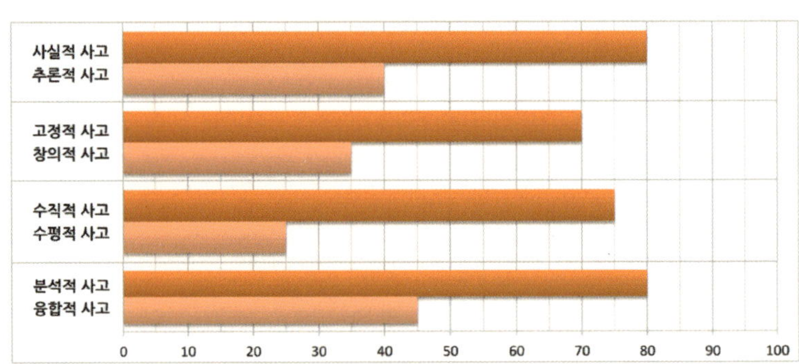

〈관찰형의 한 예〉

관심 분야의 배경 지식을 쌓는 '레이더 공부법'과 취약 과목을 공략하는 '약점 보강 학습계획표'를 실천하라

학 습 법 관찰형은 배경 지식을 쌓으면서 자연스럽게 이를 학습과 연관시키는 게 필요한데, 이러한 특징을 살린 '레이더 공부법'을 활용하면 효과적이다. 가령 별자리에 관심이 있다면 별자리의 이름부터 계절에 따른 별자리 이동, 은하계, 별과 관련된 책과 영화에 이르기까지 인터넷이나 다큐멘터리, 교재 등을 탐구하며 관심 레이더에 걸리는 대로 공부하는 방법이다.

이 방법은 스스로 흥미를 느끼고 관심을 가져야 공부를 하는 관찰형에게는 안성맞춤이다. 또한 자신의 관심 대상을 그냥 보고 즐기는 것에서 그치는 게 아니라 좀 더 깊이 연구하고 관찰하면서 공부에 도움이 될 수 있도록 '관찰 일기'를 써 보는 것도 좋다.

예를 들어 계절에 따라 집 옥상에서 볼 수 있는 별자리를 관찰, 기록하고 그 별자리에 얽힌 전설과 이야기를 찾아서 읽은 소감을 함께 작성하는 것이다. 이러한 방법은 자연스럽게 별자리도 알게 되면서 학습하는 효과까지 얻을 수 있다.

관찰형 아이는 집중력은 좋지만 의외로 학습 시간 대비 학습 효율이 떨어지는 경향이 있다. 따라서 공부를 하기 전, 오늘 학습할 내용의 배경 지식을 미리 찾아보는 '사전 학습 브리핑'으로 호기심을 끌어울리는 것이 필요하다.

학습계획표 재미있어하거나 잘하는 과목은 특별히 신경을 쓰지 않아도 알아서 공부하지만, 흥미가 없거나 관심 밖일 때는 그다지 열의를 보이지 않기 때문에 반드시 '약점 보강 학습계획표'를 세워야 한다.

수학과 상대적으로 부족한 과목인 언어 과목 중심으로 매일 일정한 공부 분량을 정하고 정해진 시간에 완성할 수 있도록 해야 한다.

특히 취약 과목 중 어떤 부분의 학습력을 끌어올려야 눈에 보이는 성적 상승을 얻을 수 있을지를 면밀히 살펴본 뒤, 그것을 중심으로 보강 계획을 짜면 좋다.

좋아하는 학습과 싫어하는 학습의 편차가 있는 편이므로, 처음 계획표를 짤 때는 좋아하는 학습 : 싫어하는 학습 비율을 80% : 20%으로 하고, 적응이 되면 70% : 30%, 60% : 40% 정도로 차츰 늘려간다. 평소 학습과 함께 관심 분야의 동아리 활동을 병행하기 위해 계획표에 동아리나 외부 활동 시간을 넣어 주면 좋다.

> **Key Point**
>
> **강점 UP**
> 관심 분야에 대한 배경 지식을 쌓고 학습으로 연결하는 '레이더 공부법'과 '관찰 일기'를 작성한다
>
> **약점 DOWN**
> 학습 전 호기심을 자극하는 '사전 학습 브리핑'을 활용하면 유용하다
>
> **학습계획표**
> 학습 편차가 있는 편이라 싫어하는 과목에 집중할 수 있는 '약점 보강 학습계획표'를 짠다

묻고 답하기식 1:1 학습이 안성맞춤

관찰형은 사람이 많고 복잡한 것을 좋아하지 않기 때문에 1:多 교육 보다는 1:1 교육을 하는 것이 좋다.

1:1 학습을 할 때는 아이가 모르는 것을 즉석에서 질문하고 선생님이 답해 주는 묻고 답하는 식의 수업이 효과적이다. 의문점이 생기면 그 자리에서 바로 해소될 수 있어서 관찰형 아이의 호기심을 자극하고, 학습 효율도 높일 수 있다.

또 사진이 많이 실려 있는 과학 잡지를 정기적으로 구독하는 것이 좋은데, 과학 잡지를 구독할 때에는 잡지에 실려 있는 연구 주제들 중

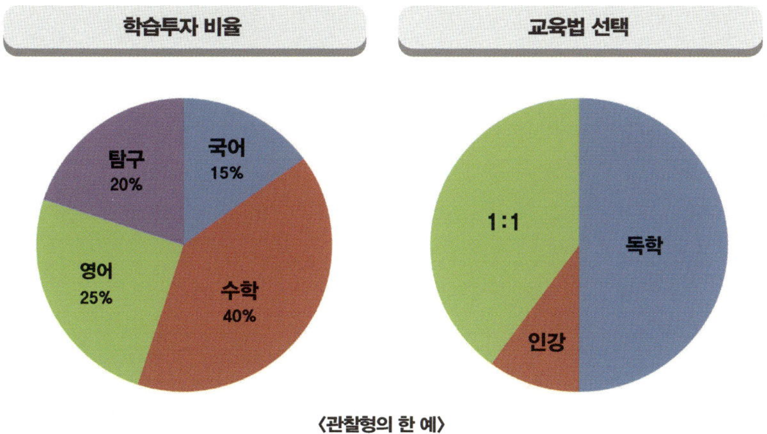

〈관찰형의 한 예〉

관심 있는 주제를 선정해서 스크랩하거나 기사와 논문을 요약해 심화 학습을 유도하는 것이 좋다. 이외에 꼭 수상을 목적으로 하지 않더라도 교내외의 다양한 과학 대회 활동에 참여하고 그 내용을 항상 기록해서 포트폴리오 자료로 남겨 둔다면 상급 학교 진학에도 많은 도움이 될 수 있다.

관찰형 아이는 자신이 한번 관심을 가지는 대상이 생기면 꾸준히 관찰하면서 의문이 해소될 때까지 고민하고 연구하는 스타일로, 다른 아이들에 비해 결과나 성과가 다소 더디게 나타날 수도 있다. 하지만 믿고 기다려 주면 반드시 소기의 목적을 달성하는 유형이다.

Key Point

강점 UP
호기심 자극을 위한 질문과 대답식 1:1 학습을 활용한다
관심 분야의 과학 잡지를 구독하고, 과학 동아리 활동으로 포트폴리오를 만든다

약점 DOWN
다른 유형에 비해 더디지만 소기의 목적을 달성할 수 있도록 믿고 기다려 준다

독보적인 관찰력과 비교과 활동

관찰형은 관심 대상에 집중하고, 끈질기게 파고들어 관찰, 연구하기 때문에 교내 동아리 활동과 체험 활동, 실험에서도 두각을 나타내는 잠재력과 적성을 가지고 있다.

독보적이고 다양한 연구 실적을 쌓을 수 있는 관찰형은 진로 포트폴리오를 만들어 두고 일자별로 활동 내용을 자세히 기록해 두면 원하는 학교에 합격하는 데 밑거름이 될 수 있다.

타고난 성실성으로 관심 분야에 대해 오랫동안 연구하고, 많은 배경 지식을 쌓았기 때문에 그 분야 지식에 대한 남다른 분석과 논리적인 사고는 또래 친구들을 능가하는 잠재력을 갖고 있다.

특히 체계적인 탐구 학습 자세는 학습 중·후반기의 뚜렷한 성과로 이어질 수 있다.

：관찰형 합격DNA

- 자기 관심 분야에 대한 남다른 관찰력
- 특기 적성에 맞는 독보적인 성과물과 활동
- 학습 배경 지식을 꾸준히 쌓고 연구할 수 있는 성실성

환경공학과, 지구환경과학과, 천문우주학과에서 적성을 발휘할 수 있다

환경공학과에서는 환경 문제를 처리하기 위해서 오염의 발생 원인, 오염 물질의 종류, 오염 상태 측정, 오염에 의한 영향 분석 등을 연구한다. 갈수록 심각해지는 지구 환경 오염에 대항해 지킴이로서 그 역할이 기대되는 학과이다.

지구환경과학과는 지구에서 일어나고 있는 지구 환경의 모든 상호작용을 연구하는 곳으로, 지구의 탄생, 지구를 구성하는 구성 물질, 지구를 움직이는 시스템, 지각과 지구 내부에서 일어나는 현상, 지표의 변화까지 공부한다.

천문우주학과는 광활한 우주와 그 안에서 일어나는 자연 현상의 관측 및 이론을 연구하여, 우주와 인간의 본질을 이해하고 우주 환경의 과학적 이용과 개발에 기여하는 학과이다. 천문우주학은 현재 세계 각국이 앞다투어 우주 개발 연구에 노력하는 가운데 최첨단 학문으로 급성장하는 분야이다.

학과 성격	맞춤 학과
지구 천문 중심	대기과학과, 지구과학과, 지질환경과학과, 천문우주학과, 천체물리학과
자연 중심	농학과, 임학과, 산림자원학과, 수산학과, 축산학과, 해양학과
환경 중심	환경공학과

관찰하고 연구하는 일에 포커스를 맞춰라

인류의 자산인 자연과 그 현상을 지키고 연구하는 일에 종사하면서 자신의 역량을 최대로 발휘하는 관찰형은 천문 연구원, 지질 연구원, 대기 기술자 등에 종사하면 보람을 느낄 수 있다.

지구 온난화와 전 세계적인 이상 기온으로 막대한 피해를 보고 있는 지구촌의 현실을 감안한다면, 지구의 기후와 환경을 정밀히 관측하고 그 변화를 연구하여 대안을 제시하는 기후 변화 전문가나 기상 연구원, 대기 환경 기술자, 환경 연구원, 환경 컨설턴트 등이 유망하다.

지구 온난화 현상을 막기 위한 노력의 일환으로 온실가스 감축 목표량을 맞추기 위한 탄소 배출권 전문가 등이 각광받는 직업이 될 것이다.

직업 성격	추천 직업
지구 천문 중심	천문 연구원, 지질 연구원, 지구 자원 연구원, 우주 환경 연구원
환경 중심	환경 연구원, 소음 진동 기술자, 폐기물 처리 기술자, 환경 컨설턴트, 폐기물 에너지화 연구원, 비파괴 검사원
해양 중심	해양 연구원, 수산 기술자, 수질 환경 기술자, 어업 종사자
농림축산업 중심	농림학 연구원, 임업 기술자, 축산업 종사자
기상 중심	기후 변화 전문가, 기상 연구원, 탄소 배출권 전문가, 대기 기술자

우리나라 최초로 소행성을 발견한
최고의 별 박사, 이태형

별 박사로 불리는 이태형 박사는 대학 2학년 때 '별 보는 동아리'에 가입한 뒤, 밤하늘의 별을 보며 밤을 지새우기 시작해 지금까지 30년간 별만 쫓아다녔다고 한다.

그때 대학 노트에 깨알같이 써 내려간 이야기들이 훗날 국내 최초 별자리 여행 안내서인 『재미있는 별자리 여행』이라는 책으로 출간되어, 과학계에서는 보기 드물게 30만 부 넘는 판매로 베스트셀러를 기록하기도 했다.

국내의 오지는 물론 극지방의 오로라, 킬리만자로의 밤하늘 등 전 세계를 돌아다니며 별을 관찰했고, 1998년에 한국 최초로 소행성을 발견하여 주목을 끌었다.

이 소행성은 국제천문연맹으로부터 고유 번호를 받았고 이태형 박사는 이별을 '통일'이라 이름 붙였다. 왜냐하면 그 소행성을 발견한 곳이 바로 우리나라 비무장 지대였기 때문이다. 무엇보다 별을 바라보는 사람들의 생각은 모두 똑같다는 의미에서 그렇게 정했다고 한다.

이처럼 별 박사 이태형은 일반인들의 눈높이에서 재미있는 별자리 이야기와 우주의 많은 전설들을 풀어 놓는 생활 천문학의 대가이다.

그의 탁월한 관찰력은 많은 사람들에게 천문에 대한 흥미로운 세계를 열어 주었다.

Let's
Start!

15

아이들을 잘 리드하는 아이, 리더십을 살려라!

진취형

멘토링 스토리 항상 일을 벌이는 민지는 알고 보면 여장부

STEP1 내게 맞는 성향 물러서지 않는 도전 정신으로 나아가는 진정한 리더

STEP2 내게 맞는 공부법 서로를 성장시키는 '라이벌 공부법'과

해결책이 총망라된 '토탈솔루션 학습계획표'를 짜라

STEP3 내게 맞는 교육법 1:多 수업으로 승부하라

STEP4 내게 맞는 합격 스타일 학습 슬럼프에 굴하지 않는 근성과 발표력, 리더십 활동

STEP5 내게 맞는 학과 벤처창업학과, 글로벌리더학과, 항해학과에서 주역이 되어라

STEP6 내게 맞는 진로와 직업 승부 근성과 진취성으로 세상을 움직이는 일에 도전하라

STEP7 내게 맞는 롤모델 '하나의 미국'을 만들었던 변화와 희망의 리더, 버락 오바마

항상 일을 벌이는 민지는
알고 보면 여장부

고2, 정민지

초등학교 때부터 중학교 때까지 계속 반장만 했다는 민지는 딱 여장부 스타일이었다. 그런 민지가 고등학교에 와서는 선생님과 친구들의 전교 회장 권유를 뿌리치고 부반장도 하지 않았다.

왜냐하면 대학 입시 준비도 해야 하는데 한 번 일을 맡으면 확실하게 해야 되는 자기 성격상 틀림없이 학교 일에 골몰하다 성적이 떨어질 거라고 생각했기 때문이다.

거기까지는 민지도 잘한 결정이었다고 생각했지만, 문제는 그다음부터였다. 늘 뭔가 일을 벌이고 전체 반 아이들을 위해서 새로운 것을 시도해 왔는데, 하루아침에 싹 접고 공부에 몰입하려니 집중이 잘 되지 않았다.

그러면서 이상하게 반장이 하는 일이 다 못 미더워 보이고, 전교 회장이 하는 일도 하나같이 못마땅해서 자신도 모르게 불만 사항을 얘기했다. 그렇다 보니 주위에서는 '전교 회장 하라고 할 때는 공부한다고 안 한다더니, 왜 이제 와서 감 놔라 대추 놔라 난리냐'며 핀잔을 들었다.

민지는 결국 공부는 공부대로 안 되고 학교 다니기도 갑자기 싫어졌다. 방황하던 민지는 나를 찾아왔고, 나는 대화를 나누며 민지가 왜 이렇게까지 리더에 집착하는지 알게 되었다.

민지는 리더가 안 되면 안 되는 진취형 아이였다. 회장이든 반장이든 동아리 회장이든, 무엇이든 '장'을 해야 공부도 되는 타입이다.

"민지야, 너 동아리 활동하니?"

"네, 토론 동아리를 하고 있어요."

"그럼, 거기서 회장하면 되겠네."

"네?"

전형적인 진취형인 민지는 무엇보다 방향이 중요한 아이였고, 지금 가장 필요한 방향은 '장'보다는 '롤모델'이었다.

"민지 너, 혹시 롤모델이 있니?"

"원래는 없었는데요, 이번에 토론 동아리를 하면서 오프라 윈프리라는 사람을 좋아하게 되었어요."

오프라 윈프리, 그녀가 바로 민지의 롤모델인 셈이었다. 나는 민지에게 과제를 주었다. 오프라 윈프리가 어떻게 공부했는지, 어떤 어려움을 겪었는지, 그 어려움을 어떻게 극복했는지, 그리고 지금은 어떠한지를 알아보도록 했다.

"민지야, 과제 해 보니까 어땠어?"

"오프라 윈프리, 저랑 비슷한 점이 있어요. 우리는 겁이 없다는 점이 비슷해요."

민지는 오프라 윈프리를 조사하면서 독서에도 관심을 갖게 되었다. 토론 동아리에서 그 달의 토론 주제가 정해지면 누구보다 많은 양의 자료를 찾아 읽었으며, 어떻게 해야 자신의 주장이 설득력을 얻을지 내용뿐만 아니라 목소리와 제스처 하나까지도 연습했다. 그리고 민지는 다시 '장'이 되었다.

나는 진취형 아이들을 컨설팅할 때마다 미래의 리더들과 마주하고 있다는 생각에 교육 컨설턴트로서 힘들고 고됨도 잠시 잊게 된다. 통 큰 리더들이 끌어갈 내일이 기대된다.

물러서지 않는 도전 정신으로 나아가는 진정한 리더

1983년 노벨 문학상을 받은 소설 『파리 대왕』은 핵전쟁을 피해서 비행기를 탄 채 이송되던 소년들이 태평양의 무인도에 불시착하면서 겪게 되는 모험담을 그린 스토리이다.

이 소설에는 무인도에 도착한 소년들이 구조되기 전까지 다 같이 무사히 지내기 위해 고군분투하는 '랠프'라는 소년과 다소 무자비하고 야만스러우며 힘으로 밀어붙이려는 야심이 있는 또 다른 소년 '잭'이 등장한다. 소년들은 처음에 랠프를 리더로 앞세워 산꼭대기에 불을 피워 구조 신호를 보내고, 먹을 것을 찾으러 숲을 헤매는 등 나름대로 질서 정연한 모습을 보인다. 하지만 리더가 되지 못해서 억울했던 잭은 사사건건 랠프를 방해하고 위험으로 몰아넣으며 랠프와 대립했으며 결국 소년들은 랠프 파와 잭 파로 나뉜 채 서로를 향해 칼을 겨누기 시작한다. 어느새 소년들의 세상은 어른들의 세상보다 점점 더 사악해져 갔다. 결국 소년들의 희생과 죽음이 이어지고 자기 세력들이 모두 죽고 혼자 남겨진 랠프는 잭에게 쫓기게 된다. 잭은 랠프를 찾아내기 위해 섬 전체에 불을 지르고, 그때 마침 지나가던 영국 군함이 그 불길을 보게 되어, 랠프가 구조된다는 내용이다. 여기서 랠프는 무리의 분위기를 잘 유도하고, 그들과 함께 활동하면서 섬에서 살아 나가기 위해 소년들을 잘 이끄는 민주적인 리더의 위엄을 보여 준다.

주인공 랠프와 같은 진취형은 나서서 행동하는 것을 좋아하며, 목표가 정해지면 어떤 어려움이 있어도 끝까지 도전한다. 그렇다 보니 오히려 두렵고 위험한 상황에서 더 대담하게 자기 역량을 발휘하는 유형이다.

혼자 있는 것보다 단체나 무리와 함께 뭔가를 할 때, 더욱 발전할 수 있으며 기본적으로 다른 사람들을 잘 통솔하는 경향이 있다. 또한 모두를 위해 솔선수범하는 스타일이므로, 학교에서 반장, 동아리 회장, 전교 회장 등 임원을 많이 맡는 편이고, 친구들을 다독이며 공동의 목표를 위해 매진한다.

하지만 자기와 생각이 다를 경우에는 독선적인 면을 보이기도 해서 다른 사람과 부딪치는 일도 있다. 일시적인 슬럼프에는 끄떡없지만, 좀처럼 오지 않는 큰 슬럼프가 한번 오면 의외로 방황하는 편이다. 그렇기 때문에 목표 상실을 하지 않도록 평소 학부모와 선생님의 격려와 칭찬이 필요하다.

강점
목표를 향해 도전하다 위험을 만나도 더욱 담대하게 행동하는 대담형
공동체의 이익을 위해 행동하는 솔선수범형

약점
다른 사람과 생각이 다를 때 자신의 의견을 관철시키는 독주형
한번 목표를 상실하면 회복이 느릴 수 있는 의외의 방황형

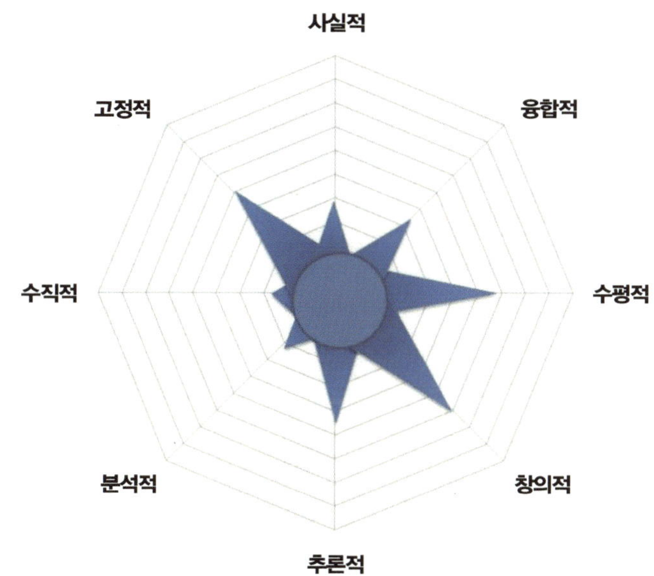

사고력 지수 그래프

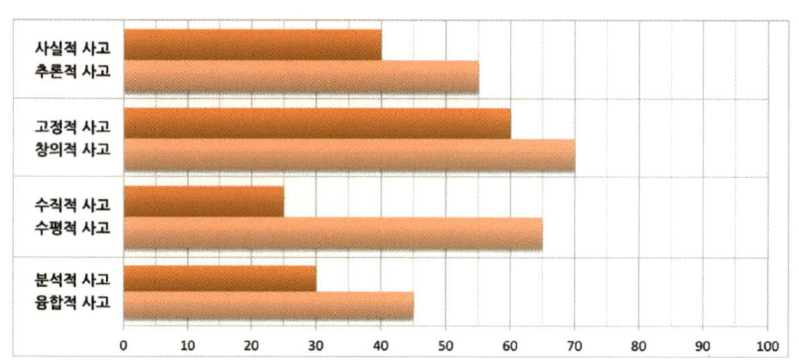

〈진취형의 한 예〉

서로를 성장시키는 '라이벌 공부법'과 해결책이 총망라된 '토탈솔루션 학습계획표'를 짜라

학습법 진취형은 학습에 있어서 강렬한 동기 부여가 주어져야 발군의 잠재력을 발휘하는 유형이다. 따라서 평소 자신과 성적 수준이나 목표가 비슷한 라이벌을 정해서 함께 공부하면 효과가 크다.

가뜩이나 경쟁 속에 치인 아이들에게 굳이 그런 공부법까지 필요한지 의문을 제기할 수도 있겠지만, 선의의 경쟁은 진취형의 학습 열정을 살리는 긍정적 방법으로 시도해 볼 만하다.

이러한 '라이벌 공부법'은 우선 두 라이벌이 공통 목표를 정하고, 매일 공통의 학습 분량과 진도, 학습 시간, 학습 공간까지 함께 함으로써 항상 서로를 보고 자극받을 수 있도록 한다.

학습 목표나 학습 분량, 시간과 장소는 서로 자발적으로 정하고, 각자가 서로의 학습량을 체크하거나 간단하게 테스트하면서 시너지 효과를 낼 수 있다.

관심 분야나 그 분야에서 성공한 사람들을 롤모델로 삼는 '롤모델 공부법'도 긍정적인 영향을 미친다. 그 롤모델이 평소 어떤 꿈을 가졌고, 어떻게 꿈을 이뤘으며, 어떤 식으로 공부해 왔는지를 찾아보고, 롤모델을 따라 하면서 자신을 성장시키는 방법이다.

진취형은 치밀한 논리력과 부족한 글쓰기를 보완하기 위해 책을 읽고 흐름을 파악하면서 핵심을 말하고, 그것을 바탕으로 자기 생각을 자세하게 글로 쓰는 연습을 꾸준히 하는 것이 필요하다. 물론 이 때도 라이벌끼리 함께 하면 서로 잘하려고 하기 때문에 효과 만점이다.

의욕적이고, 도전적이며, 선이 굵은 타입이므로 이러한 특징에 맞도록 학습 장소는 공개적이고 사람이 많은 학교 도서관이나 공공 도서관을 활용해야 좀 더 높은 학습 효과를 기대할 수 있다. 진취형은 포부가 크고 자신의 목표를 위해 과감하게 도전하는 유형이므로, 학습계획도 장기적으로 크고 넓게 짜는 것이 좋다.

또한 쉽게 달성할 수 있는 목표보다는 어렵게 달성하는 목표일수록 자신이 뭔가 대단한 일을 이룬다는 뿌듯함에 책임감을 갖고 분발하는 스타일이다.

학습계획표 평소에는 라이벌 구도로 학습하고, 때때로 롤모델 학습으로 학습 동기와 의욕을 고취시키면서, 무엇보다 자신의 목표와 진로를 뚜렷하게 설정하고 필요한 부분을 총체적으로 해결하는 '토탈솔루션 학습계획표'를 짜야 한다.

우선, 자신이 목표로 하는 대학, 학과, 입학 가능한 적정 점수, 입시 자료들을 통째로 검토한다. 그다음으로 고1, 고2, 고3까지 어떻게 성적을 올리고 관리할 것인지 정한다.

그리고 목표 대학에 가기 위해서 반드시 필요한 전형 요소들은 어느 시기에 어떤 방식으로 준비할 것인지도 체크하며 고1부터 고3까지 올려야 하는 목표 점수를 정한다.

그리고 시험 때마다 자신의 지난 점수와 목표 점수를 계획표에 기록하여 자신의 점수를 한눈에 파악하고 상기시킬 수 있도록 짠다.

강점 UP
성적 수준과 목표가 비슷한 경쟁자와 함께 하는 '라이벌 공부법'을 시도한다
닮고 싶은 롤모델을 따라하면서 학습 동기를 유발하는 '롤모델 공부법'도 좋다

약점 DOWN
부족한 논리력을 보완하기 위한 핵심 파악 훈련과 자신의 생각을 글로 쓰는
연습을 꾸준히 한다

학습계획표
목표를 달성하기 위해 필요한 모든 해결책과 방법이 총망라된 '토탈솔루션
학습계획표'를 짠다

1:多 수업으로 승부하라

진취형은 학습 동기와 경쟁심만 제대로 이끌어 준다면 자기 주도 학습도 곧잘 하는 유형이다. 또 의욕적이고 도전적이며, 팀의 목표를 이루는 일에 자기의 역량을 발휘한다.

반면에 혼자 세부적인 정보를 꼼꼼하게 챙기는 것에는 약한 편이다. 따라서 학습 효과를 더 높이기 위해서는 독학이나 인강, 1:1 수업을 듣는 것보다는 특유의 리더십을 잘 발휘할 수 있는 학교, 종합 학원 등 1:多 수업이 맞는다.

1:多 수업을 들을 때는 자신과 성적 수준이 비슷한 아이들로만 구

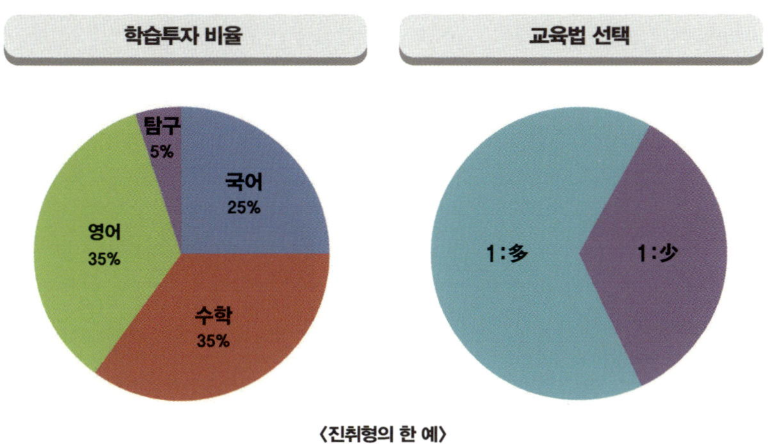

〈진취형의 한 예〉

성된 반에서 할 필요는 없다. 다만 수업을 듣는 반에 자신과 선의의 경쟁을 펼칠 수 있는 라이벌이 한 명 정도는 있어야 공부하는 데 자극을 받을 수 있다.

가끔은 팀을 만들어 팀별로 과제를 수행하도록 하는 팀별 경쟁을 시키면, 자신의 리더십을 십분 발휘하면서도 학습 성취력을 높일 수 있어 큰 도움이 된다.

또 독립심이 강하고 주변 환경에 대한 적응력이 좋기 때문에 단체 생활을 하면서도 생활 관리나 자기 주도 학습이 가능한 기숙형 교육 시스템도 권장할 만한다.

강점 UP
팀별 경쟁을 통한 과제 수행을 시킨다
독립심이 강하므로 기숙형 교육시스템도 적합하다

약점 DOWN
혼자 세부적인 정보를 꼼꼼하게 챙기는 것에는 약한 편이므로, 특유의 리더십을 발휘할 수 있는 1:多 수업이 맞다

학습 슬럼프에 굴하지 않는 근성과 발표력, 리더십 활동

진취형은 힘들 때 더 대담해지므로 잠깐의 성적 하락이나 일시적인 슬럼프에는 크게 동요하지 않는 유형이다. 오히려 슬럼프의 원인을 파악하여 다시 도전하는 타입이다.

무엇보다 낯선 환경에서도 긴장하거나 기죽지 않으며, 자기의 주장을 남들 앞에서 명확하게 이야기하는 편이라 면접관들에게 좋은 인상을 주어 높은 점수를 받을 수 있다.

학교에서 임원이나 동아리 회장 등 리더의 자리를 맡게 되면, 자신의 생각을 또래 친구들에게 주장하고 그들의 의견을 수렴하면서 자신의 잠재력도 발휘하게 된다.

이러한 리더십 활동은 역경이나 어려움을 극복하면서 더욱 빛을 발하게 되어 진학에도 큰 도움이 된다.

진취형 합격DNA

- 잠깐의 성적 하락이나 일시적인 슬럼프에는 동요하지 않는 담대함
- 시험에서도 유리할 수 있는 타고난 리더십 활동력
- 낯선 환경에도 주눅 들지 않고 분위기를 이끄는 발표력

벤처창업학과, 글로벌리더학과, 항해학과에서 주역이 되어라

벤처창업학과는 창업의 시작부터 생존의 기반을 마련하는 데 필요한 실용 지식을 배우고, 중소기업과 벤처 창업에 관한 지식을 익히는 학과이다. 기업 문제의 새로운 대안을 모색하고 성공적으로 비즈니스 전문가를 양성하는 게 목표로 자신의 아이디어를 바탕으로 개인 창업에 관심 있는 진취형에게 적합하다.

글로벌리더학과는 자기 분야에 대한 전문성뿐만 아니라, 여러 분야를 통합적이고 창조적인 안목으로 바라보는 지성인을 양성하는 학과이다. 국제화 시대에 발맞추어 리더로 활동하도록 실용적인 교육을 시키고 있다. 진취적인 리더를 꿈꾼다면 도전해볼 만하다.

항해학과는 첨단 기술을 이용할 수 있는 능력을 키우고 상선(上船) 사관으로서 폭넓은 교양과 지식, 그리고 덕목을 배우는 학과이다. 졸업한 뒤에는 선장, 도선사, 항해사 등의 분야에서 활동할 수 있다.

학과 성격	맞춤 학과
사업 중심	벤처창업학과, 창업학과,
국제 활동 중심	글로벌리더학과, 글로벌경영학과, NGO학과
운항 중심	선박학과, 해상운송시스템학과, 선박운항관리과, 항해학과

승부 근성과 진취성으로
세상을 움직이는 일에 도전하라

진취형은 두려움 없이 자신의 목표와 이상을 위해 도전하며, 실패해도 다시 시도하여 늘 새로운 것에 승부수를 던진다. 위기에 더욱 강한 면모를 보이므로 탐험가, 선장, 항해사, 등반가, 오지 여행가 등의 직업을 가지면 만족감을 느낄 수 있다.

무엇보다 우리 사회의 각종 문제를 해결하고 사회의 공익을 위하는 사회단체 활동가가 적합한 직업인데, 주로 시민운동가, 인권 운동가, 환경 운동가가 이에 속한다. 이들은 사회 특정 문제나 이슈를 제기하고 다양한 집회나 캠페인을 통해 바람직한 대안을 찾는 데 기여하고 공동체의 이익을 위해 솔선수범하는 진취형에게 적합한 직업이다. 이 외에 대통령, 정치인, 국회의원, NGO 활동가, CEO 등을 직업으로 가지면 세상을 움직이는 리더가 될 수 있다.

직업 성격	추천 직업
탐험 중심	탐험가, 선장, 항해사, 등반가, 오지 여행가
활동 중심	시민운동가, 인권 운동가, 환경 운동가, NGO 활동가
지도자 중심	대통령, 정치인, 국회의원, CEO

'하나의 미국'을 만들었던
변화와 희망의 리더, 버락 오바마

미국 최초의 흑인 대통령인 버락 오바마는 미국의 젊은 유권자, 여성, 이민자 그리고 정치에 관심조차 없던 사람들의 마음까지 모두 하나로 끌어모아 높은 지지율로 당선된 인물이다.

오바마는 흑인 혼혈인으로 겪었던 인종 차별, 부모의 이혼으로 인한 정체성 혼란 등 성장기에 수많은 난관을 겪었지만, 특유의 진취적인 마인드와 근성으로 이를 이겨냈다.

또 이미 청년 시절부터 시카고 지역의 사회 운동가로 이름을 날렸으며 적극적인 리더십으로 늘 사람들을 결집시켰다.

진보와 보수의 차별, 인종과 성별의 차별이 없는 '하나의 미국'을 지향하며 불안 속에서도 담대한 희망을 갖자고 호소한 그는 전국적인 명성을 얻게 되었고, 흑인으로는 유일하게 연방 상원 의원에 당선되었으며, 그로부터 4년 뒤 미국 대통령에 당선되었다.

당선 후 소감을 말하는 그의 모습이 전 세계로 방송되었다. 화면 사이사이 보이는 미국인들의 울먹이는 눈 속에는 눈물만이 아닌 희망도 들어 있는 듯 했다.

이제 그는 전 세계 수많은 청년들이 닮고 싶어 하는 최고의 롤모델
이자 변화를 이끈 위대한 지도자로 기억되고 있다.

운동도 전략이다!

- **소통형** 주변에 대한 관심과 애정으로 세상을 향해 다가가는 소통형은 몸으로 소통하는 춤이 좋다. 특히 또래들과 함께 아이돌 그룹의 춤을 따라 추면 친구들과 소통도 되고 스트레스도 푸는 효과를 볼 수 있다.

- **창조형** 자유로운 영혼의 소유자 창조형은 뭔가 규칙적으로 하는 게 더 스트레스가 된다. 리듬감을 살리면서도 예술적 감성을 승화시키는 에어로빅이 좋다.

- **규범형** 원리 원칙을 따지는 규범형은 성실하고 부지런한 특징을 살리면서도 경직된 사고방식과 생활 태도를 유연하게 풀어줄 수 있는 이른 아침 조깅이나 낮은 산을 등산하는 게 좋다.

- **실용형** 실용형은 무엇을 하든 가벼운 내기를 걸면 즐겁게 하는 타입이다. 만약 자신의 집이 아파트 10층이라면, 친구와 함께 누가 먼저 10층까지 계단을 빨리 올라가는지 내기를 걸면 운동도 되고 스트레스도 풀 수 있다.

- **추리형** 감정 기복이 있는 추리형은 한번 마음에 들면 열심히 하다가도 싫증을 내기 때문에, 무엇을 하든 전담 코치가 맡아서 트레이닝을 시켜 주는 게 효과적이다.

- **운동형** 항상 활동적이고 에너지 넘치는 운동형은 활동적인 에너지를 정적으로 차분하게 다스릴 수 있는 요가가 좋다.

- **원리형** 자기만의 독보적인 영역을 갖고 있는 원리형은 뭔가 의욕적으로 움직이는 것부터 힘들기 때문에 집에서 가볍게 할 수 있는 아령 들기나 줄넘기가 좋다.

- **제작형** 매사 심플한 제작형은 어떤 특정한 운동을 지정하기보다는 자신이 하고 싶은 운동을 골라서 하는 것이 더 효과적이다.

- **분석형** 완벽해야 마음이 편한 분석형은 운동을 싫어하는 경향이 있으므로 무리하게 외부 활동을 하려고 애쓰지 말고, 실내에서 할 수 있는 러닝머신부터 시작한다. 자신에게 집중하면서도 에너지를 충전할 수 있어 권할 만하다.

- **봉사형** 자기 희생으로 세상을 정화시키는 봉사형은 자기를 희생하느라 받았던 스트레스를 최대한 활동하는 것으로 푸는 게 좋다. 특히 상대와 함께 하는 취미 생활이 좋은데, 상대와 내적 긴장감을 풀고 활기를 얻을 수 있는 호신술, 검도 등이 좋다.

- **생명형** 냉정과 열정 사이에서 고민하는 생명형은 무리하게 운동 쪽으로 몰아가면 더 스트레스를 받을 수 있으므로, 자신을 적극적으로 드러내면서도 갈등을 해소할 수 있는 스트레칭이 좋다.

- **교육형** 타인의 성장을 이끄는 교육형은 자신의 성장을 체크할 수 있는 수영이 좋다.

- **복합형** 어느 곳에서나 적응을 잘하지만 생각보다 끈기가 부족한 복합형은 오감을 자극하면서 강렬한 운동이 좋다. 평소 꾸준히는 하지 못하더라도 스트레스를 풀고 싶을 때, 인라인 스케이트나 패러글라이딩을 하고 나면 한결 가뿐한 마음으로 공부에 집중할 수 있다.

- **관찰형** 자기 관심 대상에 집중하는 관찰형은 특유의 안목으로 풍경도 관찰하고 다른 사람들의 일상도 보면서 자신의 에너지를 충전할 수 있는 자전거 타기를 권할 만하다.

- **진취형** 세상을 움직이는 힘을 가진 진취형은 혼자보다 단체로 하는 운동을 통해 자신의 역량을 확인하면서도 자연스러운 경쟁력을 발휘하며 스트레스를 푸는 농구나 축구가 좋다.

OCTAGNOSIS검사로 나만의 합격DNA 찾기

검사를 시작하기 전에

준비물

필기 도구와 스톱워치(시계)

검사 방법

STEP 1. 8가지 사고력 검사하기

① 336쪽에 있는 사고력 진단카드 페이지를 오려 낸다.

② 300쪽에 있는 8가지 사고력을 측정하는 진단 문제들을 푼다.

STEP 2. 채점하기

316쪽에 있는 채점 방법에 따라 채점하여 오려낸 사고력 진단카드 페이지에 내 점수를 써 넣는다.

STEP 3. 사고력 진단카드 만들기

오려낸 사고력 진단카드 페이지의 사고력 막대그래프 칸에 내 사고력 점수만큼 색칠한다. 이때 가장 높게 색칠된 막대가 바로 나의 중심사고력이며, 가장 낮게 색칠된 막대가 나의 주변사고력이 된다. 만약 가장 높은 사고력이 동점으로 나왔다면 동점에 해당하는 사고력은 모두 나의 중심사고력이 된다.

STEP 4. 15가지 성향유형 찾아가기

① 340쪽, A~H세트 중 자신의 중심사고력이 속해 있는 세트를 선택한다. 이때, 중심사고력이 동점으로 나와 두 개 이상이라면, 이들 중심사고력이 속해 있는 세트를 모두 선택하여 검사를 실시한다.

② 세트 안에 들어 있는 성향유형 질문에 체크한다.

③ 성향유형 체크를 마치고 총점을 계산한다. 이때 제일 높은 점수

를 보이는 것이 나의 최종 성향유형이다. 만약 성향유형의 총점이 동점으로 나온 것이 있다면 그것은 모두 나의 성향유형이 된다. 예를 들어 소통형과 복합형이 동점으로 나왔다면 내 성향 유형은 '소통복합형'이 되는 것이다.

④ 책에서 나의 최종 성향유형에 해당하는 부분을 찾아서 읽는다. 이때 ③과 같이 두 개의 성향유형이 동시에 나올 경우 두 성향유형에 해당하는 내용을 모두 읽는다.

검사 설명

① 각각의 진단 문제들은 모두 10개의 문항으로 구성되어 있다.

② 1~7번까지는 각각의 사고력 특징을 체크하는 질문으로 나에게 해당되면 '예', 해당되지 않거나 중간 정도 혹은 잘 모르겠다면 '아니오'로 답하면 된다.

③ 8~10번까지는 사고력 심화 테스트로 해당 사고력에 얼마나 맞는지를 알기 위함이니 긴장하지 말고 풀면 된다. 제한 시간이 있는 문제들은 시간을 재어 그 안에 풀도록 한다.

④ 각각의 문항들은 시험 문제가 아니라 자신의 성향이 어떤지 정도를 알아보고자 하는 것이다. 검사 결과 나타나는 각 사고력의 점수는 중심사고력과 주변사고력의 분포 정도를 보여 주는 것으로서, 두 사고력이 상호 보완 작용할 때, 우선 작용하는 사고력에 따라 성향유형이 결정된다. 그러므로 점수가 낮게 나왔다고 해서 실망할 것도 잘못된 것도 아니니 점수에는 연연하지 말자.

⑤ 한 사람에게 하나의 중심사고력과 하나의 성향유형이 나타나기도 하지만, 두 개 이상의 중심사고력과 두 개 이상의 성향유형이 함께 나타날 수 있다. 예를 들면 어떤 학생은 융합적 사고력과 창조적 사고력이 동일하게 높은 수치를 보이기도 하고, 어떤 학생은 교육형과 규범형이 섞여 있기도 하다.

자, 이제 검사를 시작해 보자!

> • 먼저 336쪽에 있는 진단카드 페이지를 오려 낸다. 문제를 다 풀고 채점하기 단계에서 해당 표에 점수를 써 넣는다. 시간 제한이 있는 문제는 시간을 재서 풀도록 한다. 모든 질문에 솔직하고 성실하게 답변해 주어야 보다 정확한 결과를 얻을 수 있다.

1 사실적 사고력

질문 문항	예	아니오
01 단순하다는 얘기를 듣는 편이다.		
02 어떤 사실을 있는 그대로 잘 파악한다.		
03 글의 주제나 핵심을 정확하게 파악한다.		
04 계산을 잘하는 편이다.		
05 어떤 상황이 발생하면, 되도록 객관적으로 생각하는 편이다.		
06 그래프가 나오는 자료를 잘 해석하는 편이다.		
07 어떤 일에 대해서 결정을 하고 나면 더 이상 고민하지 않는다.		
'예'라고 대답한 총 개수		개

08 [겨울 바닷가에 서 있으면, <u>차가운</u> 바람이 불어온다.]

이 문장에서 '차가운' 이란 단어와 비슷한 느낌이라고 생각되는 말들을 다음 문항에서 모두 골라 보자.

① 서늘하다 ② 쌀쌀하다 ③ 썰렁하다 ④ 스산하다 ⑤ 쏠쏠하다

09 (제한 시간 1분) 다음 글은 미국 44대, 45대 대통령인 '버락 오바마'의 대통령 취임 연설문 중 일부이다. 주어진 글을 잘 읽고, 주제가 무엇인지 한 문장으로 써 보자.

> 우리 모두는 현재 위기의 한가운데 있다는 사실을 잘 알고 있습니다. 우리 나라는 그물처럼 폭넓게 뻗어 있는 폭력 및 증오와 전쟁 중입니다. 우리의 경제는 일부의 탐욕과 무책임함, 그리고 새로운 시대를 준비하고 어려운 결정들을 내리는 데 있어 총체적으로 실패한 결과, 매우 약해졌습니다. 가족은 집을 잃고 근로자는 직장에서 해고당하고 기업들은 문을 닫았습니다. 의료 비용은 너무나 비싸고, 학교들은 너무 많이 실패하고, 우리가 힘을 사용하는 그릇된 방식이 우리의 적들을 강화시키고, 동시에 전 세계를 위협하고 있다는 증거들이 매일같이 속속 드러나고 있습니다.
>
> – 제44대 미국 대통령 오바마 취임식 연설문 중 –

주제 문장 ____

10 (제한 시간 20초) 다음 문제는 수학의 사칙 연산 문제이다. 제한 시간을 꼭 지키면서 풀어 보자.

$$[\ 7 + 7 \div 7 + 7 \times 7 - 7\ ]$$

답은? ____

질문 문항	예	아니오
01 하나의 정보를 바탕으로 다른 내용을 잘 상상한다.		
02 평소 말이나 글을 잘 지어낸다는 소리를 듣는다.		
03 어떤 문제가 발생하면 금방 결정을 잘 못하는 편이다.		
04 성격이 복잡한 편이다.		
05 글이나 말의 숨은 뜻을 잘 파악한다.		
06 논리적인 추측을 잘하는 편이다.		
07 가끔 혼자서 공상을 잘한다.		
'예'라고 대답한 총 개수		개

08 다음 주어진 문항을 읽고 '나'는 무엇인지 써 보자.

> - 나는 비가 오면 등장합니다
> - 나는 꽤 다양한 색깔을 가지고 있습니다
> - 나는 열정, 활동, 명랑, 평화, 순결, 우아함을 의미하기도 합니다
> - 사람들은 나를 보면 사진을 찍습니다

나는? ____________________________

09 다음 두 개의 그림이 있다. 첫 번째는 얼룩무늬 고양이와 흰둥이 개가 먹음직스러운 고기를 앞에 두고 서로 먼저 먹겠다고 으르렁거리는 그림이다. 마지막은 흰둥이 개가 새끼를 낳았는데, 얼룩무늬 강아지, 누렁이 강아지, 흰둥이 강아지가 나란히 어미의 젖을 빨고 있는 그림이다. 첫 번째와 마지막 그림을 바탕으로 과연 중간에 어떤 내용이 들어가면 좋을지 상상하여 써 보자.

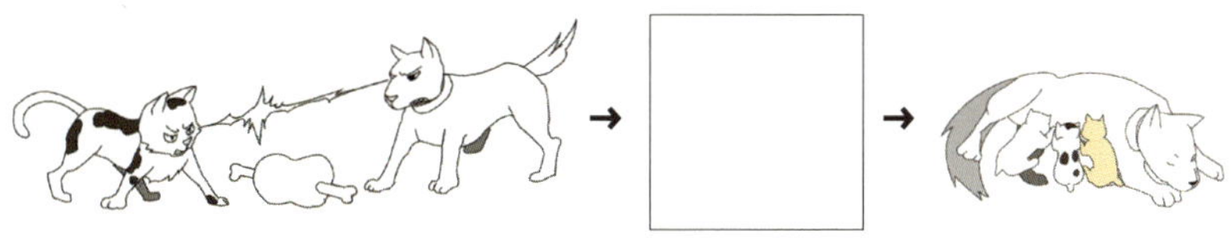

중간에 들어갈 내용은? ______________________________________

____

____

10 (제한 시간 50초) 다음은 수학의 수열 문제이다. 문제를 잘 보고, 마지막 칸에 들어갈 답을 써 보자.

[27 20 29 22 33 26 41 (   )]

질문 문항	예	아니오
01 늘 정해진 패턴대로 생활하는 편이다.		
02 항상 자신의 앉는 자리가 정해져 있다.		
03 원칙을 중요시하는 편이다.		
04 문제가 발생하면 익숙한 방법으로만 해결하려 한다.		
05 고정 관념이 많은 편이다.		
06 변화보다는 안정을 추구한다.		
07 반복되는 일도 잘한다.		
'예'라고 대답한 총 개수		개

08 다음은 우리가 흔히 알고 있는 동화 속 인물들이다. 이 인물들을 자신이 생각하는 기준대로 두 가지로 나누어 보자.

[흥부, 마녀, 콩쥐, 놀부, 백설공주, 팥쥐]

_______________________ VS _______________________

09 망망대해에서 갑자기 여객선이 침몰 위기에 빠졌다. 배는 점점 기울고, 바닷물이 들어차면서 사람들은 모두 갑판으로 나와 우왕좌왕하기 시작하는데, 구명보트는 단 한 대뿐이다.

[할머니, 어린아이, 여자, 임산부, 군인, 남자, 선장]

당신이라면 구명보트에 탈 순서를 어떻게 정하겠는지 아래 칸에 써 보자.

탑승 순서 1번째 _________ → 2번째 _________ → 3번째 _________ →

4번째 _________ → 5번째 _________ → 6번째 _________ →

7번째 _________

10 친구들과 재미있게 '젠가 게임'을 하는 중이다. 거의 무너지기 직전까지 왔다. 다음은 내 차례인데, 나는 몇 번 조각을 뺄까? '젠가 게임'의 원래 규칙은 생각하지 말고 느낌대로 골라 보자.

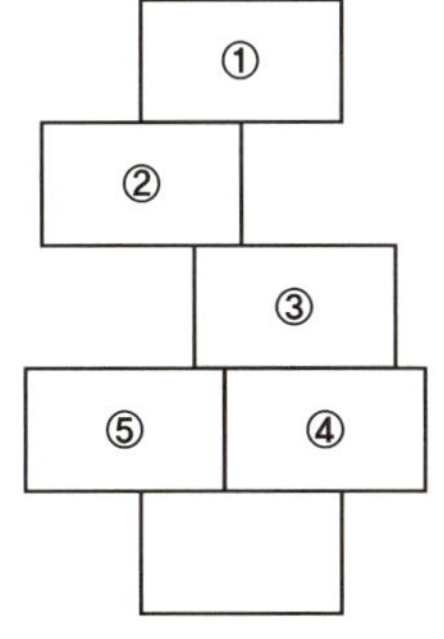

_________________ 번 조각

질문 문항	예	아니오
01 평소 기발하다는 소리를 듣는 편이다.		
02 어떤 상황이 생기면 남다른 관점으로 보는 경향이 있다.		
03 기분이 자주 바뀌는 편이다.		
04 변화를 좋아하는 편이다.		
05 문제가 생기면 발상을 바꿔서 생각해 보는 편이다.		
06 관심 있는 분야에는 몰입하는 경향이 있다.		
07 나만의 개성이 강한 편이다.		
'예'라고 대답한 총 개수		개

08 아래 그림은 어떤 완성된 그림의 일부분이다. 과연 전체 그림은 무엇이었을까? 내가 화가라고 생각하면서 전체 그림을 완성해 보자.

 다음은 어느 국경선에서 일어난 밀수 사건 이야기이다. 밀수품은 무엇인지 답을 써 보자.

> A나라와 B나라는 국경을 마주 보고 있다. 최근에 밀수 사건이 빈번해서 두 나라의 국경에서는 검문이 강화되었다. 그런데 매주 한 번씩 A나라에서 B나라로 자전거를 타고 지나가는 남자가 있었다. 이 남자는 항상 모래가 가득 든 주머니와 꽃씨가 가득 든 주머니를 배낭 속에 넣고 국경을 지나갔다. 국경 수비대는 이 남자를 수상하게 여겨 매번 모래 속을 뒤집어 보고, 꽃씨들을 일일이 살펴봤지만 아무 것도 발견되지 않았다. 그런데 얼마 후, 이 남자는 밀수 혐의로 붙잡혔다. 과연 이 남자가 밀수한 것은 무엇일까?

밀수품은? ____________________________

10 **(제한 시간 1분 30초) 상상력을 한껏 발휘해야 하는 '영어 조합' 문제이다. 순서 없이 마구 흩어 놓은 4가지 알파벳 조합을 잘 보고, 뜻이 있는 단어로 만들어 보자.**

① locsoh → (   )
② rnedif → (   )
③ glsnehi → (   )
④ seohu → (   )

질문 문항	예	아니오
01 평소 꼼꼼하다는 소리를 듣는다.		
02 남들이 잘 보지 못하는 문제점을 예리하게 파악한다.		
03 문제가 발생하면 충분히 생각해서 결론을 낸다.		
04 완벽을 추구하는 성격이다.		
05 상황을 논리적으로 판단하는 편이다.		
06 전체보다 부분적인 것을 잘 파악하는 편이다.		
07 문제가 완전히 해결되지 않으면 불안하다.		
'예'라고 대답한 총 개수		개

08 다음 그림은 잘 알려진 뭉크의 '절규'이다. 그런데 두 그림에는 다른 점이 있다. 두 그림을 잘 살펴보면서 다른 점이 몇 개나 되는지 찾아보자.

다른 점들 ___________________________

09 자, 이번에도 그림이 나온다. 첫 번째 그림은 유명한 레오나르도 다빈치의 '모나리자'이다. 두 번째 그림은 이탈리아 화가인 장 밥티스트 카미유 코로의 '진주의 여인'이라는 작품이다. 코로는 평소 자신이 존경했던 다빈치와 그의 작품 '모나리자'에 대한 경의의 표현으로 이 작품을 그렸다고 한다. 두 그림을 감상해 보자.

모나리자　　　　　　진주의 여인

충분히 감상했는가? 겉보기에는 두 그림의 주인공은 여인이라는 점이 비슷하다. 언뜻 분위기나 느낌은 닮은 것 같지만 분명 차이점이 있다. 자, 그럼 지금부터 두 그림의 다른 점들을 보이는 대로 모두 써 보자.

다른 점들 ____

____

____

10 다음 주어진 문장을 잘 읽고, 논리적 오류가 있는 문장을 모두 골라 보자.

① 철수 너! 진짜 이러기냐? 너랑 나랑 제일 친한데, 그깟 돈 좀 못 빌려 준다고?

② 아니, 아직까지 이 책을 안 읽었다는 말야? 이게 얼마나 베스트셀런데?

③ 불우 이웃 돕기 성금을 안 내겠다는 사람은 인간이 아니다!

④ 엄마는 왜 나만 보면 머리 나쁘다고 난리야? 그러는 엄마는 머리 좋아? 어?

⑤ 오늘 국어 시험 대박 잘 봤어! 이번 시험은 성적이 쑥 오를 것 같다.

질문 문항	예	아니오
01 서로 다른 것을 관련지어 새로운 것을 잘 만들어 낸다.		
02 다양한 분야에 재능이 많다.		
03 응용력이 뛰어나다.		
04 부분보다는 전체를 잘 본다.		
05 여러 가지 일을 동시에 잘할 수 있다.		
06 복잡한 일도 잘하는 편이다.		
07 한 가지 일을 오래 할 경우 쉽게 싫증을 내는 편이다.		
'예'라고 대답한 총 개수		개

08 다음 두 가지 동물이 있다.

육상의 멋쟁이 치타와 하늘의 제왕 독수리가 있다. 두 동물이 갖는 특징을 조합하여 무언가를 만든다고 할 때, 새롭게 만들 수 있는 것은 무엇인가?

09 다음 두 가지 사물이 있다.

불이 붙여진 초   유리거울

타오르는 촛불과 아침마다 보게 되는 거울.

이 두 사물의 특징을 잘 생각하면서 두 사물을 조합하여 무언가를 만든다고 할 때, 새롭게

만들 수 있는 것은 무엇인가?

___

10 다음 사진은 '2011년 칸 국제 광고제 수상작'이다. 과연 어떤 제품을 광고한 것일까?

___

질문 문항	예	아니오
01 어떤 사실에 대해서 옳고 그름을 잘 따지는 편이다.		
02 문제가 발생하면 해결하기 위해 계속 생각하는 편이다.		
03 어떤 상황에 대해 논리적으로 생각하는 편이다.		
04 문제가 해결되지 않으면 다음 단계로 넘어가지 못한다.		
05 융통성이 부족하다는 소리를 듣는 편이다.		
06 인간관계에서 윗사람과 아랫사람의 질서가 중요하다고 생각한다.		
07 한번 결정한 생각이나 판단을 쉽게 바꾸지 못한다.		
'예'라고 대답한 총 개수		개

08 학교에서 선생님이 '개미집 관찰 일기'를 쓰라는 과제를 내 주셨다. 나는 과제를 하기 위해 뒷산에 올라가 개미가 많이 다니는 주변을 찾아서 땅을 파 보기로 했다. 평소의 '나'라면 어떤 방식으로 땅을 파서 개미집을 관찰할까?

◀ ① 개미집이 있을 것으로 예상되는 지점을 골라, 개미집이 나올 때까지 한 구덩이만을 판다.

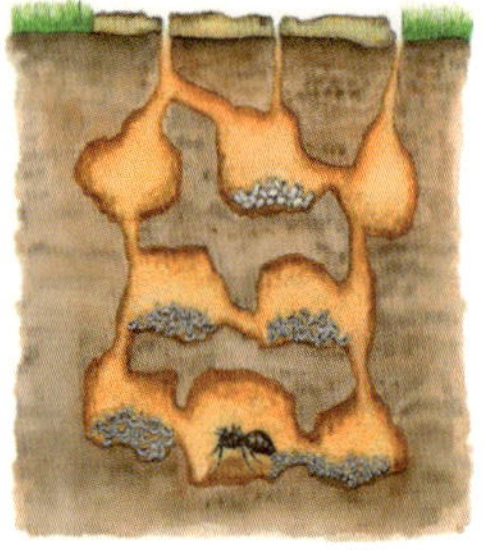

▶ ② 개미집이 있을 것으로 예상되는 지점 여러 군데를 골라, 골고루 파 본다.

09 학교에서 집으로 돌아가는 길에 딸기 아이스크림을 샀다. 그러나 채 한 입 베어 물기도 전에, 지나가는 사람과 부딪혀서 그만 딸기 아이스크림을 바닥에 떨어뜨려 버렸다. 할 수 없이 그냥 두고 집으로 돌아왔지만 집에 돌아와서도 아까 땅에 떨어뜨린 딸기 아이스크림이 자꾸만 생각났다. 만약 '딸기 아이스크림을 그대로 땅에 방치해 둔다면 어떻게 될까?'를 예상하여 순서에 맞게 번호대로 아래 괄호에 써 넣어보자.

딸기 아이스크림을 그냥 땅에 내버려 두면 어떻게 될까?
 ---- ① (   )
그럼 ①을 그대로 놔두면 어떻게 될까? ----② (   )
그럼 ②는 시간이 지나면 또 어떻게 될까? ---③ (   )
③은 시간이 지나면 어떻게 될까? ---④ (   )

10 (제한 시간 1분) 다음은 '참'과 '거짓'을 찾는 명제 문제이다. 세 명의 말을 잘 생각하면서 다음 중 항상 '참'인 것은 무엇인지 찾아보자.

> 영희, 철수, 기영 3명 중에서 한 사람만이 결석을 했다. 다음 3명의 말 중 한 명만 '참'이고 나머지 두 명은 '거짓'을 말했다.
>
> 철수 : 나는 결석하지 않았어요.
> 영희 : 철수가 결석했어요.
> 기영 : 내가 결석했어요.

① 기영이는 결석하지 않았다　　　② 철수가 결석했다
③ 영희가 결석했다　　　　　　　④ 기영이가 결석했다
⑤ 철수가 결석하지 않았다

질문 문항	예	아니오
01 진득하게 한 가지만 하지 못한다.		
02 문제가 발생하면 다양한 방법으로 해결하려 한다.		
03 주변 사람들과 자유롭게 소통하는 편이다.		
04 나와 의견이 다른 사람의 주장도 잘 받아들이는 편이다.		
05 열린 사고를 하며 융통성이 있는 편이다.		
06 문제를 끝까지 해결하지 못해도 그냥 넘어가는 경우가 자주 있다.		
07 꼭 무엇을 해야 한다고 고집하지 않는다.		
'예'라고 대답한 총 개수		개

08 다음과 같이 다양한 직업을 가진 사람들이 있다. 이들 중에서 친하게 지내고 싶은 사람들을 모두 골라 동그라미로 표시해 보자.

> 선생님, CEO, 편의점 아르바이트생, 환경 미화원, 요리사, 마술사, 이발사, 작가, 기자, 연예인, 이웃 아주머니, 농부, 택시 기사, 아나운서, 디자이너, 광고 기획자, 만화방 주인 아저씨, PC방 주인 아저씨, 화가, 목욕탕 세신사, 비행기 조종사, 노점상 주인 아주머니, 외국인 근로자, 의사, 검사, 택배 아저씨, 초등학생, 이웃집 할아버지, 집배원

09 아래에는 여러 가지 요리 재료들이 있다. 이 재료들을 이용하여 만들 수 있는 요리들을 모두 생각해 보자. 단, 재료를 그냥 먹는 것은 안 되며 반드시 두 가지 이상 재료를 섞어서 요리를 만들어야 한다. 요리명과 요리 방법을 생각나는 대로 모두 써 보자.

요리명 & 요리 방법

____

____

____

____

10 다음과 같은 글을 읽고, 내가 만약 이 아파트 주민이라면 어떤 대책을 낼까?

신도시에 33층 초고층 아파트가 생겼다. 입지도 좋고 서울에서 가까운 거리라 아파트는 인기리에 분양을 끝냈고 입주자들은 하나둘씩 이사를 왔다. 그런데 문제가 생겼다. 이 아파트에 많은 세대가 사는 것에 비해 각 동마다 엘리베이터가 한 대 밖에 없으니, 한번 엘리베이터를 타려면 최소 5분 이상 기다리는 경우가 허다했다. 저층에 살면 걸어 내려갈 수도 있지만, 고층에 사는 주민들은 화가 머리끝까지 나서 매일 관리 사무소에 항의를 했다. 하지만 엘리베이터를 새로 만들 공간도 없고, 견적 비용도 만만치 않아서 주민들은 모금할 엄두도 못 내는 상황이다. 드디어 주민 대책 회의가 열렸다.

대책 ____

- 1번부터 7번까지 '예'라고 대답한 문항은 10점으로 계산하고, '아니오'라고 대답한 문항의 점수는 0점으로 계산한다. 그럼 1번에서 7번까지 중 '예'라고 대답한 것은 몇 개 인지 세어 보고, 오려낸 사고력 진단카드에 점수를 적어 보자.
- 8번에서 10번까지는 자신이 대답한 내용에 따라 점수 차이가 있으므로, 잘 읽고 채점기준에 따라 정확하게 채점한다. 채점한 점수는 오려낸 사고력 진단카드에 적는다.

1 사실적 사고력

1~7번까지 채점하기:'예'( )개×10=( )점

08 **풀이** 이 문제는 어휘의 정확한 의미를 파악하는 사실적 사고력을 진단하는 문제이다.

차가운 – 촉감이 서늘하고 찬 느낌
서늘하다 – 물체나 온도의 기온이 꽤 찬 느낌이 난다
쌀쌀하다 – 날씨와 바람 따위가 음산하고 상당히 차갑다
썰렁하다 – 서늘한 기운이 있어 조금 추운 듯하다
스산하다 – 날씨가 흐리고 으스스하다
쏠쏠하다 – 품질이나 수준이 기대 이상으로 괜찮다

* 따라서 '차가운'과 의미가 비슷한 것은 '서늘하다, 쌀쌀하다, 썰렁하다'이다. 답은 ①, ②, ③이 된다.

8번 채점하기

- 3개를 모두 맞혔다면 10점
- 2개를 맞혔다면 5점
- 0~1개를 맞혔다면 0점

09 **풀이** 이 문제는 글의 주제와 핵심을 정확하게 파악하는 사실적 사고력을 파악하는 것이다.

위기 상황에 빠진 미국의 현실을 서술한 것으로, 그것을 바탕으로 주제를 생각하면 된다.

* 주제문 : 우리는(미국은) 현재 위기 상황에 놓여 있다.

9번 채점하기

- '위기를 맞고 있다'는 내용이 들어가고, 제한 시간 1분을 넘기지 않았다면 10점
- '위기를 맞고 있다'는 답을 맞혔지만 제한 시간 1분을 넘겼다면 5점
- 주제문을 맞히지 못했다면 0점

10 **풀이** 이 문제는 객관적인 수리나 숫자에 강한 사실적 사고력을 파악하는 것이다.

사칙 연산은 초등학교 때 이미 배운 것으로 언뜻 이 문제를 보면 쉬울 것 같지만, 헷갈리기 쉬운 사칙 연산 문제 중 하나이다. 문제를 푸는 대부분의 사람들은 답을 '56'으로 한다. 하지만 정답이 아니다.

사칙 연산은 푸는 순서가 따로 있다. 곱셈과 나눗셈을 먼저 풀고, 그다음에 덧셈과 뺄셈을 풀어야 한다.

만약, 7+7÷7+7×7-7 순서대로만 푼다면 56이 나오지만 사칙 연산의 순서대로 곱셈과 나눗셈을 동시에 풀고 그다음, 덧셈과 뺄셈을 풀면 7+1+49-7 = 50이 된다.

답 : 50

10번 채점하기

- 50을 맞히고 제한 시간을 지켰다면 10점
- 50을 맞혔지만 제한 시간을 초과했다면 5점
- 50을 못 맞혔다면 0점

1~7번까지 채점하기 : '예'(   )개×10=(   )점

08 [풀이] 이 문제는 주어진 정보를 바탕으로 논리적인 추측을 잘하는 추론적 사고력을 파악하는 것이다.

비가 오면 등장하고, 빨주노초파남보 7가지 다양한 색깔을 가지고 있으며, 열정의 빨간색, 활동적인 주황색, 명랑한 노란색, 평화의 초록색, 순결의 파란색, 우아함의 보라색을 의미한다. 하늘에 뜨면 사람들은 희망이라고 생각하고 사진을 찍는 나는 '무지개'이다.

8번 채점하기

- '무지개'를 썼다면 10점
- 다른 답을 썼다면 0점

09 [풀이] 이 문제는 양쪽 두 그림의 정보를 토대로 가운데 들어갈 정보를 추측해 보는 추론적 사고력을 진단하는 문항이다.

답변 사례 1〉 고기를 서로 먹겠다고 으르렁거리던 고양이와 개가 싸우다가 어느새 정이 들었고, 흰둥이 개는 새끼를 낳았다.

답변 사례 2〉 고양이와 치열하게 싸우던 흰둥이 개는 마침내 고양이를 물리치고 고기를 차지했는데, 자신이 짝사랑하는 얼룩무늬 개에게 사랑의 정표로 그 고기를 주었다. 얼마 후 둘은 사랑의 결실을 맺었다.

답변 사례 3〉 어느 날 나그네 얼룩무늬 개에게 첫눈에 반해 사랑을 나누었던 흰둥이 개는 머지않아 새끼를 갖게 되었고 식욕이 왕성해지자, 평소 눈에 가시 같은 고양이 녀석과 싸워 먹음직스러운 고기를 차지했다. 그리고 얼마 후 새끼를 낳았

는데, 얼룩무늬 개를 닮은 강아지와 흰둥이를 닮은 강아지였다. 누렁이 강아
지는 아마도 조상 중에 그런 유전자가 있었을 것으로 생각된다.

- 답변 사례 2)와 3)처럼 남들이 생각하지 못한 기발함과 상상력으로 스토리를 만들어 냈다면 10점
- 답변 사례 1)과 같이 싸우다가 정이 든 고양이와 흰둥이 개의 운명적 사랑으로 상상했다면 5점
- 구체적인 스토리가 떠오르지 않거나 상상이 잘 되지 않았다면 0점

10 [풀이] 이 문제는 사실적인 정보를 바탕으로 논리적인 추론 관계를 예측하는 추론적 사고력을 진단하는 문항이다.

수열은 추론적 사고를 판단하는 대표적인 문제로, 숫자와 숫자 사이에 있는 일정한 규칙
을 찾는 것이 문제를 푸는 핵심이다.
특히 이 문제는 홀수 번째 숫자와 짝수 번째 숫자의 규칙을 각각 찾아내야 한다.

홀수 번째 숫자

27 29 33 41
  ∨   ∨   ∨
  2   4   8   – 숫자 사이의 규칙은 2, 4, 8, 16……
                  식으로 앞 숫자의 두 배씩 커진다.

짝수 번째 숫자

20 22 26 (   )
  ∨   ∨   ∨
 +2 +4 +8   – 숫자 사이의 규칙은 2, 4, 8……
                  식으로 앞 숫자에 규칙을 더하면 그다음 숫자가 나온다.
                  따라서 26 + 8 = 34

- 34를 맞히고 제한 시간 50초를 지켰다면 10점
- 34를 맞혔지만 제한 시간 50초를 넘겼다면 5점
- 34를 맞히지 못했다면 0점

1~7번까지 채점하기 : '예'( )개×10=( )점

08 **풀이** 일반적인 사회 관념대로 생각하고 행동하는 고정적 사고력을 파악하는 문제이다.

답변 사례 1〉 착한 인물(흥부, 콩쥐, 백설공주) VS 나쁜 인물(놀부, 팥쥐, 마녀)
답변 사례 2〉 남자(흥부, 놀부) VS 여자(마녀, 팥쥐, 콩쥐, 백설공주)
답변 사례 3〉 2글자(흥부, 마녀, 콩쥐, 놀부, 팥쥐) VS 4글자(백설공주)

8번 채점하기

- 답변 사례와 같이 착한 인물 VS 나쁜 인물, 남자 VS 여자, 2글자 VS 4글자의 개념으로 구분하였다면, 고정적 사고를 가지고 있는 것이므로 10점
- 이외에 다른 기준이나 방법으로 나누었다면 0점

09 **풀이** 이 문제는 일반적인 사회 관념과 패턴대로 생각하고 행동하는 습관이 있는지를 알아보는 것이다.

답변 사례〉 어린이와 임산부, 할머니, 여자 등 노약자를 우선 순위로 두며, 남자, 군인, 선장 등 위험에서 구해야 할 의무가 있다고 판단되는 사람들을 마지막에 둔다.

9번 채점하기

- 답변 사례와 같이 노약자에서 곤경에 빠진 사람을 구할 의무가 있는 사람 순서로, 즉 기본적인 사회적 관념대로 순서를 정했다면 고정적 사고가 높은 편으로 10점
- 투표를 한다거나 공평하게 제비뽑기를 한다는 등 명확한 사회적 기준과는 상관없는 순서를 정했다면 0점

10 〔풀이〕 위기 상황에 처했을 때, 가장 안전한 방법으로 해결하려는 고정적 사고력을 파악하는 것이다.

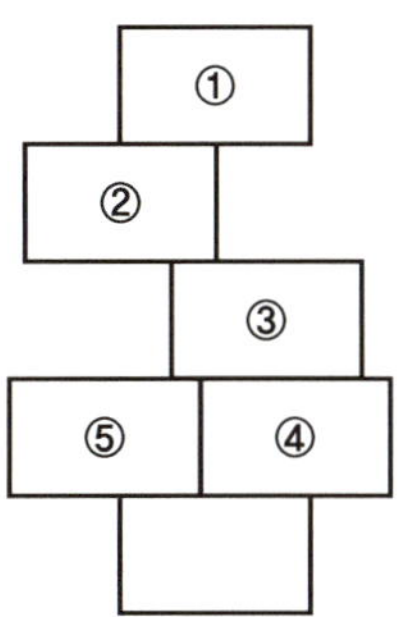

10번 채점하기

- ①을 선택했다면 무너지는 것을 최대한 막으려는 생각, 즉 안정적 해결법을 선택했으므로 고정적 사고가 높은 편으로 10점
- ②~③ 중에서 선택했다면 5점
- ④~⑤ 중에서 선택했다면 0점

1~7번까지 채점하기 : '예'( )개×10=( )점

08 **풀이** 이 문항은 기존의 사실을 바탕으로 전혀 새로운 것을 창조하는 사고력을 파악하는 문제이다.

창의적 사고력이 높은 답변 사례〉

찢어진 청바지를 헝겊으로 덧댄 모양

종이컵을 밟아 놓은 모양

사자 등 갈기를 가진 동물

아이들이 운동장에서 야구를 하고 있었는데 잘못 맞은 파울볼이 하필 교실 유리창을 깨뜨렸다. 이때 깨어진 유리창 모양

비가 내리는데 어린 아이가 나뭇잎을 우산처럼 쓰고 있고 이것을 위에서 내려다 본 장면

미국 초등학교 남학생이 축구를 하다가 공을 누구에게 줄지를 생각하며 공 위에 한쪽 다리를 올리고 서 있는데 이때, 남학생의 뒤통수를 내려다 본 장면 등

창의적 사고력이 낮은 답변 사례〉

딸기 등 과일류, 토마토, 당근 등 기타 야채류, 낙엽 등 식물류, 별, 폭발하는 장면, 뚫린 구멍, 스티커, 나비 등

8번 채점하기

- 창의적 사고력이 높은 사례〉에서와 같이 주어진 모양의 그림이 전체 그림 속에서 부분이 되고 전혀 다른 그림이 되었다면 10점
- 창의적 사고력이 낮은 사례〉에서와 같이 주어진 모양의 그림이 전체 그림 속에서 중심 모양이 되었고 평범한 그림이 되었다면 0점

09 **풀이** 이 문제는 기존의 발상을 뛰어넘어 창의적으로 해결해 내는 창의적 사고력을 평가하는 것이다.

답변 사례 1〉 모래가 밀수품이다.

답변 사례 2〉 꽃씨가 밀수품이다.

답변 사례 3〉 명품 옷을 원래 자신의 옷인 것처럼 입고 국경을 넘다가 잡혔다.
　　　　　　 그의 밀수품은 '명품 옷'

답변 사례 4〉 명품 장신구를 자기 것으로 가장해서 차고 국경을 넘었다.
　　　　　　 그의 밀수품은 '명품 장신구'

답변 사례 5〉 이빨 속에 금니를 심어 몰래 들여왔다. 그의 밀수품은 '금'

답변 사례 6〉 알고 보니 밀수품은 그 남자의 배낭이었다.

답변 사례 7〉 밀수품은 놀랍게도 그 남자가 타고 다니던 자전거였다.

9번 채점하기

- 답변 사례 6〉과 7〉처럼 다른 사람들이 생각하지 못한 기발한 물건으로 대답했다면 10점
- 답변 사례 3〉~5〉처럼 옷이나 장신구 또는 숨겨진 무언가를 밀수했다는 식의 상상을 했다면 5점
- 답변 사례 1〉과 2〉처럼 확연히 드러나는 모래와 꽃씨를 밀수했다는 식의 상상력을 발휘했다면 0점

10 **풀이** 이것은 주어진 정보를 바탕으로 재구성하여 새로운 것을 만들어 내는 창의적 사고력을 파악하는 문제이다.

① locsoh　→　(school / 학교)

② rnedif　→　(friend / 친구)

③ glsnehi　→　(english / 영어)

④ seohu　→　(house / 집)

10번 채점하기

- 제한 시간을 지키고 4개를 모두 맞혔다면 10점
- 제한 시간을 넘겨서 3~4개를 맞혔다면 5점
- 이 외에는 0점

1~7번까지 채점하기:'예'(   )개×10=(   )점

08 **풀이** 이 문제는 달라진 정보를 얼마나 세밀하게 파악할 수 있는지를 평가하는 것이다.

① 그림 상단 노을 부분의 모양 차이
② 큰 구름의 모양 차이
③ 작은 구름의 유무
④ 인물이 입은 옷의 네크라인 선

8번 채점하기

- 다른 점 4개를 모두 찾았다면 10점
- 3개를 찾았다면 5점
- 0~2개를 찾았다면 0점

09 **풀이** 이 문제는 두 작품의 차이점을 비교하여 상세한 정보를 꼼꼼하게 분석해 낼 수 있는지를 파악하는 것이다.

두 그림은
① 대상이 모두 여인인 점 ② 비슷한 구도 ③ 분위기
④ 코로가 '모나리자'를 보고 그린 작품임 ⑤ 머리 가르마 ⑥ 시선 처리
⑦ 명암 등의 비슷한 점을 가지고 있다.

그렇다면 차이점은?
① 색감 ② 옷의 디자인 ③ 색상 ④ 유화의 터치 정도 ⑤ 손의 모습
⑥ 담담한 표정과 미소 띤 표정 ⑦ 배경의 유무 ⑧ 머리 장식의 유무

⑨ 진주의 여인이 모나리자 보다 어려 보임 ⑩ 헤어스타일
⑪ 그림의 전체적인 분위기

- 7개 이상의 차이점을 찾았다면 10점
- 5~6개의 차이점을 찾았다면 5점
- 0~4개의 차이점을 찾았다면 0점

10　**풀이**　이 문제는 논리적 오류를 발견해 내는 분석적 사고력을 진단하는 것이다.

문장 속에 논리적인 근거가 없거나 인과 관계가 성립하지 않는 것은 오류에 해당하며,
오류에도 여러 가지 유형이 있다.

① 철수 너! 진짜 이러기냐? 너랑 나랑 제일 친한데, 그깟 돈 좀 못 빌려 준다고?
　→ '너랑 나랑 제일 친한데' 사적으로 친하다는 것을 내세워 돈을 빌려 달라고 하는
　　'사적 관계에 호소하는 오류'

② 아니, 아직까지 이 책을 안 읽었다는 말야? 이게 얼마나 베스트셀런데?
　→ 책의 내용을 제대로 분석하지 않은 채, 단지 많은 대중들이 읽은 '베스트셀러'라는
　　이유만으로 이 책을 꼭 읽어야 한다는 '대중에 호소하는 오류'

③ 불우 이웃 돕기 성금을 안 내겠다는 사람은 인간이 아니다!
　→ 무조건 동참해야 하며 혹시라도 반대 의견이 나올 것을 대비하여 미리 일방적으로
　　매도하는 '원천 봉쇄의 오류'

④ 엄마는 왜 나만 보면 머리 나쁘다고 난리야? 그러는 엄마는 머리 좋아? 어?
　→ 자신의 잘못을 추궁하는 엄마에게 오히려 대드는 '역공격의 오류'

⑤ 오늘 국어 시험 대박 잘 봤어! 이번 시험은 성적이 쑥 오를 것 같다.
　→ 단지 국어 한 과목을 잘 봤다는 이유로 전체 시험도 잘 볼 것 같다는, 즉 일부분을
　　가지고 전체로 확대해서 생각하는 '성급한 일반화의 오류'

따라서 정답은 모두 논리적으로 오류가 있는 문장들이다.

1~7번까지 채점하기:'예'( )개×10=( )점

08 **풀이** 이 문제는 두 개 이상의 사실을 관련지어 새로운 것을 만들어 내는 융합적 사고력을 파악하는 것이다.

답변 사례〉 치타 + 독수리 → 수륙 양용 비행기, 수륙 양용 장갑차, 수륙 양용 정찰기, 마법사의 옷과 모자, 무인 정찰기, 이륙하는 비행기, 공항, 활주로, 제트기, 정찰 위성 등

8번 채점하기

- 답 속에 두 동물이 갖는 뚜렷한 특징들이 각각 들어가 있어야 한다.
  답변 사례와 같이 육상 동물이라는 것, 하늘을 나는 동물이라는 것의 특징이 함께 들어가거나 깃털과 가죽 등 두 동물의 세부 특징들을 조합하여 답했다면 10점
- 이 외에 다른 것을 생각했다면 0점

09 **풀이** 이 문제는 서로 다른 대상을 관련지어 새로운 아이디어를 만들어 내는 융합적 사고력을 판단하는 것이다.

답변 사례 1〉 등대, 랜턴, 가로등, 자동차 헤드라이트, 레이저, 서치라이트
  - 주변을 밝게 비추는 촛불의 특징과 거울이 유리로 되어 있다는 특징 등 서로 다른 대상의 성질들을 관련지어 새로운 아이디어를 만들어 낸 답변

답변 사례 2〉 유리, 창문, 돋보기, 안경
  - 어느 한 대상만이 갖고 있는 성질을 나타낸 답변

- 답변 사례 1)과 같이 분명히 다른 두 가지 성질이 하나에 모두 들어 있으면 10점
- 답변 사례 2)와 같이 어느 하나의 성질만 부각되었다면 5점
- 아무 것도 연관 짓지 못했다면 0점

10 **풀이** 이 문제는 여러 정보를 바탕으로 완전히 새로운 것을 만들어 내는 종합적이고 입체적인 사고력, 즉 융합적 사고력을 평가하는 것이다.

이 사진은 개구리가 긴 혀로 벌레를 잡아먹는 특징에 착안한 것으로 '살충제' 광고를 위한 사진이다.

- 살충제나 벌레, 균, 해충 등을 잡는다는 뜻이 담긴 비슷한 종류(습기 제거제, 청소 살균제, 곰팡이 제거제 등)를 생각했다면 10점
- 장난감, 물총 등 다른 제품을 생각했다면 0점

1~7번까지 채점하기: '예'( )개×10=( )점

08 **풀이** 이 문제는 어떤 상황에 대해서 줄기차게 하나만 파고드는 수직적 사고력의 특징을 파악하는 것이다.

① 

② 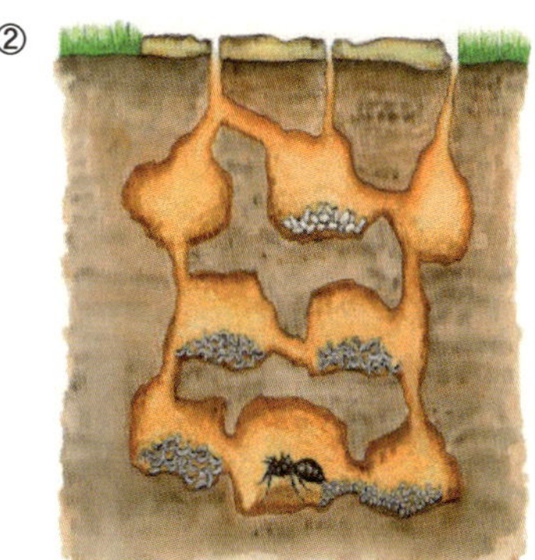

8번 채점하기

- ①번처럼 한 구덩이만 계속 판다고 체크했다면 10점
- ②번처럼 여러 군데를 판다고 체크했다면 0점

09 **풀이** 꼬리에 꼬리를 무는 결과를 논리적으로 깊이 생각하는 수직적 사고력을 파악하는 문제이다.

답변 사례 1〉 딸기 아이스크림을 그대로 놔두면 어떻게 될까? ---- ① (딸기 쉐이크)

① 을 그대로 내버려 두면 어떻게 될까? --- ② (걸쭉한 딸기 우유)

② 는 시간이 지나면 또 어떻게 될까? --- ③ (물과 딸기 성분이 분리된다)

③ 은 시간이 지나면 어떻게 될까? --- ④ (완전 말라 흔적만 남는다)

답변 사례 2〉 딸기 아이스크림을 그대로 놔두면

① 쓰레기가 된다.

② 쓰레기를 그대로 놔두면 더러워진다.

③ 더러운 상태를 그대로 두면 벌레가 생긴다.

④ 벌레가 생긴 상태로 시간이 지나면 균이 생긴다.

답변 사례 3〉 ① 녹는다.

② 말라서 납작해진다.

③ 썩는다.

④ 먼지나 흙이 된다.

9번 채점하기

- 이 문제는 정해진 답이 있는 게 아니다
- 계속되는 질문에 자신의 생각을 거침없이 대답했다면 10점
- 세 개 까지만 대답했다면 5점
- 한두 개만 대답했다면 0점

---

10 풀이 어떤 사실의 참과 거짓을 논리적으로 따지는 수직적 사고력을 파악하는 문제이다.

우선 한 사람만 '참'을 말하고, 나머지 두 명은 거짓을 말한다고 했으므로 철수의 말이 '참'이라고 가정할 경우, 영희와 기영의 말은 거짓이 된다.

철수 : 나는 결석하지 않았어요 (참)

영희 : 철수가 결석했어요 (거짓) → 철수는 결석하지 않았다.

기영 : 내가 결석했어요 (거짓) → 기영이는 결석하지 않았다. (진실)

만약, 영희의 말이 '참'일 경우, 나머지 두 명은 거짓말을 했으니

철수 : 나는 결석하지 않았어요 (거짓) → 철수는 결석했다.

영희 : 철수가 결석했어요 (참)

기영 : 내가 결석했어요 (거짓) → 기영이는 결석하지 않았다. (진실)

만약, 기영이의 말이 '참'일 경우, 나머지 두 명은 거짓말을 했으니

철수 : 나는 결석하지 않았어요 (거짓) → 철수는 결석했다.

영희 : 철수가 결석했어요 (거짓) → 철수는 결석하지 않았다.

→ 기영이의 말이 '참' 일 경우, 철수와 영희의 말에 모순이 생기므로 따질 필요가 없다.

- '기영이는 결석하지 않았다'는 것을 제한 시간 안에 알았다면 10점
- '기영이는 결석하지 않았다'는 것을 알았지만 제한 시간을 넘겼다면 5점
- 전혀 알아내지 못했다면 0점

1~7번까지 채점하기:'예'( )개×10=( )점

08 **풀이** 이 문제는 인간관계의 역할이나 지위에 얽매이지 않고 자유롭게 소통하는 수평적 사고력을 진단하는 것이다.

직업의 귀천이나 기준을 묻는 게 아니므로, 되도록 많은 사람들과 친분을 쌓고 싶다고 표시할수록 수평적 사고력의 점수가 높다.

> **8번 채점하기**
>
> - 적어도 10명 이상의 직업인들과 친하게 지내고 싶다고 표시했다면 10점
> - 7 ~9명 사이로 표시했다면 5점
> - 0~ 6명 사이로 표시했다면 0점

09 **풀이** 이 문항은 열린 사고를 바탕으로 새로운 해결책을 끌어내는 수평적 사고력을 평가하는 것이다.

주어진 재료를 가지고 먹을 수 있는 요리 종류를 최대한 많이 만드는 것이 중요하다. 요리의 수가 많다는 것은 그만큼 생각의 폭이 넓다는 것을 의미하며, 다양한 해결책을 시도했다는 것이므로 수평적 사고력이 높게 평가된다.

답변 사례 1〉 고구마 전 – 고구마를 납작하게 썰어 밀가루를 입혀 부친다.
답변 사례 2〉 조개 고추장국 – 조개와 고추장을 넣고 팔팔 끓여 낸다.
답변 사례 3〉 화전 – 밀가루와 우유를 넣고 잘 반죽하여 팬에 부칠 때 위에 진달래꽃을 올린다.
답변 사례 4〉 초콜릿 케이크 – 밀가루에 우유를 풀어 반죽하고, 초콜릿을 녹여 함께 섞어

서 쪄 낸다.

답변 사례 5〉 고추장 칼국수 - 밀가루를 반죽하여 칼국수를 만들고, 물을 끓여 고추장을
풀고 만든 칼국수를 넣어 끓인다.

답변 사례 6〉 조개 스파게티 - 밀가루를 반죽하여 스파게티 면발처럼 만들어 삶고, 우유
에 조개를 넣어 끓인 뒤, 삶아 둔 국수를 넣어 양념하여 낸다.

답변 사례 7〉 고구마 튀김 - 고구마를 채 썰어 튀겨 낸다.

답변 사례 8〉 고구마 초콜릿 맛탕 - 고구마를 먹기 좋게 썰고 기름에 튀긴 뒤, 초콜릿을
넣고 골고루 양념이 배이도록 한다.

답변 사례 9〉 봄 샐러드 - 고구마를 생으로 먹기 좋게 채 썰고, 조개는 삶아서 살만 발라
내고, 진달래꽃을 잘 씻어서 모두 한꺼번에 담아 샐러드로 먹는다.

답변 사례 10〉 고구마 초콜릿 호떡 - 고구마를 삶아서 으깬 뒤 만두처럼 동그랗게 만들고
그 안에 초콜릿을 하나씩 떼어 집어넣고 기름에 구워 낸다.

답변 사례 11〉 조개 수제비 - 조개 삶은 물에 밀가루를 반죽하여 수제비를 떠서 함께 끓
인다.

9번 채점하기

- 요리 종류를 6가지 이상 만들었다면 10점
- 4~5가지로 만들었다면 5점
- 0~3가지로 만들었다면 0점

---

10 **풀이** 이 문항은 어떤 문제가 발생하면 유연한 사고를 바탕으로 융통성을 발휘해서 문제를 원만하게 해결하는 수평적 사고력을 파악하는 것이다.

답변 사례 1〉 사람 수나 높이에 비해 엘리베이터를 처음부터 부족하게 만들었으므로, 당
연히 건축사와 시공사가 책임지고 대책을 만들어야 한다.

답변 사례 2〉 건축사를 상대로 항의를 한다.

답변 사례 3〉 건축사를 상대로 소송을 한다.

답변 사례 4〉 5층까지는 걸어서 다니고, 6층 이상부터는 짝수 날엔 짝수 층만, 홀수 날엔
홀수 층만 운행한다. 짝수 날엔 홀수 층 사람들이 한 칸씩 아래로 내려와서
타고, 반대로 홀수 날엔 짝수 층 사람들이 한 칸씩 내려와서 함께 타고 가면

기다리는 시간을 조금 절약할 수 있다.

답변 사례 5〉 입주자들에게 번호표를 주어 순서를 정한다.

답변 사례 6〉 5층, 11층, 16층, 21층, 26층, 30층, 33층 식으로 대략 나누어서 엘리베이터를 운행한다. 그러면 6, 7, 8, 9, 10층에 사는 사람들은 5층까지 걸어 내려와서 타고, 12, 13, 14, 15층 사람은 11층까지 걸어 내려와서 타는 식으로, 불편하지만 서로 조금씩 참으면 시간을 절약할 수 있다.

답변 사례 7〉 어차피 33층이기 때문에 새롭게 엘리베이터가 생긴다 해도, 사람들의 불만은 없어지지 않을 것이다. 차라리 사람들이 엘리베이터를 기다리는 시간이 지루하지 않다고 느끼게 하는 것이 중요하다. 엘리베이터를 기다리는 시간 동안 뭔가 할 수 있게 한다면 좋지 않을까? 각 층 엘리베이터 앞에 거울을 설치하여 기다리는 시간 동안 자신의 모습을 한 번 더 살펴보고 점검하게 한다면 할 일이 생겼으니 덜 지루할 것이다.

또는 각 층 엘리베이터 앞에 그날 신문을 걸어 두는 것도 좋은 방법이다. 신문을 읽다 보면 기다린다는 생각도 안 할 수 있다.

답변 사례 8〉 각 층 엘리베이터 앞에 커피머신이나 간단하게 화장을 고칠 수 있는 거울이나 선반 등을 둔다.

진단카드

1) 8가지 사고력을 진단하고 채점하면서 아래 해당 칸에 나의 점수를 기록해 보자.

〈8가지 사고력 총점〉

	사실적 사고력	추론적 사고력	고정적 사고력	창의적 사고력	분석적 사고력	융합적 사고력	수직적 사고력	수평적 사고력
1~7번	점	점	점	점	점	점	점	점
8~10번	점	점	점	점	점	점	점	점
총점	점	점	점	점	점	점	점	점

2) 각 사고력의 총점에 따라 아래 그래프에 사고력 점수별로 색칠을 해 보자. 가장 높게 나온 사고력이 나의 중심사고력이므로 해당 사고력이 속해 있는 세트로 가서 성향유형을 찾아가자. 이때 중심사고력이 동점으로 나와 두 개 이상이라면, 동점으로 나온 중심사고력이 속해 있는 세트는 모두 선택해야 한다.

〈나만의 사고력 그래프〉

	사실적 사고력	추론적 사고력	고정적 사고력	창의적 사고력	분석적 사고력	융합적 사고력	수직적 사고력	수평적 사고력
100								
95								
90								
85								
80								
75								
70								
65								
60								
55								
50								
45								
40								
35								
30								
25								
20								
15								
10								
5								

예시 예를 들어 8가지 사고력 총점이 아래와 같이 나왔다면, 그래프는 다음과 같이 그려질 것이다.

〈8가지 사고력 총점〉

사실적 사고력 총점	추론적 사고력 총점	고정적 사고력 총점	창의적 사고력 총점	분석적 사고력 총점	융합적 사고력 총점	수직적 사고력 총점	수평적 사고력 총점
75	85	25	65	40	45	70	80

〈나만의 사고력 그래프〉

	사실적 사고력	추론적 사고력	고정적 사고력	창의적 사고력	분석적 사고력	융합적 사고력	수직적 사고력	수평적 사고력
100								
95								
90								
85		85						
80								80
75	75							
70							70	
65				65				
60								
55								
50								
45						45		
40					40			
35								
30								
25			25					
20								
15								
10								
5								

▶ 사고력 점수가 가장 높은 '추론적 사고력'이 중심사고력이며, 사고력 점수가 가장 낮은 '고정적 사고력'이 주변사고력이다. 만약 두 가지 사고력이 똑같은 점수로 가장 높게 나왔다면, 동점을 이룬 두 사고력이 모두 중심사고력이 된다. 자, 그럼 내게 맞는 성향유형을 찾아보자.

성향유형 찾는 법

① 자신의 중심사고력에 해당하는 세트를 찾아가 성향유형별 자가 진단을 하고, 내게 맞는 성향유형을 찾아본다. 앞선 사례에서와 같이 '추론적 사고력'이 가장 높게 나왔다면 '추론적 사고력'이 중심사고력으로 들어 있는 B세트로 가서 진단을 실시한다. 만약 '추론적 사고력'과 '수평적 사고력'이 동점으로 중심사고력으로 나왔다면, 두 사고력이 속해 있는 B세트와 H세트의 성향유형 진단을 차례대로 실시한다.

② 각 질문의 문항 내용이 자신과 맞는다고 생각되면 10점에 표시, 보통이라면 5점에 표시, 해당하지 않으면 0점에 표시한다. 정확한 결과를 위해 반드시 1~10까지 모든 문항을 빠짐없이 체크해야 한다. 가장 높은 점수가 나온 유형이 바로 자신의 성향유형에 해당한다.

유의점

검사 결과 자신과 일치하는 성향유형이 개인에 따라 한 가지이거나 서로 동점을 기록하여 두 가지 이상 있을 수 있다. 이런 경우 동점으로 나온 성향유형들은 모두 자신의 유형이 된다. 예를 들어 소통형과 봉사형이 각각 같은 점수로 나왔다면 나의 유형은 '소통봉사형'이다. 따라서 책의 본문에서 소통형과 봉사형의 유형 설명들을 모두 찾아 읽는다.

중심 사고력	세 트	성향유형
사실적 사고력	A세트(340쪽)	실용형, 생명형, 관찰형, 운동형, 제작형, 원리형
추론적 사고력	B세트(343쪽)	소통형, 추리형, 교육형, 봉사형, 분석형, 생명형, 진취형
고정적 사고력	C세트(347쪽)	규범형, 제작형, 관찰형, 분석형, 진취형, 교육형, 실용형, 운동형, 원리형, 봉사형
창의적 사고력	D세트(352쪽)	창조형, 진취형, 생명형, 소통형, 복합형 교육형, 제작형, 운동형
분석적 사고력	E세트(356쪽)	분석형, 실용형, 원리형, 추리형, 규범형, 관찰형
융합적 사고력	F세트(359쪽)	복합형, 생명형, 봉사형, 창조형
수직적 사고력	G세트(361쪽)	원리형, 규범형, 추리형, 제작형, 관찰형, 교육형, 분석형
수평적 사고력	H세트(365쪽)	봉사형, 운동형, 복합형, 소통형, 창조형, 진취형

운동형	10	5	0
1. 가만히 앉아 있는 것이 힘들다.			
2. 몸으로 하는 것은 쉽게 기억한다.			
3. 단체 활동에 거부감이 없다.			
4. 욱하는 성격이 있다.			
5. 문제가 발생하면 가능한 단순하게 해결하려 한다.			
6. 처음 보는 물건도 쉽게 사용하는 편이다.			
7. 평소 낙천적인 편이다.			
8. 자기감정에 충실한 편이다.			
9. 신체적 고통을 잘 참는다.			
10. 극단적인 상황에 처하면 대담하게 행동하기도 한다.			
총점			

관찰형	10	5	0
1. 눈에 보이는 자연 현상에 대해서 관심이 많다.			
2. 기계에는 별 흥미가 없는 편이다.			
3. 자기 관심 대상에만 몰두하는 편이다			
4. 새로운 것을 발견하면 성취감을 느낀다.			
5. 기본적으로 성실하고 지구력이 좋다.			
6. 우주, 천문, 지구, 화산 폭발, UFO 등 자연 현상에 대한 자료를 찾아 본 적이 있다.			
7. 어떤 대상을 관찰하고 실험하는 것을 좋아한다.			
8. 비교적 사회 현상에는 별 관심이 없다.			
9. 궁금한 것이 있으면 직접 눈으로 봐야 한다.			
10. 자신이 계획하고 목표한 것을 이루어 내는 근성이 있다.			
총점			

실용형	10	5	0
1. 문제 해결을 명쾌하게 한다.			
2. 이익과 손해를 잘 구분한다.			
3. 손해 보는 상황이 되면 예민해진다.			
4. 자신에게 필요한 것만 하려는 경향이 있다.			
5. 문제가 발생하면 빠르게 결정하는 편이다.			
6. 핵심을 정확하게 파악하는 능력이 있다.			
7. 상상력이 부족한 편이다.			
8. 자신에게 필요하지 않다고 생각하면 더 이상 고민하지 않는다.			
9. 자신에게 이로운 일에는 집중력을 발휘한다			
10. 자신의 생각과 감정을 잘 드러내지 않는 편이다.			
총점			

제작형	10	5	0
1. 만들고 조립하는 것을 좋아한다.			
2. 퍼즐이나 테트리스 같은 게임을 잘할 수 있다.			
3. 물건을 부수고 다시 조립해 본 적이 있다.			
4. 손재주가 있는 편이다.			
5. 주변 사람을 신경 쓰지 않는 편이다.			
6. 일상생활에서 솔직하고 검소한 편이다.			
7. 자신의 감정을 표현하는 데 서툴다.			
8. 공간이나 사물을 입체적으로 이해하는 능력이 있다.			
9. 인간관계에서 복잡한 감정 이해를 하지 못한다.			
10. 단순 명쾌한 성격이다.			
총점			

생명형	10	5	0
1. 생명 현상에 대해 궁금하다.			
2. 따뜻한 감수성과 이성적인 면을 동시에 가지고 있다.			
3. 스트레스가 생기면 표출하지 않고 참는 편이다.			
4. 자기 절제력이 좋은 편이다.			
5. 생물에 관심이 있다.			
6. 암기하는 것을 싫어하지 않는다.			
7. 자기 속내를 잘 표현하지 않아 내적 스트레스가 많은 편이다.			
8. 중요한 순간에는 냉철하게 판단한다.			
9. 아픈 사람이나 아픈 동물을 보면 도와주고 싶은 마음이 생긴다.			
10. 다른 사람으로부터 의외로 냉정하다는 얘기를 듣는 편이다.			
총점			

원리형	10	5	0
1. 문제를 풀고 해답을 얻어 내는 것이 기쁘다.			
2. 남들보다 아는 게 많다는 것이 자랑스럽다.			
3. 공부 자체를 좋아하는 편이다.			
4. 융통성이 부족하다.			
5. 궁금한 점을 파고드는 것을 좋아한다.			
6. 학습 지구력이 강하다.			
7. 한번 집중하면 시간 가는 줄 모른다.			
8. 혼자 생각하고 혼자 하는 일에 익숙하다.			
9. 문제를 해결할 때까지 몰두한다.			
10. 자신이 좋아하는 것만 하려는 경향이 있다.			
총점			

- 가장 높은 점수가 바로 자신의 성향유형이다.
- 동점일 경우, 모두 자신의 성향유형이다.

● B세트 추론적 사고력

교육형	10	5	0
1. 자존심이 강한 편이다.			
2. 나보다 부족한 사람에 대한 애정과 관심이 있다.			
3. 성격이 치밀한 편이다.			
4. 다른 사람의 심리를 잘 아는 편이다.			
5. 말하는 것을 좋아한다.			
6. 다른 사람으로부터 지적받는 것을 싫어한다.			
7. 다른 사람이 모르는 것이 있으면, 가르쳐 주고 싶은 마음이 강하다.			
8. 다른 사람의 단점을 금방 파악하는 편이다.			
9. 공부를 싫어하지 않지만, 깊이 파고들지도 않는 편이다.			
10. 다른 사람이 나를 어떻게 생각할까 신경을 쓰는 편이다.			
총점			

추리형	10	5	0
1. 상상하는 것을 좋아한다.			
2. 한 가지 단서로 다음 상황 추측을 잘한다.			
3. 추리 소설이나 추리물 등을 좋아한다.			
4. 다른 사람의 심리를 잘 분석하는 편이다.			
5. 남이 잘 보지 못하는 빈틈을 잘 본다.			
6. 꼬리에 꼬리를 물고 생각하는 버릇이 있다.			
7. 넘겨짚기를 잘 한다.			
8. 생각이 복잡해서 결정을 잘 내리지 못하는 편이다.			
9. 논리적 근거를 잘 제시하는 편이다.			
10. 주변으로부터 예리하다는 말을 들은 적이 있다.			
총점			

분석형	10	5	0
1. 꼼꼼하고 치밀한 편이다.			
2. 작은 것이라도 놓친 것이 생각나면 불안해진다.			
3. 평소 융통성이 부족하다는 소리를 듣기도 한다.			
4. 다른 사람들이 놓치는 세밀한 부분도 잘 파악한다.			
5. 긍정적인 면보다 부정적인 면을 더 잘 찾아낸다.			
6. 완벽하게 하려다 오히려 손해 보는 경우가 있다.			
7. 어떤 일에 대해서 충분히 생각하고 결정한다.			
8. 말이나 글의 숨은 뜻을 잘 파악하는 편이다.			
9. 성격이 차분한 편이다.			
10. 평소에 잘하다가도 결정적일 때 우유부단한 면이 있다.			
총점			

소통형	10	5	0
1. 다른 사람과 대화하는 것이 즐겁다.			
2. 낯선 사람과도 금방 친해지는 편이다.			
3. 다른 사람의 감정이나 기분을 잘 맞춰 주는 편이다.			
4. 뭔가 결정할 일이 생기면 주변 사람들의 의견을 고려한다.			
5. 국어나 외국어 등 언어 표현력이나 언어 감각이 좋다고 생각한다.			
6. 다른 사람에 대해 관심이 많다.			
7. 친구들 사이에서 인기가 있는 편이다.			
8. 심각한 분위기를 좋아하지 않는다.			
9. 사람은 모두 평등하다고 생각한다.			
10. 갈등이나 대립이 발생하면, 나서서 중재를 잘하는 편이다.			
총점			

봉사형	10	5	0
1. 곤란한 사람을 보면 도와주고 싶다.			
2. 다른 사람을 돕는 것이 즐겁다.			
3. 화가 나도 잘 참는 편이라 내적인 스트레스가 많은 편이다.			
4. 예의가 바른 편이다.			
5. 다른 사람을 위해서 손해를 감수할 수 있다.			
6. 내 주장보다 다른 사람의 주장을 듣는 편이다.			
7. 오지랖이 넓다는 소리를 듣는 편이다.			
8. 이해타산을 따지지 않는다.			
9. 대인 관계가 좋은 편이다.			
10. 끝까지 물고 늘어지는 일을 잘하지 못한다.			
총점			

생명형	10	5	0
1. 생명 현상에 대해 궁금하다.			
2. 따뜻한 감수성과 이성적인 면을 동시에 가지고 있다.			
3. 스트레스가 생기면 표출하지 않고 참는 편이다.			
4. 자기 절제력이 좋은 편이다.			
5. 생물에 관심이 있다.			
6. 암기하는 것을 싫어하지 않는다.			
7. 자기 속내를 잘 표현하지 않아 내적 스트레스가 많은 편이다.			
8. 중요한 순간에는 냉철하게 판단한다.			
9. 아픈 사람이나 아픈 동물을 보면 도와주고 싶은 마음이 생긴다.			
10. 다른 사람으로부터 의외로 냉정하다는 얘기를 듣는 편이다.			
총점			

진취형	10	5	0
1. 다른 사람 앞에 나서는 것을 좋아한다.			
2. 작은 일에 연연해하지 않고 큰일을 생각하는 스타일이다.			
3. 새로운 것에 도전하는 경향이 강하다.			
4. 성취욕이 강하다.			
5. 위기를 만났을 때 담대하게 행동하는 편이다.			
6. 위험해 보여도 하고 싶은 일이라면 도전해 본다.			
7. 단체의 리더가 되는 것을 좋아한다.			
8. 다른 사람과 함께 하는 활동을 즐긴다.			
9. 낯선 것에 대한 두려움이 없는 편이다.			
10. 어떤 일에 실패하면 다시 도전하는 편이다.			
총점			

- 가장 높은 점수가 바로 자신의 성향유형이다.
- 동점일 경우, 모두 자신의 성향유형이다.

● C세트 고정적 사고력

규범형	10	5	0
1. 자신이 만든 틀에서 벗어나는 일이 드물다.			
2. 새로운 것에 무리해서 도전하는 것을 좋아하지 않는다.			
3. 고정 관념이 많은 편이다.			
4. 다른 사람을 많이 의식하는 편이다.			
5. 명예와 권위를 중요하게 생각한다.			
6. 도덕적 가치가 중요하다고 생각한다.			
7. 원칙을 따지는 성격이다.			
8. 평소 융통성이 부족하다는 소리를 듣는다.			
9. 성실한 편이다.			
10. 규칙을 어기면 불안해진다.			
총점			

제작형	10	5	0
1. 만들고 조립하는 것을 좋아한다.			
2. 퍼즐이나 테트리스 같은 게임을 잘할 수 있다.			
3. 물건을 부수고 다시 조립해 본 적이 있다.			
4. 손재주가 있는 편이다.			
5. 주변 사람을 신경 쓰지 않는 편이다.			
6. 일상생활에서 솔직하고 검소한 편이다.			
7. 자신의 감정을 표현하는 데 서툴다.			
8. 공간이나 사물을 입체적으로 이해하는 능력이 있다.			
9. 인간관계에서 복잡한 감정 이해를 하지 못한다.			
10. 단순 명쾌한 성격이다.			
총점			

관찰형	10	5	0
1. 눈에 보이는 자연 현상에 대해서 관심이 많다.			
2. 기계에는 별 흥미가 없는 편이다.			
3. 자기 관심 대상에만 몰두하는 편이다.			
4. 새로운 것을 발견하면 성취감을 느낀다.			
5. 기본적으로 성실하고 지구력이 좋다.			
6. 우주, 천문, 지구, 화산 폭발, UFO 등 자연 현상에 대한 자료를 찾아 본 적이 있다.			
7. 어떤 대상을 관찰하고 실험하는 것을 좋아한다.			
8. 비교적 사회 현상에는 별 관심이 없다.			
9. 궁금한 것이 있으면 직접 눈으로 봐야 한다.			
10. 자신이 계획하고 목표한 것을 이루어 내는 근성이 있다.			
총점			

분석형	10	5	0
1. 꼼꼼하고 치밀한 편이다.			
2. 작은 것이라도 놓친 것이 생각나면 불안해진다.			
3. 평소 융통성이 부족하다는 소리를 듣기도 한다.			
4. 다른 사람들이 놓치는 세밀한 부분도 잘 파악한다.			
5. 긍정적인 면보다 부정적인 면을 더 잘 찾아낸다.			
6. 완벽하게 하려다 오히려 손해 보는 경우가 있다.			
7. 어떤 일에 대해서 충분히 생각하고 결정한다.			
8. 말이나 글의 숨은 뜻을 잘 파악하는 편이다.			
9. 성격이 차분한 편이다.			
10. 평소에 잘하다가도 결정적일 때 우유부단한 면이 있다.			
총점			

진취형	10	5	0
1. 다른 사람 앞에 나서는 것을 좋아한다.			
2. 작은 일에 연연해하지 않고 큰일을 생각하는 스타일이다.			
3. 새로운 것에 도전하는 경향이 강하다.			
4. 성취욕이 강하다.			
5. 위기를 만났을 때 담대하게 행동하는 편이다.			
6. 위험해 보여도 하고 싶은 일이라면 도전해 본다.			
7. 단체의 리더가 되는 것을 좋아한다.			
8. 다른 사람과 함께 하는 활동을 즐긴다.			
9. 낯선 것에 대한 두려움이 없는 편이다.			
10. 어떤 일에 실패하면 다시 도전하는 편이다.			
총점			

교육형	10	5	0
1. 자존심이 강한 편이다.			
2. 나보다 부족한 사람에 대한 애정과 관심이 있다.			
3. 성격이 치밀한 편이다.			
4. 다른 사람의 심리를 잘 아는 편이다.			
5. 말하는 것을 좋아한다.			
6. 다른 사람으로부터 지적받는 것을 싫어한다.			
7. 다른 사람이 모르는 것이 있으면, 가르쳐 주고 싶은 마음이 강하다.			
8. 다른 사람의 단점을 금방 파악하는 편이다.			
9. 공부를 싫어하지 않지만, 깊이 파고들지도 않는 편이다.			
10. 다른 사람이 나를 어떻게 생각할까 신경을 쓰는 편이다.			
총점			

운동형	10	5	0
1. 가만히 앉아 있는 것이 힘들다.			
2. 몸으로 하는 것은 쉽게 기억한다.			
3. 단체 활동에 거부감이 없다.			
4. 욱하는 성격이 있다.			
5. 문제가 발생하면 가능한 단순하게 해결하려 한다.			
6. 처음 보는 물건도 쉽게 사용하는 편이다.			
7. 평소 낙천적인 편이다.			
8. 자기감정에 충실한 편이다.			
9. 신체적 고통을 잘 참는다.			
10. 극단적인 상황에 처하면 대담하게 행동하기도 한다.			
총점			

원리형	10	5	0
1. 문제를 풀고 해답을 얻어 내는 것이 기쁘다.			
2. 남들보다 아는 게 많다는 것이 자랑스럽다.			
3. 공부 자체를 좋아하는 편이다.			
4. 융통성이 부족하다.			
5. 궁금한 점을 파고드는 것을 좋아한다.			
6. 학습 지구력이 강하다.			
7. 한번 집중하면 시간 가는 줄 모른다.			
8. 혼자 생각하고 혼자 하는 일에 익숙하다.			
9. 문제를 해결할 때까지 몰두한다.			
10. 자신이 좋아하는 것만 하려는 경향이 있다.			
총점			

실용형	10	5	0
1. 문제 해결을 명쾌하게 한다.			
2. 이익과 손해를 잘 구분한다.			
3. 손해 보는 상황이 되면 예민해진다.			
4. 자신에게 필요한 것만 하려는 경향이 있다.			
5. 문제가 발생하면 빠르게 결정하는 편이다.			
6. 핵심을 정확하게 파악하는 능력이 있다.			
7. 상상력이 부족한 편이다.			
8. 자신에게 필요하지 않다고 생각하면 더 이상 고민하지 않는다.			
9. 자신에게 이로운 일에만 집중력을 발휘한다.			
10. 자신의 생각과 감정을 잘 드러내지 않는 편이다.			
총점			

봉사형	10	5	0
1. 곤란한 사람을 보면 도와주고 싶다.			
2. 다른 사람을 돕는 것이 즐겁다.			
3. 화가 나도 잘 참는 편이라 내적인 스트레스가 많은 편이다.			
4. 예의가 바른 편이다.			
5. 다른 사람을 위해서 손해를 감수할 수 있다.			
6. 내 주장보다 다른 사람의 주장을 듣는 편이다.			
7. 오지랖이 넓다는 소리를 듣는 편이다.			
8. 이해타산을 따지지 않는다.			
9. 대인 관계가 좋은 편이다.			
10. 끝까지 물고 늘어지는 일을 잘 하지 못한다.			
총점			

- 가장 높은 점수가 바로 자신의 성향유형이다.
- 동점일 경우, 모두 자신의 성향유형이다.

● D세트 창의적 사고력

창조형	10	5	0
1. 일정한 틀에 얽매이는 것을 싫어한다.			
2. 감정의 기복이 많은 편이다.			
3. 엉뚱한 말과 행동으로 주위를 놀라게 할 때가 있다.			
4. 변화를 좋아한다.			
5. 나만의 개성이 분명하다.			
6. 다른 사람들로부터 특이하다는 소리를 들은 적이 있다.			
7. 생각이나 행동이 자유분방한 편이다.			
8. 기발한 아이디어를 잘 내는 편이다.			
9. 반복적인 일을 싫어한다.			
10. 자신이 하고 싶은 일에는 몰입을 잘한다.			
총점			

진취형	10	5	0
1. 다른 사람 앞에 나서는 것을 좋아한다.			
2. 작은 일에 연연해하지 않고 큰일을 생각하는 스타일이다			
3. 새로운 것에 도전하는 경향이 강하다.			
4. 성취욕이 강하다.			
5. 위기를 만났을 때 담대하게 행동하는 편이다.			
6. 위험해 보여도 하고 싶은 일이라면 도전해 본다.			
7. 단체의 리더가 되는 것을 좋아한다.			
8. 다른 사람과 함께 하는 활동을 즐긴다.			
9. 낯선 것에 대한 두려움이 없는 편이다.			
10. 어떤 일에 실패하면 다시 도전하는 편이다.			
총점			

생명형	10	5	0
1. 생명 현상에 대해 궁금하다.			
2. 따뜻한 감수성과 이성적인 면을 동시에 가지고 있다.			
3. 스트레스가 생기면 표출하지 않고 참는 편이다.			
4. 자기 절제력이 좋은 편이다.			
5. 생물에 관심이 있다.			
6. 암기하는 것을 싫어하지 않는다.			
7. 자기 속내를 잘 표현하지 않아 내적 스트레스가 많은 편이다.			
8. 중요한 순간에는 냉철하게 판단한다.			
9. 아픈 사람이나 아픈 동물을 보면 도와주고 싶은 마음이 생긴다.			
10. 다른 사람으로부터 의외로 냉정하다는 얘기를 듣는 편이다.			
총점			

소통형	10	5	0
1. 다른 사람과 대화하는 것이 즐겁다.			
2. 낯선 사람과도 금방 친해지는 편이다.			
3. 다른 사람의 감정이나 기분을 잘 맞춰 주는 편이다.			
4. 뭔가 결정할 일이 생기면 주변 사람들의 의견을 고려한다.			
5. 국어나 외국어 등 언어 표현력이나 언어 감각이 좋다고 생각한다.			
6. 다른 사람에 대해 관심이 많다.			
7. 친구들 사이에서 인기가 있는 편이다.			
8. 심각한 분위기를 좋아하지 않는다.			
9. 사람은 모두 평등하다고 생각한다.			
10. 갈등이나 대립이 발생하면, 나서서 중재를 잘 하는 편이다.			
총점			

복합형	10	5	0
1. 다방면에 소질이 많다.			
2. 창의력이 풍부한 편이다.			
3. 자기표현력이 좋다.			
4. 끈기가 부족한 편이다.			
5. 하고 싶은 일이 자주 바뀌는 경향이 있다.			
6. 동시에 여러 가지 일을 잘한다.			
7. 두루두루 잘하다 보니 딱히 한 분야를 꾸준히 하지는 못한다.			
8. 반복적인 활동을 싫어한다.			
9. 복잡하고 어려운 상황에서도 해결책을 잘 찾는다.			
10. 문제가 발생하면 자신이 아는 지식을 총동원하는 편이다.			
총점			

운동형	10	5	0
1. 가만히 앉아 있는 것이 힘들다.			
2. 몸으로 하는 것은 쉽게 기억한다.			
3. 단체 활동에 거부감이 없다.			
4. 욱하는 성격이 있다.			
5. 문제가 발생하면 가능한 단순하게 해결하려 한다.			
6. 처음 보는 물건도 쉽게 사용하는 편이다.			
7. 평소 낙천적인 편이다.			
8. 자기감정에 충실한 편이다.			
9. 신체적 고통을 잘 참는다.			
10. 극단적인 상황에 처하면 대담하게 행동하기도 한다.			
총점			

제작형	10	5	0
1. 만들고 조립하는 것을 좋아한다.			
2. 퍼즐이나 테트리스 같은 게임을 잘할 수 있다.			
3. 물건을 부수고 다시 조립해 본 적이 있다.			
4. 손재주가 있는 편이다.			
5. 주변 사람을 신경 쓰지 않는 편이다.			
6. 일상생활에서 솔직하고 검소한 편이다.			
7. 자신의 감정을 표현하는 데 서툴다.			
8. 공간이나 사물을 입체적으로 이해하는 능력이 있다.			
9. 인간관계에서 복잡한 감정 이해를 하지 못한다.			
10. 단순 명쾌한 성격이다.			
총점			

교육형	10	5	0
1. 자존심이 강한 편이다.			
2. 나보다 부족한 사람에 대한 애정과 관심이 있다.			
3. 성격이 치밀한 편이다.			
4. 다른 사람의 심리를 잘 아는 편이다.			
5. 말하는 것을 좋아한다.			
6. 다른 사람으로부터 지적받는 것을 싫어한다.			
7. 다른 사람이 모르는 것이 있으면, 가르쳐 주고 싶은 마음이 강하다.			
8. 다른 사람의 단점을 금방 파악하는 편이다.			
9. 공부를 싫어하지 않지만, 깊이 파고들지도 않는 편이다.			
10. 다른 사람이 나를 어떻게 생각할까 신경을 쓰는 편이다.			
총점			

- 가장 높은 점수가 바로 자신의 성향유형이다.
- 동점일 경우, 모두 자신의 성향유형이다.

● E세트 분석적 사고력

분석형	10	5	0
1. 꼼꼼하고 치밀한 편이다.			
2. 작은 것이라도 놓친 것이 생각나면 불안해진다.			
3. 평소 융통성이 부족하다는 소리를 듣기도 한다.			
4. 다른 사람들이 놓치는 세밀한 부분도 잘 파악한다.			
5. 긍정적인 면보다 부정적인 면을 더 잘 찾아낸다.			
6. 완벽하게 하려다 오히려 손해 보는 경우가 있다.			
7. 어떤 일에 대해서 충분히 생각하고 결정한다.			
8. 말이나 글의 숨은 뜻을 잘 파악하는 편이다.			
9. 성격이 차분한 편이다.			
10. 평소에 잘하다가도 결정적일 때 우유부단한 면이 있다.			
총점			

실용형	10	5	0
1. 문제 해결을 명쾌하게 한다.			
2. 이익과 손해를 잘 구분한다.			
3. 손해 보는 상황이 되면 예민해진다.			
4. 자신에게 필요한 것만 하려는 경향이 있다.			
5. 문제가 발생하면 빠르게 결정하는 편이다.			
6. 핵심을 정확하게 파악하는 능력이 있다.			
7. 상상력이 부족한 편이다.			
8. 자신에게 필요하지 않다고 생각하면 더 이상 고민하지 않는다.			
9. 자신에게 이로운 일에는 집중력을 발휘한다.			
10. 자신의 생각과 감정을 잘 드러내지 않는 편이다.			
총점			

추리형	10	5	0
1. 상상하는 것을 좋아한다.			
2. 한 가지 단서로 다음 상황 추측을 잘한다.			
3. 추리 소설이나 추리물 등을 좋아한다.			
4. 다른 사람의 심리를 잘 분석하는 편이다.			
5. 남이 잘 보지 못하는 빈틈을 잘 본다.			
6. 꼬리에 꼬리를 물고 생각하는 버릇이 있다.			
7. 넘겨짚기를 잘한다.			
8. 생각이 복잡해서 결정을 잘 내리지 못하는 편이다.			
9. 논리적 근거를 잘 제시하는 편이다.			
10. 주변으로부터 예리하다는 말을 들은 적이 있다.			
총점			

원리형	10	5	0
1. 문제를 풀고 해답을 얻어 내는 것이 기쁘다.			
2. 남들보다 아는 게 많다는 것이 자랑스럽다.			
3. 공부 자체를 좋아하는 편이다.			
4. 융통성이 부족하다.			
5. 궁금한 점을 파고드는 것을 좋아한다.			
6. 학습 지구력이 강하다.			
7. 한번 집중하면 시간 가는 줄 모른다.			
8. 혼자 생각하고 혼자 하는 일에 익숙하다.			
9. 문제를 해결할 때까지 몰두한다.			
10. 자신이 좋아하는 것만 하려는 경향이 있다.			
총점			

규범형	10	5	0
1. 자신이 만든 틀에서 벗어나는 일이 드물다.			
2. 새로운 것에 무리해서 도전하는 것을 좋아하지 않는다.			
3. 고정 관념이 많은 편이다.			
4. 다른 사람을 많이 의식하는 편이다.			
5. 명예와 권위를 중요하게 생각한다.			
6. 도덕적 가치가 중요하다고 생각한다.			
7. 원칙을 따지는 성격이다.			
8. 평소 융통성이 부족하다는 소리를 듣는다.			
9. 성실한 편이다.			
10. 규칙을 어기면 불안해진다.			
총점			

관찰형	10	5	0
1. 눈에 보이는 자연 현상에 대해서 관심이 많다.			
2. 기계에는 별 흥미가 없는 편이다.			
3. 자기 관심 대상에만 몰두하는 편이다.			
4. 새로운 것을 발견하면 성취감을 느낀다.			
5. 기본적으로 성실하고 지구력이 좋다.			
6. 우주, 천문, 지구, 화산 폭발, UFO 등 자연 현상에 대한 자료를 찾아 본 적이 있다.			
7. 어떤 대상을 관찰하고 실험하는 것을 좋아한다.			
8. 비교적 사회현상에는 별 관심이 없다.			
9. 궁금한 것이 있으면 직접 눈으로 봐야 한다.			
10. 자신이 계획하고 목표한 것을 꼭 이루는 근성이 있다.			
총점			

- 가장 높은 점수가 바로 자신의 성향유형이다.
- 동점일 경우, 모두 자신의 성향유형이다.

● F세트 융합적 사고력

복합형	10	5	0
1. 다방면에 소질이 많다.			
2. 창의력이 풍부한 편이다.			
3. 자기표현력이 좋다.			
4. 끈기가 부족한 편이다.			
5. 하고 싶은 일이 자주 바뀌는 경향이 있다.			
6. 동시에 여러 가지 일을 잘한다.			
7. 두루두루 잘하다 보니 딱히 한 분야를 꾸준히 하지는 못한다.			
8. 반복적인 활동을 싫어한다.			
9. 복잡하고 어려운 상황에서도 해결책을 잘 찾는다.			
10. 문제가 발생하면 자신이 아는 지식을 총동원하는 편이다.			
총점			

생명형	10	5	0
1. 생명 현상에 대해 궁금하다.			
2. 따뜻한 감수성과 이성적인 면을 동시에 가지고 있다.			
3. 스트레스가 생기면 표출하지 않고 참는 편이다.			
4. 자기 절제력이 좋은 편이다.			
5. 생물에 관심이 있다.			
6. 암기하는 것을 싫어하지 않는다.			
7. 자기 속내를 잘 표현하지 않아 내적 스트레스가 많은 편이다.			
8. 중요한 순간에는 냉철하게 판단한다.			
9. 아픈 사람이나 아픈 동물을 보면 도와주고 싶은 마음이 생긴다.			
10. 다른 사람으로부터 의외로 냉정하다는 얘기를 듣는 편이다.			
총점			

봉사형	10	5	0
1. 곤란한 사람을 보면 도와주고 싶다.			
2. 다른 사람을 돕는 것이 즐겁다.			
3. 화가 나도 잘 참는 편이라 내적인 스트레스가 많은 편이다.			
4. 예의가 바른 편이다.			
5. 다른 사람을 위해서 손해를 감수할 수 있다.			
6. 내 주장보다 다른 사람의 주장을 듣는 편이다.			
7. 오지랖이 넓다는 소리를 듣는 편이다.			
8. 이해타산을 따지지 않는다.			
9. 대인 관계가 좋은 편이다.			
10. 끝까지 물고 늘어지는 일을 잘 하지 못한다.			
총점			

창조형	10	5	0
1. 일정한 틀에 얽매이는 것을 싫어한다.			
2. 감정의 기복이 많은 편이다.			
3. 엉뚱한 말과 행동으로 주위를 놀라게 할 때가 있다.			
4. 변화를 좋아한다.			
5. 나만의 개성이 분명하다.			
6. 다른 사람들로부터 특이하다는 소리를 들은 적이 있다.			
7. 생각이나 행동이 자유분방한 편이다.			
8. 기발한 아이디어를 잘 내는 편이다.			
9. 반복적인 일을 싫어한다.			
10. 자신이 하고 싶은 일에는 몰입을 잘 한다.			
총점			

- 가장 높은 점수가 바로 자신의 성향유형이다.
- 동점일 경우, 모두 자신의 성향유형이다.

● G세트 수직적 사고력

관찰형	10	5	0
1. 눈에 보이는 자연 현상에 대해서 관심이 많다.			
2. 기계에는 별 흥미가 없는 편이다.			
3. 자기 관심 대상에만 몰두하는 편이다.			
4. 새로운 것을 발견하면 성취감을 느낀다.			
5. 기본적으로 성실하고 지구력이 좋다.			
6. 우주, 천문, 지구, 화산 폭발, UFO 등 자연 현상에 대한 자료를 찾아 본 적이 있다.			
7. 어떤 대상을 관찰하고 실험하는 것을 좋아한다.			
8. 비교적 사회 현상에는 별 관심이 없다.			
9. 궁금한 것이 있으면 직접 눈으로 봐야 한다.			
10. 자신이 계획하고 목표한 것을 꼭 이루는 근성이 있다.			
총점			

추리형	10	5	0
1. 상상하는 것을 좋아한다.			
2. 한 가지 단서로 다음 상황 추측을 잘 한다.			
3. 추리 소설이나 추리물 등을 좋아한다.			
4. 다른 사람의 심리를 잘 분석하는 편이다.			
5. 남이 잘 보지 못하는 빈틈을 잘 본다.			
6. 꼬리에 꼬리를 물고 생각하는 버릇이 있다.			
7. 넘겨짚기를 잘한다.			
8. 생각이 복잡해서 결정을 잘 내리지 못하는 편이다.			
9. 논리적 근거를 잘 제시하는 편이다.			
10. 주변으로부터 예리하다는 말을 들은 적이 있다.			
총점			

제작형	10	5	0
1. 만들고 조립하는 것을 좋아한다.			
2. 퍼즐이나 테트리스 같은 게임을 잘할 수 있다.			
3. 물건을 부수고 다시 조립해 본 적이 있다.			
4. 손재주가 있는 편이다.			
5. 주변 사람을 신경 쓰지 않는 편이다.			
6. 일상생활에서 솔직하고 검소한 편이다.			
7. 자신의 감정을 표현하는 데 서툴다.			
8. 공간이나 사물을 입체적으로 이해하는 능력이 있다.			
9. 인간관계에서 복잡한 감정 이해를 하지 못한다.			
10. 단순 명쾌한 성격이다.			
총점			

원리형	10	5	0
1. 문제를 풀고 해답을 얻어 내는 것이 기쁘다.			
2. 남들보다 아는 게 많다는 것이 자랑스럽다.			
3. 공부 자체를 좋아하는 편이다			
4. 융통성이 부족하다.			
5. 궁금한 점을 파고드는 것을 좋아한다.			
6. 학습 지구력이 강하다.			
7. 한번 집중하면 시간 가는 줄 모른다.			
8. 혼자 생각하고 혼자 하는 일에 익숙하다.			
9. 문제를 해결할 때까지 몰두한다.			
10. 자신이 좋아하는 것만 하려는 경향이 있다.			
총점			

규범형	10	5	0
1. 자신이 만든 틀에서 벗어나는 일이 드물다.			
2. 새로운 것에 무리해서 도전하는 것을 좋아하지 않는다.			
3. 고정 관념이 많은 편이다.			
4. 다른 사람을 많이 의식하는 편이다.			
5. 명예와 권위를 중요하게 생각한다.			
6. 도덕적 가치가 중요하다고 생각한다.			
7. 원칙을 따지는 성격이다.			
8. 평소 융통성이 부족하다는 소리를 듣는다.			
9. 성실한 편이다.			
10. 규칙을 어기면 불안해진다.			
총점			

교육형	10	5	0
1. 자존심이 강한 편이다.			
2. 나보다 부족한 사람에 대한 애정과 관심이 있다.			
3. 성격이 치밀한 편이다.			
4. 다른 사람의 심리를 잘 아는 편이다.			
5. 말하는 것을 좋아한다.			
6. 다른 사람으로부터 지적받는 것을 싫어한다.			
7. 다른 사람이 모르는 것이 있으면, 가르쳐 주고 싶은 마음이 강하다.			
8. 다른 사람의 단점을 금방 파악하는 편이다.			
9. 공부를 싫어하지 않지만, 깊이 파고들지도 않는 편이다.			
10. 다른 사람이 나를 어떻게 생각할까 신경을 쓰는 편이다.			
총점			

분석형	10	5	0
1. 꼼꼼하고 치밀한 편이다.			
2. 작은 것이라도 놓친 것이 생각나면 불안해진다.			
3. 평소 융통성이 부족하다는 소리를 듣기도 한다.			
4. 다른 사람들이 놓치는 세밀한 부분도 잘 파악한다.			
5. 긍정적인 면보다 부정적인 면을 더 잘 찾아낸다.			
6. 완벽하게 하려다 오히려 손해 보는 경우가 있다.			
7. 어떤 일에 대해서 충분히 생각하고 결정한다.			
8. 말이나 글의 숨은 뜻을 잘 파악하는 편이다.			
9. 성격이 차분한 편이다.			
10. 평소에 잘하다가도 결정적일 때 우유부단한 면이 있다.			
총점			

• 가장 높은 점수가 바로 자신의 성향유형이다.
• 동점일 경우, 모두 자신의 성향유형이다.

● H세트 수평적 사고력

운동형	10	5	0
1. 가만히 앉아 있는 것이 힘들다.			
2. 몸으로 하는 것은 쉽게 기억한다.			
3. 단체 활동에 거부감이 없다.			
4. 욱하는 성격이 있다.			
5. 문제가 발생하면 가능한 단순하게 해결하려 한다.			
6. 처음 보는 물건도 쉽게 사용하는 편이다.			
7. 평소 낙천적인 편이다.			
8. 자기감정에 충실한 편이다.			
9. 신체적 고통을 잘 참는다.			
10. 극단적인 상황에 처하면 대담하게 행동하기도 한다.			
총점			

봉사형	10	5	0
1. 곤란한 사람을 보면 도와주고 싶다.			
2. 다른 사람을 돕는 것이 즐겁다.			
3. 화가 나도 잘 참는 편이라 내적인 스트레스가 많은 편이다.			
4. 예의가 바른 편이다.			
5. 다른 사람을 위해서 손해를 감수할 수 있다.			
6. 내 주장보다 다른 사람의 주장을 듣는 편이다.			
7. 오지랖이 넓다는 소리를 듣는 편이다.			
8. 이해타산을 따지지 않는다.			
9. 대인 관계가 좋은 편이다.			
10. 끝까지 물고 늘어지는 일을 잘하지 못한다.			
총점			

진취형	10	5	0
1. .다른 사람 앞에 나서는 것을 좋아한다.			
2. 작은 일에 연연해하지 않고 큰일을 생각하는 스타일이다.			
3. 새로운 것에 도전하는 경향이 강하다.			
4. 성취욕이 강하다.			
5. 위기를 만났을 때 담대하게 행동하는 편이다.			
6. 위험해 보여도 하고 싶은 일이라면 도전해 본다.			
7. 단체의 리더가 되는 것을 좋아한다.			
8. 다른 사람과 함께 하는 활동을 즐긴다.			
9. 낯선 것에 대한 두려움이 없는 편이다.			
10. 어떤 일에 실패하면 다시 도전하는 편이다.			
총점			

소통형	10	5	0
1. 다른 사람과 대화하는 것이 즐겁다.			
2. 낯선 사람과도 금방 친해지는 편이다.			
3. 다른 사람의 감정이나 기분을 잘 맞춰 주는 편이다.			
4. 뭔가 결정할 일이 생기면 주변 사람들의 의견을 고려한다.			
5. 국어나 외국어 등 언어 표현력이나 언어 감각이 좋다고 생각한다.			
6. 다른 사람에 대해 관심이 많다.			
7. 친구들 사이에서 인기가 있는 편이다.			
8. 심각한 분위기를 좋아하지 않는다.			
9. 사람은 모두 평등하다고 생각한다.			
10. 갈등이나 대립이 발생하면, 나서서 중재를 잘하는 편이다.			
총점			

복합형	10	5	0
1. 다방면에 소질이 많다.			
2. 창의력이 풍부한 편이다.			
3. 자기표현력이 좋다.			
4. 끈기가 부족한 편이다.			
5. 하고 싶은 일이 자주 바뀌는 경향이 있다.			
6. 동시에 여러 가지 일을 잘한다.			
7. 두루두루 잘하다 보니 딱히 한 분야를 꾸준히 하지는 못한다.			
8. 반복적인 활동을 싫어한다.			
9. 복잡하고 어려운 상황에서도 해결책을 잘 찾는다.			
10. 문제가 발생하면 자신이 아는 지식을 총동원하는 편이다.			
총점			

창조형	10	5	0
1. 일정한 틀에 얽매이는 것을 싫어한다.			
2. 감정의 기복이 많은 편이다.			
3. 엉뚱한 말과 행동으로 주위를 놀라게 할 때가 있다.			
4. 변화를 좋아한다.			
5. 나만의 개성이 분명하다.			
6. 다른 사람들로부터 특이하다는 소리를 들은 적이 있다.			
7. 생각이나 행동이 자유분방한 편이다.			
8. 기발한 아이디어를 잘 내는 편이다.			
9. 반복적인 일을 싫어한다.			
10. 자신이 하고 싶은 일에는 몰입을 잘 한다.			
총점			

- 가장 높은 점수가 바로 자신의 성향유형이다.
- 동점일 경우, 모두 자신의 성향유형이다.

OCTAGNOSIS 검사란?
- 검사의 개발 과정과 이론적 배경

학생과 학부모들이 '적성검사를 받았는데도 잘 모르겠다,' '검사 결과와 아이 성향이 잘 안 맞는 것 같다', '아이 진로를 앞으로 어떻게 해야 할지 모르겠다' 등 구체적인 도움을 얻지 못했다고 호소하는 말을 종종 들었다. 이것은 진로와 학습, 진학을 결정하는 근본 사고력에 대한 연구와 사람의 복잡한 성향을 검증한 실질적인 임상 경험들이 진로적성 검사에 반영되지 못했기 때문이다. 따라서 이러한 답답함을 최소화하고 빠른 시간 안에 정확한 결과를 얻게 하고자 고민하며 노력과 연구를 거듭한 끝에 개발된 것이 'OCTAGNOSIS (옥타그노시스)검사'이다.

이 책의 기반이 된 OCTAGNOSIS검사는 최초 개발 당시 1차 예비검사와 2차 본검사를 바탕으로 만들어졌다. 개발자인 필자가 한국인들을 직접 1:1로 대면 컨설팅하면서 얻은 실증 데이터들과 직관력, 임상진단들이 종합적으로 결합되어 만들어진 진로진단검사이다.

성향과 잠재력을 알아내면 진로 적성, 공부법, 교육 가이드, 진학 전략까지 한 번에 해결할 수 있다. 이것이 OCTAGNOSIS검사의 가장 큰 특징이자 장점이다.

시중에 나와 있는 모든 진로 적성 검사들과 백여 편의 관련 논문들을 분석한 결과, 홀랜드 검사, 가드너 다중 지능 이론, 스턴버그의 삼원 지능 이론을 바탕으로 만들어진 각 검사들은 만들어진 때도 이미 오래되었고, 외국계 검사들로 그 결과치가 너무 막연하다는 것이다.

각 검사들은 개인의 직업 성향만 판단해 줄 뿐, 그 사람의 구체적 성향이 어떤 건지, 그 사람에게 어떤 공부법이 필요하며, 어떤 학과를 추천해 주어야 하는지, 어떤 시험 전형이 유리한지 등 진로 선택을 위한 실질적인 해결책이나 방법을 제시해 주지 못한다는 한계가 있었다.

지난 15년 동안 DNA교육컨설팅을 해 오면서 최근에 눈에 띄는 현상이 있다면 부모와 자녀가 진로적성 검사를 통해 진로의사결정을 하는 비율이 점점 증가하고 있다는 점이다.

그 원인은 다음 세 가지로 볼 수 있다.

첫째, 높은 학업 성적이 진로진학의 성공을 보장하지 않는다는 것이다.

둘째, 좋은 대학 합격만을 목표로 삼는 것이 아니라 내 자녀가 스스로 행복하게 살 수 있는 방법, 좋아하면서도 잘 할 수 있는 일을 찾는 것이 진학을 잘하게 하는 것뿐만 아니라 성공적인 인생을 살게 하는 필수 요소라고 생각하기 때문이다.

셋째, 진로적성은 진로뿐만 아니라 진학성공에도 결정적인 영향을 미친다는 사실이다. 따라서 조기에 진로적성을 찾아주어 진학에 성공하려는 시도가 많아지고 있기 때문이다.

그런 의미에서 OCTAGNOSIS검사는 한국인들을 대상으로 1:1 대면 컨설팅을 통해 구축된 데이터(검사 대상의 나이, 성별, 지역, 출신 학교, 전공, 학업 성적과 학습 환경, 비교과 활동 영역[중, 고생의 경우], 부모의 직업, 가족 관계 등)와 실증 데이터, 진단자의 직관 누적치 등이 더해져 심층 진단의 정확도를 높인 프로그램이다.

동시에 매년 정기적인 실증 데이터 업그레이드를 통해 오류를 최소화한 진로성향 진단검사이다. 검사의 프로세스는 8가지(OCTA) 사고력으로 구분하고, 해당 사고력에 따라 15가지 성향유형으로 진단(GNOSIS)하도록 처리된다.

8가지 사고력 결정의 이론적 배경

기존 연구에 따르면 지능의 높고 낮음의 기준은 분석적 사고력만으로 결정된다고 보았다. 또한 신(新) 이론이라 하더라도 사람의 사고력은 언어력과 수리력에 의해 좌우되고 부차적으로 논리력, 추리력이 도움이 된다는 것이 주된 이론적 경향이었다.

하지만 가드너(Gardner)는 이 이론들을 비판하고 사람의 지능은 9가지 사고력에 의해서 결정된다고 주장했다. 가드너의 이론은 사람의 사고력을 다면적으로 이해했다는 점에서 파격적인 면을 보이고 있으나, 지능과 재능을 구분하지 못했다는 단점을 가지고 있다.

스턴버그(Sternberg)의 이론 역시 사고력을 세분화하지 못했고 단순히 분석적 사고, 창의적 사고, 상황적 사고로 구분했다는 한계를 지니고 있다.

이에 사람의 사고력은 여러 가지 측면에 의해서 결정된다는 아이디어는 두 이론을 참고하되, 1년간 1000명을 대상으로 예비 조사를 실시하면서 사람의 사고력이 이들 사고력 이외에 어떤 사고력으로 구분될 수 있는지, 특이한 사고력은 무엇인지 구분해 내기 시작했다.

그 결과 사고력은 사실적 사고-추론적 사고, 고정적 사고-창의적 사고, 분석적 사고-융합적 사고, 수직적 사고-수평적 사고로, 총 8가지로 구분된다는 점을 알아냈고, 어떤 사고력이 주로 발달했느냐에 따라 사람의 성향 또한 달라진다는 것을 발견할 수 있었다.

이로써 사고력에 따른 성향 구분이 가능하다는 진단 결과를 얻어 낼 수 있었다.

8가지 사고력 유형의 실제 데이터를 기준으로 1차 예비검사 1000명의 대상자를 진단하면서 새롭게 발견한 것은 독특한 사고 패턴이 나타난다는 것이다. 예를 들면, 수학, 비문학, 과학 등에서 정보를 있는 그대로 받아들이는 고유한 사고 능력(사실적 사고력)이 학습에 요구되고 있으며, 실제 검사를 하다 보니 이 사고력이 문·이과 적성 판단 및 학습과 진로진학에 영향을 미친다는 것을 알았다.

다시 말해 사실적 사고력이 높은 학생은 객관식 문항에 강했고, 해당 사고력은 이과 진학에 필수적인 사고력이라는 점을 발견했다. 만약 문과 계열로 지원하고자 할 때는 상경 계열에 적합함도 알게 되었다.

15가지 성향유형 결정의 이론적 배경

진로와 직업을 결정하는 요소로 '김봉환(외 1명)의 연구'에서는 자신에 대한 보다 정확한 이해, 직업 세계에 대한 이해 증진, 합리적인 의사 결정 능력의 증진, 정보 탐색 및 활용 능력의 함양, 일과 직업에 대한 올바른 가치관 및 태도

형성을 들었다.

현대 진로 적성 연구의 아버지로 알려진 파슨스(Parsons)는 직업을 결정하는 요소로 자신에 대한 이해, 직업 세계에 대한 이해, 자신과 직업 세계의 일치를 꼽고 있다. 결론적으로 진로와 성향을 결정하는 가장 중요한 요소는 자신에 대한 올바른 이해이다.

다른 연구인 '김영인(외 2명)의 연구'에 의하면 진로와 적성을 결정하는 요소는 인지적, 정의적, 심동적 요인(적성, 흥미, 성격, 가치관, 선호 직업 등)으로 구분된다고 한다. 하지만 이 연구에 대해서는 인지적 요인과 정의적 요인을 구분하는 기준이 명확하지 않다는 지적도 있다.

OCTAGNOSIS검사는 사람의 성향을 구분하는 이론적 근거로 홀랜드 검사와 ACT검사를 참고했다. 다만 두 검사의 한계점이 이미 드러나 있기 때문에 새로운 검사를 개발하기 위해 성향을 더 세밀화하고 인간 성향의 실체적 객관성이 검사에 반영되도록 설계했다.

이를 위해서 4년간의 본조사 단계에 돌입했다. 실제 진단 결과와 피검사자 본인의 구술 인정을 통해서 기존 검사들의 유형에 해당하지 않는 사람들을 따로 모아 분류했고, 현대 사회와 한국인에 맞지 않는 직업 성격은 새로운 특성을 추가하거나 삭제하여 15가지 성향유형을 찾아내어 선정했다.

15가지 성향유형은 소통형, 창조형, 규범형, 실용형, 추리형, 운동형, 원리형, 제작형, 분석형, 봉사형, 생명형, 교육형, 복합형, 관찰형, 진취형이다.

8가지 사고력 문항 제작 기준

8가지 사고력 문항 제작은 먼저 각 사고력의 특징을 분석하는 단계에서 시작했다. 각 사고력들을 분석하고 해당 사고력을 가장 잘 나타낼 수 있는 질문지와 심층 테스트를 만들되, 진로 성향 검사의 가장 기본은 '자기 자신에 대한 이해'라는 파슨스의 이론을 받아들여 자기 자신에 대한 이해를 묻는 문제를 약 60% 비율로 배치했다.

따라서 자신의 특징에 대해서 스스로 물어보고 대답하며 자신에 대한 이해도가 얼마나 높은지 검사하고, 검사자가 그 이해 정도를 판단한다. 이후 각 사고력에 맞는 질문을 하게 된다. 이때 문항의 수준은 피검사자가 이해하기 쉽고 많은 생각을 할 수 있도록 만들었으며, 다만 오류를 방지하기 위해 그 검사의 해석 기준에 대해 의도 파악을 바로 할 수 있도록 따로 구성하지 않았다.

15가지 성향유형 문항 제작 기준

15가지 성향유형에 대한 문항을 제작할 때에는 자가 진단을 위주로 설계했다. 자신의 성향에 대한 간략하고 특징적인 질문, 사고력 심층 점검 문항을 통해서 자신이 정말 그 성향유형에 해당하는지에 대해 확인하는 차원의 테스트가 되도록 했다.

따라서 15가지 성향유형에 대한 질문은 각 성향유형에 대한 특징을 언급하고, 그 특징에 자신이 해당하는지 확인하는 질문으로 구성했다. 그 과정은 다음과 같다. 실제 사례 적용을 통한 '문항 검토-예비 사례 분석-본검사 실시-사례 분석 후 해석'의 기준으로 작성되었다.

[1차]

성별분석	계	여	남	비율(여)	비율(남)
전국	1000	512	488	51.20%	48.80%
서울	511	271	240	53.03%	46.97%
경기	309	171	138	55.34%	44.66%
경상	83	32	51	38.55%	61.45%
충청	52	21	31	40.38%	59.62%
전라	23	8	15	34.78%	65.22%
제주	6	2	4	33.33%	66.67%
기타	16	7	9	43.75%	56.25%

학년별분석	명수	비율
초4	38	3.80%
초5	53	5.30%
초6	71	7.10%
중1	82	8.20%
중2	78	7.80%
중3	76	7.60%
고1	107	10.70%
고2	112	11.20%
고3	97	9.70%
N수생	19	1.90%
대학생	163	16.30%
직장인	104	10.40%
합계	1000	100.00%

구분	명수	비율
소통형	103	10.30%
진취형	17	1.70%
교육형	69	6.90%
규범형	42	4.20%
분석형	50	5.00%
제작형	76	7.60%
생명형	86	8.60%
복합형	95	9.50%
실용형	88	8.80%
창조형	61	6.10%
봉사형	47	4.70%
관찰형	79	7.90%
원리형	35	3.50%
운동형	115	11.50%
추리형	37	3.70%
합계	1000	100.00%

2) 2차 본검사의 기초 데이터(피검사자 3000명 기준)

[2차]

성별분석	계	여	남	비율(여)	비율(남)
전국	3000	1619	1381	53.97%	46.03%
서울	1617	911	706	56.34%	43.66%
경기	918	517	401	56.32%	43.68%
경상	201	84	117	41.79%	58.21%
충청	137	57	80	41.61%	58.39%
전라	55	21	34	38.18%	61.82%
제주	16	6	10	37.50%	62.50%
기타	56	23	33	41.07%	58.93%

학년별분석	명수	비율
초4	94	3.13%
초5	142	4.73%
초6	234	7.80%
중1	266	8.87%
중2	263	8.77%
중3	211	7.03%
고1	331	11.03%
고2	308	10.27%
고3	251	8.37%
N수생	59	1.97%
대학생	488	16.26%
직장인	353	11.77%
합계	3000	100.00%

구분	명수	비율
소통형	341	11.37%
진취형	43	1.43%
교육형	175	5.83%
규범형	125	4.17%
분석형	145	4.83%
제작형	243	8.10%
생명형	251	8.37%
복합형	291	9.70%
실용형	269	8.97%
창조형	159	5.30%
봉사형	259	8.63%
관찰형	213	7.10%
원리형	86	2.87%
운동형	306	10.20%
추리형	94	3.13%
합계	3000	100.00%

소수점 이하 산술편의계산

OCTAGNOSIS검사는 8가지 사고력을 바탕으로 15가지 성향유형을 구분하는 검사이자 동시에 아이만의 성향, 직업, 진로, 학습, 잠재가능성과 성공성향인 '합격DNA'를 찾아내는 검사이다.

OCTAGNOSIS검사는 이론을 먼저 구성한 후에 검증에 들어간 것이 아니라 수많은 한국인들을 심층 진단하다가 실제 진로 유형과 학습 유형을 발견해 내었다는 점에서 실제적인 진로 설정에 도움을 줄 수 있는 한국형 진로진단검사이다.

예를 들어 '복합형'은 타 검사에는 나타나지 않는 유형이나, 실제 한국의 진로 현장에서는 학생들, 심지어 성인에 이르기까지 진로방황을 많이 발생시킨 대표적인 유형 중 하나이다. 검사 개발자로서 이 유형의 특징을 가장 잘 드러내는 '복합형'으로 해당 유형을 명명했다.

누적된 기초 실증 데이터와 심층진단, 종합자료 등 풍부한 임상진단정보들을 토대로 개발된 검사프로그램이기 때문에 다른 검사 도구와는 달리 사람의 근본적인 특징에 객관성과 정확성 측면으로 가장 근접했다고 할 수 있다.

이 책에 수록된 OCTAGNOSIS검사는 지면을 통해 이루어지도록 재구성한 것으로서 지면이 주는 한계를 최대한 극복하기 위해 노력했다.

OCTAGNOSIS검사 후기

김혜숙 (서울 거주, 고1 학부모)

평소 아이가 말도 잘 하지 않고 내성적이라 뭘 좋아하는지, 어디에 관심이 있는지 늘 답답했습니다. 오늘 김진교육개발원에서 1:1컨설팅을 받으면서 아이의 진로적성을 자세히 알게 되었고, 아이의 미래를 설계하는 데 부모로서 어떻게 해야 할지를 생각하게 되었어요. 특히 아이가 적성을 살린 직업을 선택하기 위해 어떤 과로 진학하는 것이 유리하며, 이를 위해서는 어떤 과목의 공부를 보충해야 될지도 알게 되어 큰 도움이 되었습니다.

신현경 (서울 거주, 중3 학부모)

여태까지 아이가 속으로만 관심 있어 하던 분야가 정말 적성에 맞을지 염려스러웠는데 컨설팅을 통해 적성을 직업으로 살릴 수 있는 조언도 들을 수 있었어요. 아이의 장래를 위해 참으로 의미있는 시간이었습니다.

이지숙 (서울 거주, 고3 학부모)

확실히 도움이 되었습니다. 아이를 위해서 문서로 된 적성검사는 수도 없이 많이 해봤지만, 딱 무엇이 맞는지 와 닿지 않는 점이 많았습니다. 그런데 김진교육개발원에서 아이의 성향을 잘 파악하시고 거기에 맞는 공부법과 진학 준비를 구체적으로 일러 주시는 게 놀라웠습니다.

이혜영(서울 지역 고등학교 2학년 교사)

아이들을 가르치다 보면, 부모와 아이가 진로에 대해 의견차가 커 갈등을 빚는 경우를 종종 보곤 합니다. 무엇보다 중요한 것은 내 아이에 대해 정확하게 아는 것인데, 이러한 진로검사를 통해 부모는 아이와 간격을 좁힐 수 있을 것 같아요. 뿌옇게 흐려져 있고 명확하지 않은 진로선택을 검사를 통해 해결할 수 있어 실질적인 진로지도에 많은 도움이 될 것 같습니다.

박형근 (서울 지역 대학교 교수)

검사프로그램의 각 문항들이 입체적으로 만들어져 있어 학생의 성향을 잘 알 수 있었습니다. 진단에 따른 결과 또한 구체적이었으며, 해결책까지 제시되어 있어 효과적이더군요. 많은 학생들의 누적된 진로 데이터와 종합자료가 반영되어 학생에 대한 명료한 판단을 내리는 데 효용이 크다고 봅니다.

류민규 (충남 거주, 중2 학생)

사실 이곳에 오기까지 진로에 대한 두려움이 있었습니다. 어느 정도 앞까지는 보이지만, 더 멀리는 보이지 않는 것 같았습니다. 우선 김진교육개발원이 간단한 검사를 통해 제 성향을 정확히 파악하는 것에 크게 놀랐고, 갈등했던 부분도 시원하게 해결이 됐습니다.

최영지 (서울 거주, 중3 학생)

진로에 대해 방황하고 있었는데 이곳에 와서 저의 적성과 체질을 파악하게 되었습니다. 나에게는 어떤 전형이 맞고, 어떤 학과가 맞는지, 그리고 어떤 공부 방법이 맞는지도 알게 되었죠. 몇 년 뒤, 진로를 결정할 때 많은 도움이 될 것 같습니다. 진로결정 때문에 힘들어하는 친구들에게 소개해 주고 싶습니다.

김자영 (서울 거주, 고2 학생)

모의고사 성적이 잘 나오지 않아 자신감이 부족했고 걱정이 많았는데, 제게 맞는 공부 방법을 추천해 주시고 칭찬과 응원으로 격려해 주셔서 더 열심히 공부해야겠다고 다짐했습니다. 저라는 사람의 특성부터 잠재력, 앞으로의 전망까지 긴 시간동안 열정적으로 알려 주신 선생님께 정말 감사합니다.

이민정 (제주 거주, 고3 학생)

컨설팅을 받기 전에는 공부와 대학에 대한 정보도 부족했고 마음이 많이 해이해져 있었습니다. 김진교육개발원에서는 검사를 통해 저의 성격과 진로를 정확히 파악하시고 후에 선택할 직업에 대해서도 꼼꼼히 알려 주셨습니다. '이 직업이 나한테 맞을까?'를 많이 고민했었는데 선생님 덕분에 제가 가지고 있는 꿈에 대한 확신을 가지게 됐습니다. 약 1시간 30분의 컨설팅을 받으면서 저 또한 저에 대해 깊이 생각해보는 시간을 가져서 좋았습니다.

이상민 (서울 거주, 30대 직장인)

서른 살이 다 되도록 저는 진로에 대해 별 고민없이 살아왔습니다. 지방에서 태어났지만 부모님의 교육에 대한 열정이 높으셨던 영향으로 성실히 공부해 서울대학교에 입학했고, 다른 사람들이 권유하는 대로 사법시험을 준비했습니다. 하지만 저는 2차 시험에 여러 번 낙방하고 서른을 맞게 되었습니다. 그러다 이제서야 사법시험이 제 적성에 맞지 않을지도 모른다는 생각을 하고 반신반의하는 마음으로 진로 컨설팅을 받게 되었습니다. 선생님께서는 저에게 교육 분야를 추천해 주셨고 저는 진로를 바꾸어 교육회사에 입사했고, 한달 만에 우수교사로 선정되었습니다. 제가 고등학교에서 대학교에 진학을 할 때 이런 상담을 받았으면 좋았을 텐데요. 저처럼 진로를 두고, 방황하는 분들께 꼭 추천해 드리고 싶습니다.

김승훈 (분당 거주, 20대 직장인)

개인적으로 MBTI나 다른 적성검사를 굉장히 많이 받아봤는데, 매번 뒤돌아서면 뭔가 맞지 않는 것 같다는 생각을 했습니다. 외국검사의 한계였던 것 같아요. 그런데 김진교육개발원에서 실제로 컨설팅을 받아보니 답답했던 마음이 후련해진 느낌입니다. 여태껏 너무 많이 돌아온 것 같아요.